无锡市教师发展学院
WUXI INSTITUTE OF TEACHER PROFESSIONAL DEVELOPMENT
教师教育精品课程资源丛书

佟 柠 ◎ 著

指向深度学习的地理表现性评价研究

上海交通大学出版社
SHANGHAI JIAO TONG UNIVERSITY PRESS

内容提要

本书是"无锡市教师发展学院精品课程资源建设"成果之一。本书以地理教学为例,把以建构为中心、基于学习进阶的表现性评价设计作为指向地理核心素养的表现性评价设计的基础,依据地理核心素养和内容标准,设计出具有学习进阶特征的表现目标,并以此设计不同表现水平的表现任务和评分规则,将其用于教学以引发学生真实学习表现,帮助教师系统收集和分析表现信息,形成高质量的评估证据,从而促进表现目标的精准评估、有效达成和学科核心素养的进阶。研究得出,呈现出表现性评价应用于教学的两种路径:一是把评价任务作为检测教学效果的手段嵌入教学过程,即"嵌入式"表现性评价;二是把评价任务作为教学任务,使得教学过程与评价过程融为一体,即"合一式"表现性评价。本书适合广大一线教师和课程教学评价研究者阅读使用。

图书在版编目(CIP)数据

指向深度学习的地理表现性评价研究 / 佟柠著. —上海:上海交通大学出版社,2020.11
ISBN 978-7-313-24299-0

Ⅰ.①指⋯ Ⅱ.①佟⋯ Ⅲ.①中学地理课-师资培训-研究 Ⅳ.①G633.553

中国版本图书馆 CIP 数据核字(2021)第 091029 号

指向深度学习的地理表现性评价研究
ZHIXIANG SHENDU XUEXI DE DILI BIAOXIANXING PINGJIA YANJIU

著　　者:佟　柠
出版发行:上海交通大学出版社　　　　地　址:上海市番禺路 951 号
邮政编码:200030　　　　　　　　　　电　话:021-64071208
印　　刷:上海万卷印刷服务有限公司　经　销:全国新华书店
开　　本:710mm×1000mm　1/16　　印　张:17.25
字　　数:357 千字
版　　次:2020 年 11 月第 1 版　　　　印　次:2020 年 11 月第 1 次印刷
书　　号:ISBN 978-7-313-24299-0
定　　价:98.00 元

版权所有　侵权必究
告 读 者:如发现本书有印装质量问题请与印刷厂质量科联系
联系电话:021-56928178

前 言

地理核心素养是当前普通高中地理教学与评价改革的重要课题。传统以纸笔测试为主要评价方式的日常地理评价实践活动对地理教学和学习造成了一系列负面影响。作为能够评估高阶思维、合作沟通等多方面素养,并与教学和学习有着密切关系的表现性评价,自20世纪80年代兴起之时,就被赋予解决传统纸笔测试负面影响的重要使命,近年来更成为促进深度学习的重要评价方式。但是,表现性评价在我国地理教学中的应用还面临诸多挑战。

表现性评价在地理教学中的应用是一个集理论、实践于一体的问题,需要可靠的知识、有效的技术和实证研究加以解决。因此,本书试图解决一个核心问题:如何有效地设计与实施促进地理核心素养发展的表现性评价,并将核心问题分解如下:

(1) 如何设计促进地理核心素养发展的表现性评价方案?
(2) 如何在课堂教学中实施表现性评价?
(3) 通过案例研究促进地理核心素养发展的表现性评价是否真的有效?

文献研究发现,以建构为中心、基于学习进阶的表现性评价设计模型,能够作为促进地理核心素养发展的表现性评价设计的基础。基于地理核心素养和内容标准,设计出具有学习进阶特征的表现目标,并以此设计不同表现水平的表现任务和评分规则,将其用于教学以引发学生的表现,教师系统收集和分析表现信息,形成高质量的评估证据,据此做出解释和反馈,从而促进表现目标的评估和达成。表现性评价应用于教学有两种路径:一是把评价任务作为检测教学效果的手段嵌入教学过程,即"嵌入式"表现性评价;二是把评价任务作为教学任务,使得教学过程与评价过程融为一体,即"合一式"表现性评价。两种方式可以满足不同应用条件。

通过普通高中地理教学的质性案例研究发现,"嵌入式"表现性评价可用以评估单一地理核心素养,并在课时层面上灵活应用。"合一式"表现性评价更适合在大单元、大观念层面上,在评估学生运用多个地理核心素养解决真实情境中的地理问题时使用。前者提供了更多师生互动反馈机会,推动了学生地理核心素养的展示和发展。后者则更有赖于学生自己的思考探索、合作交流和对自己学习的规划和负责。

研究还表明,促进地理核心素养发展的表现性评价在嵌入教学时,能够评出单一核心素养的水平及其变化过程,推动探究学习和自主学习。表现性评价的合一式应用,以更复杂和真实的表现任务,评出了多个地理核心素养的优势与不足,推动了合作学习、探究学习和自主学习等。两种方式,都激发了学生对自己学习的反思。因此,促进地理核心素养发展的表现性评价就是指向深度学习的评价。

目 录 CONTENTS

绪论 ·· 1

第一章　我国高中地理学习评价面临的挑战 ·················· 25
　第一节　评价目标重记忆,轻表现 ······························· 25
　第二节　评价任务重选择反应,轻实践操作 ················ 40
　第三节　评分标准重分数标准,轻评分规则 ················ 51

第二章　表现性评价的演变、内涵与功能 ······················ 61
　第一节　表现性评价的历史演变 ································· 61
　第二节　表现性评价的要素和结构 ····························· 74
　第三节　表现性评价的功能和局限 ····························· 84

第三章　地理学习表现性评价的设计 ····························· 96
　第一节　表现性评价的设计 ·· 96
　第二节　指向地理核心素养的表现性评价设计 ········· 111

第四章　地理学习表现性评价的实施 ··························· 129
　第一节　实施模式一:"嵌入式"表现性评价 ············ 129
　第二节　实施模式二:"合一式"表现性评价 ············ 141
　第三节　总结:"嵌入式"与"合一式"的比较 ········· 157

第五章 "嵌入式"表现性评价案例:解释地理事象 ………… 160
第一节 案例设计 ………… 160
第二节 案例呈现 ………… 169
第三节 结论与讨论 ………… 177

第六章 "合一式"表现性评价案例:撰写地理报告 ………… 204
第一节 案例设计 ………… 204
第二节 案例呈现 ………… 212
第三节 结论与讨论 ………… 223

结语 ………… 254
参考文献 ………… 257
索引 ………… 270

绪　　论

学科育人是当前地理教学改革的根本方向。《教育部关于全面深化课程改革落实立德树人根本任务的意见》中明确提出了"立德树人"任务,要求"改进学科教学的育人功能……不断提高学生综合运用知识解决实际问题的能力"。最新出台的《普通高中地理课程标准(2017年版 2020年修订)》中,阐明了高中地理课程的育人目标是培养学生的地理学科核心素养。提高育人质量已成为地理学科教学的重要价值追求。这不仅为地理教学改革明确了方向,也对地理学习评价提出了挑战。

一、问题提出

研究者是有着20余年教龄的普通高中地理教师,始终关注地理教学如何促进人的全面而有个性的发展,如何为学生适应社会生活和大学学习打好基础,持续探寻地理学习对学生终身发展的价值和意义。一位流传甚广的英国小姑娘蒂莉在印尼海啸中救了300多人的故事,为地理教学究竟应该做什么带来了启发。

2004年12月26日上午,泰国普吉岛阳光明媚,10岁的蒂莉与家人在沙滩上玩耍。突然,蒂莉对妈妈说:"我发现沙滩上的海水有些古怪,冒着气泡,潮水在退下。我知道正在发生什么,那将会是海啸。"随即蒂莉拼命地喊:"大浪要来啦!"她的观察和推断得到了家人和其他人的重视,在潮水袭击至岸上前,整个海滩和邻近旅店的人们都及时撤离了。蒂莉认为,这一切得益于她从地理课上学到的海啸知识,"地理老师卡尼先生教给我们有关地震的知识,在海啸发生前10分钟左右,海水会出现退潮现象"[①]。

这个真实故事的广泛流传让地理老师们感到"欣慰",更重要的是引发地理教育者们的思考,地理教学的价值究竟在哪里?故事中,蒂莉自身的地理知识与真实情境结合了起来,生成了对地理事物本质的认识,从而解决了问题和困境。事实

---

① 杨波.由"海滩天使"蒂莉引起的思考[J].地理教学,2007(1):39-40.

上,以研究人地关系为核心的地理学科①,能够帮助学生获得当下和未来生活所必需的知识与技能②,让学生在全球不同空间尺度下了解自身所处的世界③,批判性地思考当地和全球的可持续生活④,关注人类活动的关键问题——人口、资源、环境和区域发展等⑤,"时刻准备充分地、负责地把地理知识应用于私人、专业和公共生活上"⑥。这些要求彰显着地理学科育人价值的共识,同时也对地理教师提出了挑战:地理育人目标的实现需要与之匹配的地理教学。

一项有关地理核心素养和学习经历相关性的研究显示,死记硬背制约了学生地理素养的发展,而喜欢独立探究和与人共同探讨地理问题,则是地理素养较高者的普遍学习经历⑦。英国教育标准局(Ofsted)也开展了一项关于学生地理表现与教学实践差异的调查。在2007年至2010年期间,Ofsted对英格兰的91所小学和90所中学进行了一项调查,以评价这些学校的地理教学所面临的优势、劣势和挑战。研究发现教师强调教学内容的回忆、提供封闭式问题及答案的"不良"教学导致了学生表现较差,而为学生提供控制自己学习的机会,让学生探究自己的想法和开展讨论、合作与调查,则增强了学生良好的表现⑧。

由此可见,无论是2003版《普通高中地理课程标准(实验)》,还是2017新版地理课标,其所坚持的科学设计地理教学过程以引导学生开展自主、合作、探究的学习,实为培育地理核心素养的必需方式。然而,事实上,我国地理教学还没有改变以"讲授"为主的教学方式,究其原因,与传统纸笔测试对教学的影响有密切的关系⑨。

在地理教学的实践需求和地理课程改革的政策推动下,为改进地理学科的育人功能,有必要突破传统纸笔测试的局限,从选择新型学习评价入手。

(一)突破传统纸笔测试的局限

以传统纸笔测试为主要评价方式的日常地理评价实践活动对地理教学和学习

---

① 国际地理联合会地理教育委员会. 地理教育国际宪章 2016[EB/OL]. (2016-12-10)[2017-12-22]. http://blog.sina.com.cn/s/blog_574d9bf80102wkkt.html.
② 国际地理联合会地理教育委员会. 地理教育国际宪章 2016[EB/OL]. (2016-12-10)[2017-12-22]. http://blog.sina.com.cn/s/blog_574d9bf80102wkkt.html.
③ 阿瑟·格蒂斯,朱迪丝·格蒂斯,杰尔姆·D.费尔曼. 地理学与生活[M]. 黄润华,韩慕康,孙颖,译. 北京:后浪出版社,2005:51.
④ 张超,段玉山. 地理教育展望[M]. 上海:华东师范大学出版社,2001:71.
⑤ 陈澄. 新编地理教学论[M]. 上海:华东师范大学出版社,2007:46
⑥ 国际地理联合会地理教育委员会. 地理教育国际宪章 2016[EB/OL]. (2016-12-10)[2017-12-22]. http://blog.sina.com.cn/s/blog_574d9bf80102wkkt.html.
⑦ OTTATI D F. Geographical Literacy, Attitudes, and Experiences of Freshman Students: A Qualitative Study at Florida International University[D]. Florida International University, 2015:80.
⑧ COLLYMORE J C. Enhancing Student Performance: Linking the Geography Curriculum, Instruction, and Assessment in the English-Speaking Caribbean[D]. The Pennsylvania State University, 2013:24-26.
⑨ 林培英. 学校地理教学方法的变革[J]. 首都师范大学学报,2011(1):60-67.

造成了一系列负面效应。这一失衡的评价系统把教师和学生学习地理的注意力"局限"于对"分数"的关注,而"漠视"了对高阶思维能力、搜集信息和加工信息的能力、合作能力以及地理学科价值观等更有价值的学习结果的培养,不仅造成了育人目标的偏斜,也导致了教师长期不愿改变以"教"为主的教学方式,并助推以记忆、操练为主的浅层学习方式。

在我国的地理教学中,一个比较常见的现象是,一场考试过后,考得分数高的学生认为自己还应该考得更高一些,考得分数低的学生认为自己的分数太低。大家把注意力都放在了分数上,而不是自己真正学习到了什么。日常教学评价中也给予考试成绩过分的关注,已经把学生和老师们引入了对"分数"的追逐,而那些真正有价值和意义的地理学科核心素养无法被真正关注。

在国外,随着越来越多的人质疑标准化测试的价值,公众对问责制改革的兴趣与日俱增。美国2016年的一项全国性调查中发现,"选民们认为标准化考试是衡量学生成绩的最不重要的因素",而更倾向于采用多项指标来衡量学生的进步[①]。在一项针对美国公立学校态度的年度全国民意调查中,64%的受访者表示它们过于强调考试,而在一份最重要的改善公立学校战略(PDK 国际 2015)的名单上,测试则排在最后。标准化的测试往往与课程脱节,导致因备考和应试而失去教学时间,在培养学生和真正评估学生学习能力的方面做得很少,因而课程教学的理想与现实存在巨大差距[②]。

传统纸笔测试在实际教学过程中,难以发挥促进学习和改进教学的效能,使得自主、合作、探究等有价值的学习方式难以落实。一位教师在《正视高中地理教学危机——工作13年一线教师新课改中对教学的反思》一文中也特别指出,无效或低效的评价体系,挫伤了学生的学习积极性,不能全面评价学生,不能促进学生发展,也制约着教学改革的发展[③]。由此可见,我国地理教学在育人实践中遭遇到很大的困境,而解决问题的关键在于突破传统纸笔测试的局限,在于变革学习评价。

(二)学习评价变革的选择:表现性评价

表现性评价是超越传统纸笔测试,关注学生在真实情境中应用知识与技能以解决问题的表现而开展的一种评价方式。表现性评价能够直接评价更复杂和有价值的学习结果,平衡内外评价系统,带来更有价值的评价效应。2017年,我国首次把表现性评价作为重要评价建议纳入新版地理课程标准。在国外,表现性评价已经被广泛应用于课堂教学的形成性评价和终结性评价中。一些国家在大规模测试中也使用了表现性评价,而且对表现性评价的研究与实践已经超越了对改革浪潮的回应和尝试探索,进入了实证阶段。

[①] FRENCH D. The Future Is Performance Assessment[J]. Voices in Urban Education,2017,46:6-13.
[②] FRENCH D. The Future Is Performance Assessment[J]. Voices in Urban Education,2017,46:6-13.
[③] 王兴华.正视高中地理教学危机——工作13年一线教师新课改中对教学的反思[J].考试周刊,2015(102):16-17.

大家不约而同地把表现性评价应用于学习评价改革和教学改革之中,主要出于以下原因:一是表现性评价能够评价更有价值的学习结果,从而落实课程标准的要求。二是表现性评价与教学具有密切的关系,能够改善教学。比尔·约翰逊(Johnson,B.)在《学生表现评定手册》(The Performance Assessment Handbook)中写道:"把表现性评价看作教学过程的组成部分,这一观点怎么强调都不过分。"[1]表现性评价通过对教学目标产生积极影响,从而明显地改进教师的教学[2]。三是表现性评价发挥着促进学习的重要作用。布莱克(Black,P.)和威廉(Wiliam,D.)曾明确提出"为了学习的评价"的观点[3],促进了国际评价范式转型。表现性评价所发挥的"促进学习"和"成为学习"的功能也得到了比较普遍的关注和实践。多位研究人员发现,良好的表现性评价能够更好地衡量更高层次的思维技能,同时适应比以往标准化测试更广泛的学习风格[4]。

因此,在地理教学过程中应用表现性评价是指向地理核心素养的地理课程改革政策的要求,是地理学科突破传统纸笔测试局限,发挥学科育人功能的关键。

二、文献述评

本部分将从表现性评价、表现性评价在地理教学中的应用情况,以及评价整合入教学的基本模式等方面进行文献述评,以期从整体上把握内外表现性评价及其在地理教学中应用的相关研究,为本书的开展奠定基础。

(一)表现性评价

表现性评价的思想和实践有着2000多年的源远流长的历史。在不同的历史发展阶段,伴随着教育以及教育评价的发展,表现性评价展现着不同的特点,发挥着不同的作用,也呈现出了不同的发展态势。

当前教育语境下的表现性评价概念是20世纪80年代以来兴起,以现代学习理论和评价理论为基础发展起来的评价概念。其兴起是基于时代发展,在人们对人才质量规格的反思、人是如何学习的重新发现和传统评价基础动摇的背景下引发的。对创新人才的呼唤、建构主义等学习理论的发展和学习评价的改革,也推动着表现性评价以全新的"样貌"再次登上世界教育评价的舞台。

表现性评价的英文是 Performance Assessment,也被称为实作评量、基于表现的评价(Performance Based Assessment)等。作为实践历史久远,且在近三十年来成为评价改革领域的热点的表现性评价,至今仍无确切的定义[5]。这是因为众多

---

[1] 比尔·约翰逊.学生表现评定手册[M].李雁冰,主译.上海:华东师范大学出版社,2001:152.
[2] 波帕姆·W.詹姆斯.促进教学的课堂评价[M].国家基础教育课程改革"促进教师发展与学生成长的评价研究"项目组,译.北京:中国轻工业出版社,2003:139.
[3] BLACK P, WILIAM D. Assessment and classroom learning[J]. Assessment in Education: principles, policy & practice, 1998, 5(1): 7-74.
[4] FRENCH D. The Future Is Performance Assessment[J]. Voices in Urban Education, 2017, 46: 6-13.
[5] 周文叶.中小学表现性评价的理论与技术[M].上海:华东师范大学出版社,2014:44.

学者和实践者总是在一定的情境中,采用一定的视角、立场或者是取向对表现性评价进行界定。因此,关于表现性评价的概念已经形成了一个巨大的知识系统。为了能够对表现性评价的概念有一个比较清晰的认识,本书从评价本身的结构特征和表现性评价所具有的教育性两个方面来进行探讨。在文献中,不同的作者使用术语"表现性评价"来表示不同的事物。一些人强调学生所需的认知过程,一些强调所需反应的形式,另一些强调实际反应的性质和内容[1]。这些重点差异凸显了表现性评价面临的一个挥之不去的问题,即不同的教育者和政策制定者对该术语的使用有不同的隐含意义。而这些定义背后的隐含意义,也总与试图使用这个事物于某一用途有关。对于表现性评价而言,在大规模测试中作为一种测量手段,或是在课程或教学中作为改进教学或促进学习的手段,会产生不同的内涵。因此,本书分别在建构理论驱动评价的视角和教育学视角下讨论表现性评价,提出了在地理教学中表现性评价的规定性定义。

1. 基于建构理论驱动评价视角的表现性评价

从根源而言,表现性评价也属于测量的范畴。测量总以某事物的属性为测量的对象。教育测量则以心理或教育领域中人类心理活动或现象作为测量的对象。在心理学研究中,学业成绩等心理属性被称为建构。因此,心理属性的实质理论被称为建构理论,即"对心理建构的界定和描述、构成和结构、发展水平和形成机制的解释性框架"。建构理论驱动的评价或测量,就是把内在心理建构作为评价的对象进行的评价与测量的设计与实施活动[2]。

测量和评价被认为是一种基于证据的推理过程,即所有测量活动的共同之处在于,从测量对象在特定情况下的表现推断其在一般情况下的所知所能、所言所行[3]。因此,教育评价的基本特征是基于证据的推理过程[4]。其中证据就是学生在具体评价任务上的表现,所推理的则是学生在某些心理或教育的建构上的特征和水平。因此,评价任务、表现、建构也被称为是理解评价活动的三个关键词。

借助上述框架,本书将从教育评价的本质特征和三个关键词入手来分析表现性评价的内涵和概念。表现性评价就是通过对学生在表现任务中的具体表现来推断其内在的建构特征和水平的评价活动,这是表现性评价的一个重要特质。加德纳(Gardner,H.)认为,评价要直接针对表现:"表现本身是我们所看重的,无论是语言、逻辑、艺术的表现,还是社交方面的表现"[5]。斯蒂金斯(Stiggins,R.J.)也认

---

[1] PALM T. Performance assessment and authentic assessment:A conceptual analysis of the literature[J]. Practical assessment,research & evaluation,2008,13(4):1-11.
[2] 杨向东. 理论驱动的心理与教育测量学[M]. 上海:华东师范大学出版社,2014:1-2.
[3] 杨向东. 理论驱动的心理与教育测量学[M]. 上海:华东师范大学出版社,2014:202.
[4] MISLEVY R J. Test theory reconceived[J]. Journal of Educational Measurement,1996,33(4):379-416.
[5] 哈维·席尔瓦,理查德·斯特朗,马修·佩里尼. 多元智能与学习风格[M]. 张玲,译. 北京:教育科学出版社,2003:84.

为表现性评价是基于对展示技能的过程的观察，或基于对创造的成果的评价[1]。波帕姆(Popham，W.J.)、胡中锋与斯蒂金斯的观点相近，并认为不仅要观察学生的表现，还要对学生的表现做出评判。[2]

因此，表现性评价包含了三个基本要素：①所需测量的建构特征和水平，这是表现性评价活动的目标指向，可以通过对其在表现任务中的预期表现或可测表现来表达，主要体现在表现目标和评分规则中；②需要激发内在建构的评价任务，这是表现性评价活动得以实现的核心载体，即表现任务；③基于表现来推断内在建构的"标尺"，这是表现性评价活动能够实现专业判断的工具，即评分规则。关于表现性评价的各种概念、定义基本上是围绕着上述三个基本要素中的某一个，或围绕三要素的逻辑关系来表达。

第一，从建构—任务—表现三者的逻辑关系表达：用表现证明真实建构。斯蒂金斯在1987年指出，表现性评价的目的在于评价知识、理解化为行动的能力，让学生经由计划、建构及表达原始反应来评定学习结果，是测量学习者善用有用的知识与技能解决新异问题的评价方式。[3] 斯坦福评价、学习和公平中心(Stanford Center for Assessment，Learning and Equity，SCALE)通过表现性评价让学生做什么来对它做出定义，但实质上却也表达出了三者之间的逻辑关系，即"表现性评价要求学生思考和产出，通过对学科领域和/或现实世界具有真实意义的作业来展示其学习"。其内涵就在于，学科领域和/或现实世界具有真实意义的作业是表现任务，这些任务需要学生通过思考和做来产生，从而展示其学习的成果，也就是内在的建构水平和特征。这一定义也表达出了表现性评价的基本实施特征，那就是需要学生思考和产出一定的表现性成果。威金斯(Wiggins，G.)强调学生完成一个活动，或制作一个作品，证明其知识与技能为表现性评价，即学生在真实情境中表现其所知与所能[4]。

直接测评是表现性评价从评价结果到推论范围的关系的重要特质，直接考查学生在一些有价值的认知任务上的表现[5]。哈特(Hart，D.)认为，表现性评价是基于学生的表现或表现样本及既定的标准而进行的直接、系统的观察和评价[6]。因此，表现性评价可以直接测得复杂的认知能力，缩短作业本身与评价结果欲推论的范围之间的距离。例如：表现性评价可以通过直接观察个体在音乐、美术、体育训

---

[1] 周文叶.表现性评价的实施[M]//王少非主编.课堂评价.上海:华东师范大学出版社,2013:109.
[2] 波帕姆·W.詹姆斯.促进教学的课堂评价[M].国家基础教育课程改革"促进教师发展与学生成长的评价研究"项目组,译.北京:中国轻工业出版社,2003:135.
[3] STIGGINS R J. Design and development of performance assessments[J]. Educational measurement: Issues and practice, 1987, 6(3):33-42.
[4] 周文叶.表现性评价的实施[M]//王少非主编.课堂评价.上海:华东师范大学出版社,2013:109.
[5] WIGGINS G. The case for authentic assessment[J]. Practical assessment, research & evaluation, 1990, 2(2):1-6.
[6] 黛安·哈特.真实性评价——教师指导手册[M].国家基础教育课程改革"促进教师发展与学生成长的评价研究"项目组,译.北京:中国轻工业出版社,2004:176.

练、实验科学等方面的行为做出评价[1]。

第二,从表现目标表达:以评价高水平建构为目的。表现性评价的目标指向评价高水平的建构,持这一观点的人认为表现性评价衡量的是复杂与高层次、历程与结果并重的能力。如:国际教育成就评价协会(International Association for the Evaluation of Educational Achievement,简称为IEA)把表现性评价定义为:利用综合的实践作业去评价学生的内容知识(content knowledge)和程序知识(procedural knowledge),以及学生运用这些知识进行论证或解决问题的能力[2]。因此,以评价学生高水平建构能力为目的,成为表现性评价被应用的主要动因。

在我国,通过对表现性评价在地理教学中应用的文献分析,评价地理学科特有的高水平建构能力,也成为表现性评价被应用的重要理由。新课程改革强调关注人全面而有个性的发展,这与表现性评价"以人为本"的特质相吻合,因此表现性评价被关注[3]。此外,在促进核心素养发展[4]、落实地理空间思维能力[5]、自然观察者智能[6]、地理实践能力[7]等地理核心素养方面,也需要表现性评价。在实施以核心素养为导向的教学过程中,表现性评价是不可或缺的重要组成部分[8]。从运用表现性评价的实践者对表现性评价的内涵的表述中,能够看出其对表现性评价在发展人的素养方面的认可。出于对传统纸笔测试的不满,有教师提出新课程实施中存在的评价危机的解决方案是表现性评价[9]。表现性评价是一种新兴的评价方式[10]。运用表现性评价是新课程评价改革的需要,一切为了学生发展的需要[11]。

第三,从表现任务来表达:在真实情境中开展某项活动或生成某种作品。如前所述,尽管学生面对一道选择题,基于知识再认和回忆,做出一个选择也可以被称为是一种表现,但却不是表现性评价所指的表现。表现性评价被作为传统纸笔测试的替代性评价所提出,因此,通过与传统客观纸笔测试的任务特征与表现任务的特征的比较来理解表现性评价,也是一个常见的定义思路。梅西克(Messick,S.)曾指出,表现性评价要求学生去完成一个任务,而不是从已经列好的清单中选择一

---

[1] 吉尔伯特·萨克斯,詹姆斯·W.牛顿.教育和心理的测量与评价原理[M].王昌海,译.南京:江苏教育出版社,2002:660.
[2] ZUZOVSKY R, HARMON M. TIMSS Performance Assessment[J]. Studies in Educational Evaluation, 1999, 25(3):269-276.
[3] 曾仕文.活用质性评价策略和方法提升初中地理教学有效性[J].文理导航(上旬),2014(7):66-67.
[4] 苏志红.表现性评价开发与实施的研究[J].天津教育,2013(2):123-124.
[5] 佟柠.以表现性评价促进学生空间思维能力的发展[J].中学地理教学参考,2015(8):39-41.
[6] 佟柠.运用评价量规培育学生自然观察智能[J].基础教育课程,2015(10):55-57.
[7] 陆芷茗.高中生地理实践力培养路径与评价[J].中学地理教学参考,2016(12):4-6.
[8] 邱荣槐.以核心素养为导向建构"生活中的地理"课程——初中《历史与社会》拓展性课程建设的实践与思考[J].中学地理教学参考,2017(10):17-20.
[9] 王兴华.正视高中地理教学危机——工作13年一线教师新课改中对教学的反思[J].考试周刊,2015(102):16-17.
[10] 金子兴.表现性评价在地理中应注意的问题[J].地理教学,2016(18):41-43.
[11] 李家清.新课程的地理教学评价设计研究[J].地理教学,2004(10):9-10.

个答案①。

　　基于上述理解,陈英豪、吴裕益、余民宁主张表现性评价处于一般认知结果的纸笔测试和把学习结果应用于真实情境的实际活动之间,在模拟各种不同真实程度的测试情境下,为教师提供一种系统的评量学生实作表现的方法②。李坤崇的定义为:教师编拟与学习结果应用情境颇类似的模拟测验,让学生表现所知、所能的学习结果③。

　　例如,教师想评价学生是否习得了合作技能,就要考查每一个学生掌握合作技能的实际水平,并依据评价结果决定学生是否需要指导,以及何时可以开始新的教学任务。图0-1列举了五种用以评价学生合作技能的方法。1和2为选择-反应评价,3、4和5属建构-反应评价,但具体任务与教学目标相一致的程度明显不同。第5种方法与教学目标所要求的行为最接近,而第4种方法与第3种方法相比就更具有表现性评价的意味④。

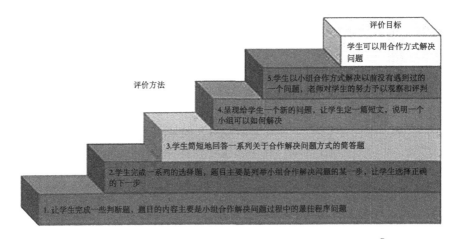

图0-1　学习任务与评价行为接近程度不同的几种评价方法⑤

　　根据图0-1所示,威金斯认为表现性评价能够将学生的学习任务接近真实情境,把习得能力迁移或转换到真实生活,所评价的内容与实际生活相接近,完成任务具有高度保真性。艾拉逊(Airasian,P.)、帕特里克(Patrick)和莫里森

---

① MESSICK S. Validity of psychological assessment: Validation of inferences from persons' responses and performances as scientific inquiry into score meaning[J]. American psychologist,1995,50(9):741-749.
② 李坤崇.多元化教学评量[M].台北:心理出版社,1999:135.
③ 李坤崇.教学评估:多种评价工具的设计及应用[M].上海:华东师范大学出版社,2010:125.
④ 波帕姆·W.詹姆斯.促进教学的课堂评价[M].国家基础教育课程改革"促进教师发展与学生成长的评价研究"项目组,译.北京:中国轻工业出版社,2003:135.
⑤ 波帕姆·W.詹姆斯.促进教学的课堂评价[M].国家基础教育课程改革"促进教师发展与学生成长的评价研究"项目组,译.北京:中国轻工业出版社,2003:135.

（Morrison）与威金斯一样持有上述观点①。

斯蒂金斯认为凡以观察和专业判断来评价学生学习成就的评价方式均可称为表现性评价，其形式相当多元，如建构反应题、书面报告、作文、演说、操作、实验、数据搜集、作品展示、档案袋评价等，均为表现性评价的例子②。类似斯蒂金斯以列举的方式给出表现性评价定义的，还有以下一些学者（见表0-1）。

表0-1 不同学者对表现性评价的定义举例

学者	表 现 任 务
黄光扬	作品、表演、展示、操作、写作、制作档案③
胡中锋	建构式反应题、书面报告、作文、演说、模拟表现任务、操作、实验和调查、作品展示、完成研究项目④
傅道春	结构性表现测验、口头表述、模拟表现、实验、作品、项目，以及档案录⑤
贝兰卡（J. Bellanca）	作品展示、表现、项目、日志和进度记录、演示、作品、问题解决过程、图表组织者⑥

马扎诺（Marzano，R. J.）等人将表现性评价定义为：学生任务情境中获得机会，创造性地运用他们的知识、技能和思维方法，表达他们的理解；随着实践产生切实的结果或可见的成就；有时包括合作；鼓励自我评定和自我改正；需要评分判断；用标准判断熟练程度；公开评分标准⑦。

表现任务中所强调的"表现"是指学生积极主动的生成性活动（productive activity）⑧，这种生成性活动具有多样性，例如：开展辩论、表演戏剧和公开演讲等⑨；回答简单或复杂开放性问题、写文章、做实验⑩；或是专题性学习、研究或调

---

① 李坤崇.多元化教学评量[M].台北:心理出版社,1999:134.
② 李坤崇.教学评估:多种评价工具的设计及应用[M].上海:华东师范大学出版社,2010:124-125.
③ 黄光扬.教育测量与评价[M].上海:华东师范大学出版社,2012:187-192.
④ 胡中锋.教育评价学[M].北京:中国人民大学出版社,2013:206-207.
⑤ 傅道春.新课程中课堂行为的变化[M].北京:首都师范大学出版社,2002:267-273.
⑥ 贝兰卡,等.多元智能与多元评价——运用评价促进学生发展[M].夏惠贤等,译.北京:中国轻工业出版社,2004:29.
⑦ 科林·马什.初任教师手册[M].吴刚平,何立群,译.北京:教育科学出版社,2005:277.
⑧ WIGGINS G. Assessing Student Performance: Exploring the Purpose and Limits of Testing [M]. San Francisco:Jossey-Bass Publishers, 1993:3.
⑨ ELLIOTT S N. Authentic assessment: An introduction to a neobehavioral approach to classroom assessment[J]. School Psychology Quarterly, 1991, 6(4):273-278.
⑩ ELLIOTT S N. Authentic assessment: An introduction to a neobehavioral approach to classroom assessment[J]. School Psychology Quarterly, 1991, 6(4):273-278.

查,并在此基础上展示作品,如调研报告、绘画、设计作品等①。因此,学生展现其任务解决的实际过程和结果,而不是在选择题形式下被动选择,才是表现性评价所评价的"表现"。正如艾尔逊(Airasian,P.W.)将表现性评价定义为"对学生开展某项活动(activity)或生成某种作品(product)的技能的观察或判断"②。

从以上学者们对表现性评价的定义来看,表现性评价总是伴随着表现任务展开的,而且这些任务往往在接近真实情境的条件下进行,并被认为,在距离真实的情境越近就越能够评价出学生真实的学业成就。但是,也有学者认为,在学校教育环境中,能够提供的真实情境是比较有限的,模拟真实情境是一个很重要的发展方向③。

第四,从评分规则表达:以实现精准测量为目的。传统客观纸笔测试进行判断的方法多是非对即错的计分,而表现性评价则在一定意义上超越了这种二元对立,运用评分规则(rubric)进行更加精准的专业判断。例如,周文叶梳理诸多学者对表现性评价内涵的定义,给表现性评价做出一个尝试性的定义:在尽量合乎真实的情境中,运用评分规则对学生完成复杂任务的过程表现或结果做出判断④。

通过上述对表现性评价相关概念的评析,本研究认为表现性评价是以评价高阶思维等高水平建构为目的,通过运用评分规则来评价学生在真实情境中的表现,从而判断和促进其内在建构(素养)水平的评价活动。

这也进一步说明表现性评价是建构驱动的评价。表现性评价多从表现任务的"操作"来定义,容易造成对深层建构的忽视,从而带来"操作主义",导致评价标准和评价结果的不可推广性。学生表现受到任务特征的影响,若评价标准过于关注具体任务特征,评价结果则难以推广至其他任务或任务情境中去⑤。因此,驱动评价的往往不能仅仅是任务,还应该考虑建构驱动,也就是评价任务背后的抽象的、概括性的建构⑥。建构驱动是指,从建构理论的水平上分析学生在未来专业领域或现实生活中真正所需的技能或能力,寻求当前任务和目标任务在深层的反应机制上的一致性⑦。为了能够从学生的表现中发现学生表现不良的原因,评价者就更需要从任务完成所需要的知识、技能、思维方式与过程等方面入手,理解学生解

---

① DARLING-HAMMOND L, WENTWORTH L. Benchmarking learning systems: Student performance assessment in international context [R]. Stanford, CA: Stanford University, Stanford Center for Opportunity Policy in Education, 2010: 10.
② AIRASIAN P W. Classroom assessment[M]. New York, NY: McGraw-Hill, 1991: 252.
③ 周文叶,陈铭洲. 指向深度学习的表现性评价——访斯坦福大学评价、学习与公平中心主任 Ray Pecheone 教授[J]. 全球教育展望, 2017, (7): 3 - 9.
④ 周文叶. 学生表现性评价研究[D]. 上海:华东师范大学, 2009: 56.
⑤ MESSICK S. The interplay of evidence and consequences in the validation of performance assessments [J]. Educational researcher, 1994, 23(2): 13 - 23.
⑥ CRONBACH L J, MEEHL P E. Construct validity in psychological tests[J]. Psychological bulletin, 1955, 52(4): 281 - 302.
⑦ 杨向东. 理论驱动的心理与教育测量学[M]. 上海:华东师范大学出版社, 2014: 127 - 147.

决任务的内在过程,以实现后面这些目的①。

表现性评价在建构驱动下,关注评价任务所指向的关键属性(或建构),重点分析学生完成任务背后的问题解决过程,通过借助于特定的评价任务引发的某种外在的表现,判断学生建构的各方面特征或不同水平,在任务特征—行为表现—建构水平之间建立内在联系,从而实现对学生真实学业水平的评价②。

2. 教育学视角下的表现性评价

以表现性评价为代表的新的评价智慧标志着评价范式已经从心理测量学范式走向教育评价范式③。表现性评价被认为是促进深度学习的重要评价方式④,而且,表现性评价的实施过程,离不开教学的支持和学习的展开,因此表现性评价被认为与教学具有密切的关系⑤。例如,从评价内容和目标上看,表现性评价对高层次技能而不是知识回忆再认的评价,不仅关注对认知的评价,也包括对元认知、情感和社会维度以及心理动力技能的评价⑥,例如学生在真实情境中的问题解决能力、高阶思维能力、交流沟通与合作能力等。表现任务强调真实的、情境化的测验;从评价实施的过程和效应上看,表现性评价将评价整合到学习之中,倡导学习即评价;学生既是受评者,也是评价者,开始越来越多地承担评价过程中的责任⑦。因此,表现性评价受到教育者、研究者和决策者的青睐,在欧美等西方国家被广泛应用于中小学学习评价,成为替代传统标准化测验的新型评价方式。

表现性评价对学生、教师和校长具有"教育性"。斯坦福大学学习、评价与公平中心的表现性评价研究团队认为,表现性评价的打分、反馈和结果等伴随着教学同时发生,对于学生来说是经历了一次动手学习活动,其本身就是学习的过程。对于教师来说,表现性评价不仅仅提供标准答案,更加关注寻找正确答案的过程,而教师则从这个过程中获得了学生学习进展的反馈。学生也能够根据评分规则获得自己学习的进展,为自己的学习负责⑧。

美国在阐述表现性评价被利用的背景时,教师问责制、21世纪技能、共同核心标准以及《让每个孩子都成功法案》(*The Every Student Succeeds Act*)成为教师选

---

① CRONBACH L J. Construct validation after thirty years[M]//LINN R L. Intelligence:Measurement, theory, and public policy. Chicago:University of Illinois Press, 1989:147-171.
② 杨向东."真实性评价"之辨[J]. 全球教育展望,2015(5):46.
③ 崔允漷."教—学—评—致性":意义与含义[J]. 中小学管理,2013(1):4.
④ 周文叶,陈铭洲. 指向深度学习的表现性评价——访斯坦福大学评价、学习与公平中心主任 Ray Pecheone 教授[J]. 全球教育展望,2017(7):3-9.
⑤ 比尔·约翰逊. 学生表现评定手册[M]. 李雁冰,主译. 上海:华东师范大学出版社,2001:89-114.
⑥ 崔允漷."教—学—评—致性":意义与含义[J]. 中小学管理,2013(1):4.
⑦ 崔允漷."教—学—评—致性":意义与含义[J]. 中小学管理,2013(1):4.
⑧ 周文叶,陈铭洲. 指向深度学习的表现性评价——访斯坦福大学评价、学习与公平中心主任 Ray Pecheone 教授[J]. 全球教育展望,2017(7):3-9.

择表现性评价的重要原因①。

表现性评价促进形成性评估或学习评估,正如英国"国家关键阶段3战略"的一项发展政策所称:评估是教与学不可分割的一部分,是评估及测试工作小组的核心原则之一②。为了落实课程标准的要求,英国要求教师重新考虑他们的评价实践,因为他们现在被要求对学生进行形成性评价和终结性评价,并把基于表现的评价作为重要的评价方式引入③。表现性评价已经进入到教学的系统中来,有些作为终结性评估,来评估一个单元或者是一个模块的学习效果,并且着眼于综合的评估,也就是不仅仅关注认知领域,而是关注个人领域和人际领域,或者是应用于课堂的形成性评价中,以促进学习和改进教学为目的。

表现性评价能够改进教师的教学,支持教师在课堂中使用表现性评价,因为这种评价更能对教师的教学目标构成积极的影响,可以明显地改进教师的教学④。例如,为满足地理评价的新要求,发挥评价对教学和学习的积极效应⑤。一些活动性课程等的实施质量也与表现性评价有着密切的关系⑥。从关注地理活动课实施的质量来谈,缺失了评价的跟进直接影响了活动课程的质量⑦。为了提高课程实施的质量,让表现性评价与教学能够密切结合成为表现性评价能够被使用的重要原因。

表现性评价也被认为发挥着促进学习的重要作用。布莱克(Black,P.)和威廉(Wiliam,D.)曾明确提出"为了学习的评价"⑧,促进了国际评价范式的转型。表现性评价所发挥的"促进学习"和"成为学习"的功能也得到了比较普遍的关注和实践。表现性评价被认为是促进深度学习的重要评价方式⑨。从促进学习的角度来谈表现性评价的作用⑩,能够促进学生的深度学习⑪。而且,表现性评价的实施过

---

① DIXSON D D, WORRELL F C. Formative and Summative Assessment in the Classroom[J]. Theory into Practice, 2016, 55(2):153-159.
② TIKNAZ Y, SUTTON A. Exploring the role of assessment tasks to promote formative assessment in Key Stage 3 Geography: Evidence from Twelve Teachers[J]. Assessment in Education: Principles, Policy and Practice, 2006, 13(3):327-343.
③ TIKNAZ Y, SUTTON A. Exploring the role of assessment tasks to promote formative assessment in Key Stage 3 Geography: Evidence from twelve teachers[J]. Assessment in Education, 2006, 13(3):327-343.
④ 波帕姆·W.詹姆斯.促进教学的课堂评价[M].国家基础教育课程改革"促进教师发展与学生成长的评价研究"项目组,译.北京:中国轻工业出版社,2003:139.
⑤ 罗荣琴.表现性评价在地理教学中的应用[J].贵州教育学院学报,2016(1):3-25.
⑥ 李万龙.暑期游学实践与反思[J].中学地理教学参考,2017(4):14-16.
⑦ 董子铭.高中地理课堂活动开展存在问题及对策探讨[J].全球教育展望,2007(4):76-79.
⑧ BLACK P, WILIAM D. Assessment and classroom Learning[J]. Assessment in Education: Principles, Policy & Practice, 1998, 5(1):7-74.
⑨ 周文叶,陈铭洲.指向深度学习的表现性评价——访斯坦福大学评价、学习与公平中心主任 Ray Pecheone 教授[J].全球教育展望,2017(7):3-9.
⑩ 葛洁爽.地理新型评价方式的尝试[J].现代教学,2010(1-2):130.
⑪ 李健.将表现性评价融入初中课堂深度学习[J].中学地理教学参考,2016(1):10-12.

程,离不开教学的支持和学习的展开,因此表现性评价被认为与教学有着密切的关系,从而具有促进学习的功能。

综上所述,本书认为表现性评价是以评价高阶思维等,以高水平建构为目的,将表现任务与教学和评价联系起来,通过运用评分规则来评价学生在真实情境中的表现任务中的表现,从而判断和促进其内在建构(素养)水平的评价活动。

(二)表现性评价在地理教学中的应用研究

在中文文献方面,本书主要在中国知网系统搜集了国内关于表现性评价的文献。外文文献则有三个来源:①本书选择了 ERIC 数据库,勾选"全文"和"同行评审"选项,分别以"performance assessment""performance assessment"+"geography""performance assessment"+"classroom"为题名进行检索,获取了相关期刊论文;②获取了大量外文翻译的有关表现性评价的著作;③通过网络搜集斯坦福评价、学习和公平中心(SCALE)的表现性评价案例、会议论文,及其在全球范围内开设"真实性学习与表现性评价"慕课的相关案例等资料作为分析文献。通过对国内外表现性评价应用于地理教学的基本情况的梳理,本书试图勾勒出表现性评价应用于地理教学的主要进展、案例特征和实证效果。

首先,为了获得全面的评估结果,在欧美澳等区域和中国香港,表现性评价已经系统地应用于终结性评价。将表现性评价应用于终结性评价,旨在更全面地评估学生的学业成就。在美国、英国、澳大利亚等国家,表现性评价已经在高利害的地理考试中被广泛采用。中国香港地理科校本评核也同样具有鲜明的表现性评价特征,重点评核学生的地理认知、地理探究能力、应用工具能力、沟通、批判性思考、解难及创意等的共通能力、态度和价值观等等[①]。

其次,为了改进教学和促进学习,在欧美澳等区域,表现性评价已经深度应用于形成性评价。虽然形成性评估和终结性评估之间有许多区别,但这两种类型的评估是相辅相成的,因为它们能达到共同的相关目的[②]。在梳理美国、英国、澳大利亚等国家所开发的表现性评价案例或者相关文献的过程中作者发现表现性评价应用的目标领域并不受地理教学内容的局限,在人文地理、自然地理以及区域地理中均有应用,应用内容领域广泛,而且注重对综合思维、空间思维、地理实践力、读图技能、应用知识解决地理问题的能力的培养。

表现性评价应用于形成性评价的最主要特征是让表现任务连接了课堂教学与评价,实现了对学生学习信息的收集,发挥了促进学习和改进教学的目的。这些表现任务的显著特征是,案例开发者在陈述案例设计的背景时,把促进学生建构,发展更高级的认知能力和促进课程标准的达成作为主要的开发目的;重视动手实践操作,让表现任务成为学习活动;运用评分规则支持学习改进;创设尽可能真实的

---

① 王欢迎,冯生尧. 香港高中地理科校本评核的特点和启示[J]. 课程教学研究,2013(3):33-36.
② DIXSON D D, WORRELL F C. Formative and summative assessment in the classroom[J]. Theory into practice,2016,55(2):153-159.

评估与学习的情境;完成任务的过程和学习的过程相融合。

也有些国家的地理教师在开发表现性评价时,用一个表现性评价任务期望同时发挥其形成性和终结性功能。斯坦福大学的学习、评价与公平中心(SCALE)是表现性评价开发领域的国际权威机构。研究者通过网络系统搜集了该机构所开发的 215 个应用于高中教学的表现性评价案例,并对筛选出的地理表现性评价的案例进行分析,认为 SCALE 的案例具备完整成熟的基本结构和质量标准,值得借鉴。

在实证效果方面,有关表现性评价在地理教学中应用的实证论文还不多见,仅有少量文献呈现了这方面的进展。例如,在尼日利亚的乔斯,有研究者在关于地图素描和地理位置的学习中,运用了基于表现性评价的档案袋技术,其研究表明,教师和学校采用的表现性评价档案袋技术有助于提高中学生的地理表现。

第三,关于表现性评价在地理教学中的应用,在我国还处于起步阶段,需要建构符合本土特点的设计和应用框架。国内表现性评价的研究从 2001 年开始至今大概可以分为"热烈推介""波动停滞"和"尝试应用"三个阶段。2001—2007 年间,表现性评价开始被华东师范大学课程与教学研究所王小明等率先介绍到我国大陆地区[①],并在随后不断被更多的学者从各个方面进行推介,呈现出明显的持续上升态势。2007—2013 年间,学界对表现性评价的关注出现了波动,有些年份表现性评价很少被关注,这说明其研究进入了瓶颈期。但是,自 2014 年起,学界对表现性评价的关注开始呈现出爆发增长的态势,表现为对表现性评价更加深入的推介和较为广泛的尝试性应用,如对其概念内涵的综述性研究、对我国表现性评价应用的综述性研究等。值得关注的是,表现性评价已经被应用于幼儿园、小学、初中、高中和大学等各个学段的各个学科之中。这些应用类文章的主要结构为介绍表现性评价的价值和内涵、介绍操作的程序和方法,然后结合学科开发一个案例进行说明和阐释。

在我国,整体而言,表现性评价在地理教学中的应用还处于起步阶段,一是文献的数量相对较少,讨论的话题往往是推介表现性评价的价值意义和内涵框架,以及尝试性的、局部性的应用案例呈现。二是所涉及的主题比较广泛,不够聚焦。图 0-2 呈现了以"表现性评价"为中心的主题:教材"活动"(2)、地理教学(2)、教育价值(1)、教学危机(1)、地理科(1)、地理空间思维(1)、高中(2)等。

---

① 王小明. 表现性评价:一种高级学习的评价方法[J]. 全球教育展望,2003(11):47-51.

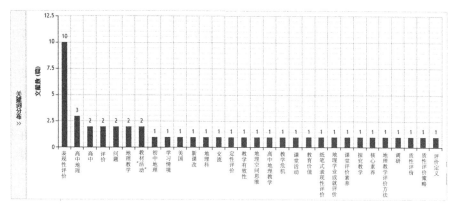

图 0-2 "表现性评价"+"地理"的文献关键词排序(中国知网)

在我国,表现性评价在地理教学中的应用主要是围绕着课堂教学来展开的,因为广大教师参与大型考试命题的机会相对较少,因此,课堂教学是主要应用领域。根据中国知网,对表现性评价在地理教学中应用所发表的文献时间线进行分析,能够看到表现性评价被日益关注,如图 0-3 所示。地理学科的基础教育领域是表现性评价应用的重点学段和学科。

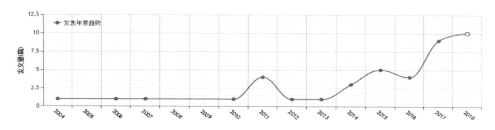

图 0-3 "表现性评价"在地理教学中应用所发表文献的年度趋势(中国知网)

通过系统分析所获得的 32 篇表现性评价在地理教学中应用的文献发现:新课程改革强调关注人全面而有个性的发展,这与表现性评价"以人为本"的特质相吻合,因此表现性评价被关注[1];在促进核心素养发展[2]、落实地理空间思维能力[3]、自然观察者智能[4]、地理实践能力[5]等地理核心素养方面需要表现性评价;在实施核

---

[1] 曾仕文.活用质性评价策略和方法提升初中地理教学有效性[J].文理导航(上旬),2014(7):66-67.
[2] 苏志红.表现性评价开发与实施的研究[J].天津教育,2013(2):123-124.
[3] 佟柠.以表现性评价促进学生空间思维能力的发展[J].中学地理教学参考,2015(8):39-41.
[4] 佟柠.运用评价量规培育学生自然观察智能[J].基础教育课程,2015(10):55-57.
[5] 陆芷茗.高中生地理实践力培养路径与评价[J].中学地理教学参考,2016(12):4-6.

心素养为导向的教学过程中,把表现性评价作为不可或缺的重要组成部分①。表现性评价作为一种新兴的评价方式②,是新课程评价改革的需要,一切为了学生发展的需要③。

总体而言,我国的表现性评价在地理教学中的应用具有以下特点:落实育人目标,发展地理核心素养;改善地理教学,提高课程实施质量;促进学生学习,聚焦地理深度学习;满足评价需求,关注新型评价。但是,还缺乏满足地理学科需求的表现性评价系统设计与应用,缺少优质的地理表现性评价样例。表现性评价在我国的研究和实践处于呼应"改革潮流"、积极介绍有关成果、尝试实践探索的阶段。

(三)评价在教学中应用的两种模式

为了把表现性评价应用于地理教学中,还应该探寻评价在教学中应用的模式,需要从不同的视角来揭示评价与教学之间的关系。

1. 传统视角下教学与评价的关系

在更古老的传统下评价与教学被视为一体性的关系④。在孔子"观其言,察其行"的教学中,在苏格拉底的诘问法中,教学活动与评价活动就是融合在一起的。但是,近代教育学科的分化,特别是心理测量学的发展,以及随之建立起来的对学生的测量,让教育评价逐渐成为一个专门的研究领域。基于测量的学习评价模式的价值指向是甄别,是判断"好坏"、选拔"精英"。

在这一传统视角下,众多学者和专家认为,评价与教学和学习是分离、割裂的,并没有与教师的教学活动和学生的学习活动产生太大的联系⑤(见图0-4)。

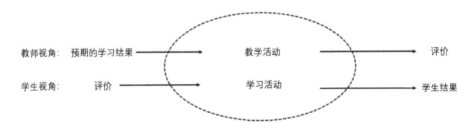

图0-4 传统视角下学生和教师眼中的教学与评价关系

尽管教师会将评价活动视为自己的"专业活动",但也是在教学之后,或者是教

---

① 邱荣槐. 以核心素养为导向建构"生活中的地理"课程——初中《历史与社会》拓展性课程建设的实践与思考[J]. 中学地理教学参考,2017(10):17-20.
② 金子兴. 表现性评价在地理学科中应注意的问题[J]. 地理教学,2016(18):41-43.
③ 李家清. 新课程的地理教学评价设计研究[J]. 地理教学,2004(10):9-10.
④ 王少非,等. 促进学习的课堂评价[M]. 上海:华东师范大学出版社,2018:36-42.
⑤ FRANKLAND S. Enhancing Teaching and Learning through Assessment [R]. Published by Springer, 2007:1-5. http://www.polyu.edu.hk/assessment/arc.

学即将结束时做的事情,对于教师的教学活动的调整,则没有太大的帮助,评价信息难以成为教学改进的证据①(见图0-5)。

图0-5 传统评价观下教学与评价的关系

在传统评价视角下,评价与教学在实践上的距离越来越远。正如同,一个教授驾驶的教师不在教学中实践驾驶,而仅仅是讲授驾驶,在考试中不让学生去驾驶,而是直接用传统的纸笔测试考驾驶②。甚至教师因为在"评价"或"测量"上不够"专业"而失去在此领域的话语权③。评价不仅仅与教学产生了割裂,而且评价,尤其是外部评价成为凌驾于教学之上的"特权产物",甚至导致了"为评价而教学"这种失去教学意义的现象发生④。因此,这种"基于测量的学习评价"视角,被称为是传统的视角⑤。

基于标准的运动,促进了评价与教学之间紧张关系的改善,教学、学习和评价开始在共同的目标下整合到一起。

2. 教—学—评一致性视角下的教学与评价关系

基于课程标准的课程改革是教—学—评一致性的主要动因⑥。20世纪80年代,课程标准在许多国家的基础教育改革中被放在一个非常突出的位置。美国首先发起由"标准驱动并基于标准"的基础教育课程改革,以此提高教育质量和学校教育效能⑦。法国等有课程标准的国家重新修订标准。澳大利亚、英国等世界上许多国家和地区也先后兴起了基于标准的改革。中国、俄罗斯等没有课程标准的国家把原来的教学大纲等指导性文件转而改编为课程标准。我国《基础教育课程改革纲要(试行)》明确指出"国家课程标准是教材编写、教学、评估和考试命题的依据,是国家管理和评价课程的基础"⑧。这场编制课程标准并推进教育系统各要素

---

① 王少非,等. 促进学习的课堂评价[M]. 上海:华东师范大学出版社,2018:36-42.
② FRANKLAND S. Enhancing Teaching and Learning through Assessment [R]. Published by Springer,2007:1-5. http://www.polyu.edu.hk/assessment/arc.
③ 王少非,等. 促进学习的课堂评价[M]. 上海:华东师范大学出版社,2018:36-42.
④ 杨启亮. 为教学的评价与为评价的教学[J]. 教育研究,2012(7):98-103.
⑤ FRANKLAND S. Enhancing Teaching and Learning through Assessment [R]. Published by Springer,2007:1-5. http://www.polyu.edu.hk/assessment/arc.
⑥ 刘学智. 学业评价与课程标准一致性研究——基于标准的小学数学学业水平分析模式与策略[M]. 长春:东北师范大学出版社,2011:13.
⑦ 崔允漷. 学校课程实施过程的质量评估[M]. 上海:华东师范大学出版社,2017:202.
⑧ 中华人民共和国教育部. 基础教育课程改革纲要(试行)[EB/OL]. (2001-06-08)[2017-12-05]. http://www.moe.edu.cn/publicfiles/business/htmlfiles/moe/moe_309/200412/4672.html.

与课程标准的一致性的国际教育领域的改革运动被称为"基于标准的改革"（standards-based reform）[1]。

"Alignment"是英语语系中"一致性"的常用词，在《英汉大辞典》中的含义是"调整、校正、直线排列"[2]。韦伯（Webb，N. L.）认为两个或两个以上的事物之间的吻合程度、事物各部分或元素的融合并匹配整合成一个和谐的整体即为"一致性"[3]。一致性分析就是分析课程各要素之间是否达到良性匹配，具有较高吻合性的一种判断和范式，包括分析的理念、程序及方法等[4]。一致性是教育系统的重要概念，是基于课程标准的教育改革的一个核心[5]。在以提高学生学业成就推动学校改革的时代要求下，教师在课堂教学中开展教学和评价必然受到更严格的考查[6]。因此，课堂教学上落实教—学—评的一致性是基于课程标准改革的终极追求。

利伯林（Liebling，C. R.）等人认为，在基于标准的改革进程中，课堂教学层面上的教—学—评一致性可以表达为一个连贯的课程实施[7]。韦伯声称，要使教育系统发挥提高学业成就的作用，就要确保评价、教学、学习与课程标准的一致性以及评价、教学、学习之间的一致性。贝克（Baker）等人研究发现，通过强大的基于标准的课堂教学，显著提高了学生的成绩[8]。

在我国，最先提出"教—学—评一致性"概念的是崔允漷。他把"教—学—评一致性"概括为在整个课堂教学系统中教师的教、学生的学和对学生学习的评价三个因素的协调配合程度[9]。判断教—学—评是否一致的依据就是教学、学习与评价是否都是围绕共享的目标展开的[10]。

在基于标准的课堂教学中，"教"是帮助学生实现目标的指导活动，"学"是实现目标的学习活动，"评"是监测目标达成情况的评价活动。简言之，所教即所学，所学即所评，所评即所教[11]。因此，评价与教学之间的关系是整合在一起的，评价不

---

[1] 汪贤泽. 基于课程标准的学业成就评价的程序研究[D]. 上海：华东师范大学博士论文，2008：3.
[2] 陆谷孙. 英汉大词典（第2版）[M]. 上海：上海译文出版社，2007：46.
[3] WEBB N L. Alignment of Science and Mathematics Standards and Assessments in Four States[R]. Madison，WI：National Institute for Science Education，1999.
[4] 陆谷孙. 英汉大词典（第2版）[M]. 上海：上海译文出版社，2007：46.
[5] 徐瑰瑰. 论教—学—评一致性：以小学语文习作课为例[D]. 上海：华东师范大学硕士论文，2015：1.
[6] ROACH A T，NIEBLING B C，KURZ A. Evaluating the Alignment Among Curriculum，Instruction，and Assessment[J]. Psychology in the Schools，2008，45(2)：158-176.
[7] LIEBLING C R. Achieving Standards-Based Curriculum Alignment through Mindful Teaching[R]. New York：The New York Technical Assistance Center，1997.
[8] NASSER R，ZAKI E ALLEN N. Alignment of Teacher-Developed Curricula and National Standards in Qatar's National Education Reform[J]. International Education Studies，2014，7(10)：14-24.
[9] 崔允漷. 学校课程实施过程质量评估[M]. 上海：华东师范大学出版社，2017：202.
[10] 崔允漷，雷浩. 教—学—评一致性三因素理论模型的建构[J]. 华东师范大学学报（教育科学版），2015(4)：15-21.
[11] 崔允漷. 指向学习改进的教学和评价[J]. 教育测量与评价，2015(1)：3.

是孤立于教学的一个环节①。在课堂教学中把教学、评价整合在一起也被视为"理想"的课堂教学。课堂教学因为有了评价提供决策证据而不再盲目,成为奥苏贝尔所说的"有意义的教学",持续镶嵌在教学中的评价能够提供持续的信息流,为教师的教学决策提供依据,好比是"GPS"导航系统一般。因此,教学与评价被整合在了一起②。

3. 教—学—评一致性视角下表现性评价应用于教学的实施模式:嵌入与合一

在教—学—评一致性的视角下,为了把评价与教学整合在一起,不同的学者和实践者从不同的视角提出了不同的整合模式。教—学—评一致性的系统主要有目标(标准)、教学、学习和评价这四个要素。

首先,目标对教学与评价整合关系产生影响。在教—学—评一致性的系统中,目标是系统的灵魂,直接要求评价方式与目标相匹配。因此,就有了基于不同目标类型来设计不同评价方式嵌入在课堂教学中的路径③。例如,若要同时了解学生的推理能力、复杂技能、合作沟通能力等,就需要在教学中实施模拟或真实情境中的表现任务④。

其次,教学对教学与评价整合关系产生影响。不同的教学方法或者模式,对于评价的要求也是不同的。在常见的以一问一答为主要形式的课堂教学中,教师的提问若是为了获取学生是否掌握该知识,为下一步教学提供决策,那么这些提问活动就是嵌入在教学中的评价活动⑤。但是,有些教学模式,例如,基于案例的教学,需要评价提供的不是一个零散的、点状的证据,而是一种系统性的证据(见图0-6)。因此,传统"点状"评价并不适合基于案例的教学,因为学生在基于案例的教学中要展示一系列的学习过程和学习技能,如搜索、做报告等。因此,基于案例的教学需要完全与教学融合一体的评价方式,与教学无缝对接⑥。

第三,学习对教学与评价整合关系产生影响。学习方式也会影响评价与教学的关系。在建构主义学习观下,课堂教学任务和评价任务就是一个硬币的两个方面,教师在教学活动中所实施的一个又一个学习活动或者是教学的环节,就是评价环节,呈现出了评价任务嵌入教学的样态(见图0-7)。⑦

---

① 崔允漷."教—学—评一致性":意义与含义[J].中小学管理,2013(1):4.
② 王少非,等.促进学习的课堂评价[M].上海:华东师范大学出版社,2018:36-42.
③ 佟柠.指向问题解决的学习环境设计——以地理为例[J].基础教育课程,2015(12):4.
④ WIGGINS G, MCTIGHE J. The Understanding by Design Guide to Creating High Quality Units. Alexandria, VA: Association for Supervision and Curriculum Development,2011.
⑤ 王少非,等.促进学习的课堂评价[M].上海:华东师范大学出版社,2018:36-42.
⑥ MCNAUGHT C, LAM P, ONG D, LAU L. Challenges in Assessments in a Case-Based Science Course [R]. Published by Springer,2007:256-264.http://www.polyu.edu.hk/assessment/arc.
⑦ 杨向东.把评价贯穿于整个教学过程[J].人民教育,2015(20):46-49.

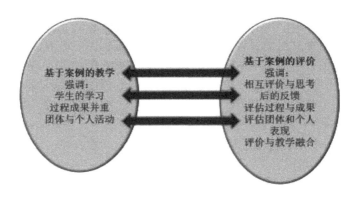

图 0-6 基于案例教学方法与评价的匹配

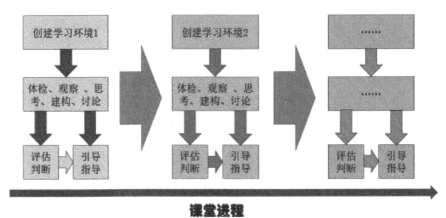

图 0-7 建构主义学习观下课堂活动进程

综合上述分析,在教—学—评一致性的系统中,受课程标准或者教学目标、教学方式,以及学习方式的综合影响,评价整合进入教学的形态是多样化的。在有些情况下,呈现为嵌入教学的形式,成为教学过程中的一个环节,而在另一些情况下,评价则与教学完全融合,评价的过程就是教学的过程。因此,在本书中,为探索表现性评价在地理教学中的应用,也将研究的重点放在两个方面,即表现性评价在地理教学中的"嵌入式"应用和表现性评价在地理教学中的"合一式"应用。

三、研究问题与研究思路

(一) 研究问题

本书试图解决一个核心问题:如何有效地设计与实施指向地理核心素养的表现性评价。并将核心问题分解如下:

(1) 如何设计指向地理核心素养的表现性评价方案?

(2) 如何在课堂教学中实施表现性评价？

(3) 通过案例研究指向地理核心素养的表现性评价是否真的有效？

(二) 概念界定

通过对建构驱动理论和教育学视角下表现性评价的内涵进行梳理和分析，本书将应用于地理教学中的表现性评价的概念界定为：通过让学生在真实或模拟情境中完成复杂地理任务，来引导学生在此基础上搜集有关学习过程和学习结果的表现信息，运用评分规则开展专业判断，形成高质量的评价证据，并通过解释证据和提供反馈，以此促进学生地理核心素养的发展并改进教学。

(三) 研究方法

研究方法的选择要与旨在解决的研究问题相适配。结合研究问题，本书主要采用了如下三种研究方法。

第一，文献研究法。本书所使用的文献研究法是搜集文献资料并进行阅读和分析。本书搜集的文献主要包括四个方面：一是有关地理教学与评价方面的文献，二是有关测量评价方面的文献，三是有关表现性评价的基本理论和应用技术的文献，四是有关表现性评价在地理教学中应用的文献。通过梳理和分析目前国内外相关研究文献，解决表现性评价应用于地理教学的学理依据，并为形成设计流程和应用路径提供知识基础。

第二，质性案例研究法。本书选择质性案例研究的方法，将访谈、观察等方法综合在一起使用。质性案例研究法的核心意图是呈现出一个或一系列决策的过程：为什么做出这一决策？决策是怎样执行的？结果如何？[1] 本书选择解释型和探索型案例研究。解释型案例研究一般适用于研究"为什么""怎么样"之类有关因果关系的问题。同时，案例研究还可以分为内在型案例研究、工具型案例研究和多重型案例研究。[2] 由于本书将开发两种表现性评价应用于地理教学的基本类型，同时，为了在扩展理论时更加可靠，本书选择了多重型案例研究，以便于向着一般性的理论再迈进一步[3]。本书中，笔者选择了自己所工作的高中作为合作对象，与该校地理组的两位教师合作开发案例，并邀请该校地理组的4位地理教师参与课堂观察，从而呈现出表现性评价应用于地理教学模型的运作流程和实证效果。案例研究过程如图0-8所示。

---

[1] 罗伯特·K.殷.案例研究:设计与方法[M].周海涛,李永贤,张蘅,译.重庆:重庆大学出版社,2004:15.
[2] Stake, R. The art of case study research [M]. Thousand Oaks, CA: Sage Publications, 1995:3-8.
[3] 罗伯特·K.殷.案例研究:设计与方法[M].周海涛,李永贤,张蘅,译.重庆:重庆大学出版社,2004:25.

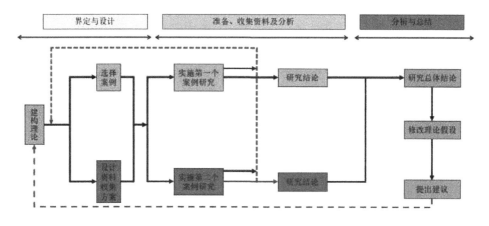

图 0-8 案例研究的阶段和过程

第三,问卷调查法。为进一步印证高中地理教师在教学中实施指向地理核心素养的表现性评价所面临的挑战,基于一般的教学和评价理论,以地理核心素养为依据,结合高中地理教师课堂评价素养及其特征,笔者编制了"指向地理核心素养的教学与评价现状调查"问卷。为了确保调查问卷的科学性和合理性,提高问卷的信效度,在问卷设计完成以后,笔者邀请由高校教师和一线地理教师组成的"专家咨询团队",讨论问卷的结构和具体内容,包括被调查者对问卷题干的理解、问卷内容的调查方式等。最后,经过讨论完善后,问卷正式定稿。本次调查问卷通过"问卷星"网络平台面向江浙沪地区在岗高中地理教师发放,以匿名的形式填写。问卷的调查数据主要用于补充印证教师在地理教学中使用表现性评价面临的挑战。

(四)研究思路

为了解决研究问题,综合多种因素,笔者建构了本书中研究问题的解决思路(见图 0-9)。

本书研究问题的解决思路,具体阐释如下:

第一,问题分析。通过问卷调查、文献研究探索我国普通高中地理学习评价的基本现状,明晰在指向地理核心素养的背景下,地理学习评价所面临的挑战,系统分析地理学习评价在表现目标、评价任务和评分标准方面存在的问题及其产生的影响,以澄清所开发的地理表现性评价应该具备什么功能。

第二,深入研究表现性评价。通过文献研究,从表现性评价的历史演变、结构要素和功能局限等方面,深入了解表现性评价为解决高中地理学习评价所面临的挑战的依据,也为表现性评价应用于地理教学提供知识基础。

第三,表现性评价应用于地理教学的设计与实施框架建构。首先系统梳理表现性评价的设计技术,结合地理核心素养的评价要求,建立指向地理核心素养的表现性评价设计框架,明晰表现性评价要素的设计技术。其次,从两种实施模式入

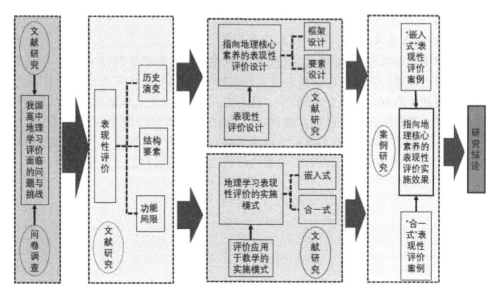

图 0-9 研究问题的解决思路图

手,梳理"嵌入式"表现性评价和"合一式"表现性评价在地理教学中应用的文献,从而形成两种实施模式的基本内涵、应用条件、结构特征和实施流程。

第四,验证表现性评价在地理教学中应用的效果。通过"嵌入式"表现性评价案例和"合一式"表现性评价案例的研究,进一步揭示指向地理核心素养的表现性评价的设计与实施流程,并从是否评出地理核心素养和对教学与学习的影响两个方面来探索实施效果。

四、研究意义

在国内,表现性评价没有广泛应用于地理学科教学中,因此,结合本土实际形成地理核心素养的表现性评价设计与实施框架,探索其应用于地理教学的方式并验证其应用效果,对于推动和深化表现性评价在我国地理教学中的应用,具有重要的理论价值和实践意义。

(一)理论意义

通过综合多种表现性评价的设计模型、应用类型形成表现性评价应用于地理教学的框架,对于完善和拓展这些设计模型的应用范围、丰富其应用方式具有重要意义,这也将有助于表现性评价自身理论的完善。

对于地理学习评价理论的发展来说,指向地理核心素养的表现性评价的设计和实施框架,为表现性评价理论落实到地理课堂教学层面提供了技术路径和系统方案,为建立指向地理核心素养的评价体系提供理论依据,也丰富了地理表现性评价,提供了表现性评价落实在课堂层面的证据,回应了当前地理学习评价领域的理论问题。

(二) 实践意义

为解决地理学习评价中存在的问题,尤其是突破传统纸笔测试的瓶颈,要让指向地理核心素养的表现性评价真正进入地理教学中。同时,本书为促进学习方式、教学方式和评价方式的转变,提供了一套系统方案,开发了具体案例。所开发的指向地理核心素养的具体设计与实施框架,以及在实际教学情境中应用的"嵌入式"和"合一式"两类案例,回应了新版地理课程标准所倡导的表现性评价,以及两种课堂教学情境,并从实证层面回答了表现性评价应用于地理教学的效果。

第一章 我国高中地理学习评价面临的挑战

《普通高中地理课程标准(2017年版2020年修订)》阐明了高中地理课程旨在使学生具备综合思维、区域认知、地理实践力、人地协调观等地理核心素养,学会运用地理的视角认识和欣赏自然与人文环境,提高生活品位和精神境界,为培养有见识、有胸怀、有责任感、有行动力的公民奠定基础。

指向地理核心素养的教学与评价是以支持和促进地理学科核心素养培育为旨归的教学与评价。2017新版课标明确规定,培育地理核心素养的教学应"引导学生开展自主、合作、探究"等学习方式,在自然、社会、生活等情境中,开展丰富多样的地理实践活动,运用知识、技能、价值观等来解决真实的、复杂的地理问题。指向地理核心素养的评价,是对学生学业成就的评价,包括了对学生学习结果和学习过程的评价,应以地理核心素养的内涵与表现水平等为依据,"收集和解释学生在真实的、复杂的不确定情境中,综合运用所学知识、方法、观念等,解决实际问题或完成复杂任务的过程中所表现出来的学习证据",从而更好地判断和促进学生的认知水平,以及价值判断能力、思维能力、实践能力等关键能力、必备品格与重要观念的状态及其发展状况。

面对培育地理核心素养的需求,确保课程标准—教学—学习—评价的一致性是实现地理学科育人目标的重要前提,也正是地理学习评价所面临的巨大挑战,因为教学、学习与评价在事实上常常偏离课程标准或者无法达到课程标准的要求。从评价目标、评价任务以及评价标准等多方面来澄清我国高中地理学习评价所面临的问题,可以作为表现性评价能够应用于地理教学的逻辑起点,也将进一步明晰将表现性评价应用于地理教学所力求解决的问题。

第一节 评价目标重记忆,轻表现

学生通过教学活动获得相应的学习结果,这个学习结果就是预期的目标[1]。核心素养是从学习结果来界定的未来人才形象,是对包含关键能力和必备品格的

---

[1] 洛林·W.安德森,等.布卢姆教育目标分类学修订版(完整版):分类学视野下的学与教及其测评[M].蒋小平,张美琴,罗晶晶,译.北京:外语教学与研究出版社,2009:10-11.

学习结果的描述①。学校中的教学活动具有目标导向的基本特征，因此，关注什么样的学习结果直接影响着育人目标的达成。但是，长期以来，以传递基础知识和训练基本技能为目的的"双基目标"，在地理教学与评价中占据主流地位并发挥主导作用，而指向关键能力的表现目标在地理教学与评价中长期缺位，这直接影响了地理学科育人目标的达成，阻碍着指向地理核心素养的教学与评价改革。

一、"双基目标"依然主导教学实践

"双基目标""三维目标""核心素养目标"是自中华人民共和国成立以来，我国基础教育课程改革在课程目标上具有划时代意义的变革。这些课程目标体现在三个重要的纲领性文件中：1952年的《中学暂行规程（草案）》②、2001年的《基础教育课程改革纲要（试行）》③和2016年的《中国学生发展核心素养》④。上述课程目标的嬗变展现出课程目标从学科本位向着育人方向的演进。但是，"过时"的目标并不意味着其在实践中被完全"摒弃"，恰恰相反，旧有目标的影响依然不容小觑。例如，对于"双基目标"日益凸显的弊端，"三维目标"力图变革其积弊，但其在实践落实层面上遭遇重重困难⑤。由此可见，长期在实践领域占据主导地位的"双基"目标，难免会继续成为当前落实"核心素养目标"的重要障碍。因为课程目标的内涵和结构对学科教学与评价的理念、内容、方式和方法等具有引导和限制作用⑥。

（一）从助力到阻力："双基目标"影响教学实践50年

1. "双基目标"：旨在追求学科基础知识和基本技能的获得

1952年，我国出台的《中学暂行规程（草案）》第三条规定，"中学应对学生实施智育……等全面发展的教育，其主要目标如下：一、使学生……得到现代化科学的基础知识和技能，养成科学的世界观。"其中所述"现代化科学的基础知识和技能"，被广泛认为是"双基"概念首次被明确提出的源起⑦。在《中学暂行规程（草案）》的指导下，《地理教学大纲》进一步明确指出"高中地理的教学目的……使学生获得比较系统的地理基础知识和基本技能""高中地理的教学任务是使学生比较系统地获得有关人类赖以生存的地理环境，以及有关人类与地理环境关系的基础知识和基本原理……"大纲主体内容也以"教学内容要点和基本训练要求"来呈现，在教学

---

① 崔允漷.追问核心素养[J].全球教育展望,2016(5):3-10.
② 北京师范大学教育科学研究所.中小学教育政策法令选编:1949～1966(上)[M].北京:北京师范大学教育科学研究所,1979:31-64.
③ 中华人民共和国教育部.基础教育课程改革纲要（试行）[EB/OL].(2001-06-08)[2016-12-17]. http://www.moe.gov.cn/publicfiles/business/htmlfiles/moe/moe_309/200412/4672.html.
④ 核心素养研究课题组.中国学生发展核心素养[J].中国教育学刊,2016(10):1-3.
⑤ 段红丽."三维目标":内涵、争论焦点及教学转化[J].当代教育科学,2017(8):38-42.
⑥ 李琳,李莲.我国基础教育课程目标的演进及对课堂教学形态的影响——以中学地理课程为例[J].云南师范大学学报,2011(1):131-137.
⑦ 刘晓东."双基"理论有悖于教育学的现代观念[J].全球教育展望,2010(11):19-25.

要求上列举学生需要掌握的基本知识、基本技能,也包括了一些学科基本观念,如"资源观""人口观"等,但是在更加具体的教学内容要点和基本训练要求中,则没有涉及观念养成的表述。"教学内容要点"列出了具体知识,如"地球公转:公转的轨道和周期;黄赤交角及其影响;地球公转的地理意义……""基本训练要求"则表述为具体的技能,如"学会使用地球仪正确演示地球自转和公转现象,并能解释昼夜交替和四季变化的形成。"①

由此可见,"双基目标"的内涵可以被界定为以获得基础知识和基本技能为旨归的目标,具有明显的学科本位特征,也就是追求让学生学会学科知识和技能。因此,指向"双基目标"的教学以传递知识和训练技能为主要目的,直指学科知识和技能掌握本身,而不是立足于通过学科知识和技能的学习实现对人的全面发展培养。而且,在实际教学中,基础知识往往居于核心,基本技能则属于从属地位②,例如教学大纲中的知识目标有402条,而基本技能目标只有124条③。

2. "双基目标"对地理教学与学习评价实践影响的反思

"双基目标"对我国基础教育恢复教学秩序,提升教学质量发挥了重要历史作用,这是"双基目标"被普遍认可的一点。④ 但是,1985年,我国在改革开放的实践中,深刻反思了国力与民族素质的关系,开展了素质教育大讨论。正是在这场大讨论以及随后的课程改革中,无法做到"以人为本"的"双基目标"对教学与评价实践的负面影响也逐步"浮出水面"。⑤

"双基目标"导致地理教学的育人功能被窄化。⑥ 目标具有层级传递性。追求"双基"的课程目标必然导致课堂教学目标以掌握知识和技能为目的,也必会导致讲求精讲多练的"练中学",使教学多以灌输为主,学习多以操练为重,学生被动接受知识和技能,其创造性和主动性被忽视。缺乏实践活动支持的地理教学难以提高学生解决实际问题的能力,情感、态度、价值观更是难以落实。

以检测知识和技能为目的的评价,也多以传统纸笔测试为主,而且选择题和综合题的情境创设往往简单或者没有具体情境,试题的立意和设问也"扎实"考核"基础知识"和"基本技能",课本知识再现和填图技能成为命题的主要形式,学生的关键能力难以被考查,更缺乏对学习兴趣和学以致用的引领作用。⑦

从1952年到2001年,经由长达50年的积淀,"双基目标"对理论研究和实践

---

① 课程教材研究所.20世纪中国中小学课程标准·教学大纲汇编[M].北京:人民教育出版社,2001.
② 胡红杏,王子君.核心素养理念下的课程目标嬗变研究[J].当地教育与文化,2018(5):57-63.
③ 龙德禄.《地理课程标准》与现行地理教学大纲的对比[J].地理教育,2002(4):19-25.
④ 李琳,李莲.我国基础教育课程目标的演进及对课堂教学形态的影响:以中学地理课程为例[J].云南师范大学学报,2011(1):131-137.
⑤ 刘晓东."双基"理论有悖于教育学的现代观念[J].全球教育展望,2010(11):19-25.
⑥ 李琳,李莲.我国基础教育课程目标的演进及对课堂教学形态的影响:以中学地理课程为例[J].云南师范大学学报,2011(1):131-137.
⑦ 李琳,李莲.我国基础教育课程目标的演进及对课堂教学形态的影响:以中学地理课程为例[J].云南师范大学学报,2011(1):131-137.

探索均产生了巨大和深远的影响。就理论探讨层面而言,尽管有一些观点认为"双基目标"是具有我国特色的教学理论和实践[1];但是,更多的观点则认为"双基目标"直接影响了育人目标的达成,是当前许多教学评价弊端的根源所在[2]。然而,从实践层面上看,教师逐步形成以实现"双基"为追求的教学与评价"习惯"却是不争的事实。这一"习惯"的养成在于教师容易理解也容易操作基于"双基目标"的教学与评价。因此,即便是"三维目标"的出台,也难以让教师一夜之间就摆脱和超越"双基目标"的影响。事实上,从某种意义上说,"三维目标"并没有在实践层面上突破"双基目标"所造成的困局。

(二)从双基到三维:三维目标难破双基目标"困局"

1. "三维目标":直指"双基目标"弊端

1999年,《面向二十一世纪教育振兴行动计划》旗帜鲜明地提出实施"跨世纪素质工程,提高国民素质"[3]的教育方针。为此,从20世纪90年代末至21世纪初,我国的基础教育界进行了第八次基础教育课程改革的重大课程改革。这次课程改革的目标是希望扭转长期影响我国中小学的"应试教育",转向追求实施"素质教育",为中国的现代化社会的发展,培养具有社会公德与责任感、科学和人文素养以及环境意识、创新精神和实践能力,具有适应终身学习的基础知识、基本技能和方法、健壮的体魄和良好的心理素质"的一代新人[4]。

为此,2001年出台的《基础教育课程改革纲要(试行)》直指"双基目标"影响下的弊端,"改变课程过于注重知识传授的倾向……使获得基础知识与基本技能的过程同时成为学会学习和形成正确价值观的过程。""改变课程内容过于注重书本知识的现状""改变课程实施过于强调接受学习、死记硬背、机械训练的现状"[5]。课程标准应"体现国家对不同阶段的学生在知识与技能、过程与方法、情感态度与价值观等方面的基本要求"。[6] 至此,作为解决"双基目标"所造成问题的"中国特色方案","三维目标"登上了我国基础教育课程改革的舞台。

为落实"三维目标",2003年出版的《普通高中地理课程标准(实验)》在课程总目标上体现了三个维度的目标,而且分别从知识和技能、过程与方法、情感态度价值观三方面阐述课程目标。例如,总目标是"初步掌握地理基本知识和基本原理;

---

[1] 李涛. 新中国历次课程改革中的"双基"理论与实践探索[J]. 课程·教材·教法,2009(12):77-86.

[2] 刘晓东."双基"理论有悖于教育学的现代观念[J]. 全球教育展望,2010(11):19-25.

[3] 中华人民共和国教育部. 面向二十一世纪教育振兴行动计划[EB/OL]. (1998-12-24)[2017-12-19]. http://old.moe.gov.cn//publicfiles/business/htmlfiles/moe/moe_177/200407/2487.html.

[4] 中华人民共和国教育部.基础教育课程改革纲要(试行)[EB/OL]. http://www.moe.gov.cn/publicfiles/business/htmlfiles/moe/moe_309/200412/4672.html.(2001-06-08)(2016-12-17).

[5] 中华人民共和国教育部.基础教育课程改革纲要(试行)[EB/OL].http://www.moe.gov.cn/publicfiles/business/htmlfiles/moe/moe_309/200412/4672.html.(2001-06-08)(2016-12-17).

[6] 中华人民共和国教育部.基础教育课程改革纲要(试行)[EB/OL].http://www.moe.gov.cn/publicfiles/business/htmlfiles/moe/moe_309/200412/4672.html.(2001-06-08)(2016-12-17).

获得地理基本技能,发展地理思维能力,初步掌握学习和探究地理问题的基本方法和技术手段;增强爱国主义情感,树立科学的人口观、资源观、环境观和可持续发展观念"。[1] 其实,对比"地理教学大纲",不难发现,"三维目标"虽然向着育人的方向迈进,但更多的还是站在学科本位的基础上来表达,把"双基目标"纳入或融入"三维目标"中,将课程目标由一维扩展为三维。对课程标准中的内容标准整合知识和技能进行描述,在教学建议中更加注重过程与方法的建议,特别强调了地理实践活动,但并没有表现标准。[2]

历经十多年的理论探讨和实践探索,"三维目标"的落地转化却并不理想。在实际教学实践中,"三维目标"演变为仅剩"知识和技能",而"过程与方法"没能被充分落实,"情感态度与价值观"也被形式化和虚化。[3] 而且,三维目标对于教学方式的变革也没有产生太大的推动,例如,地理教学的方式依然以"讲授为主","实践法"处境尴尬、难以落地。[4]

本书针对高中地理教师开展了一项"关于普通高中地理教师实施教学与评价情况的问卷调查"(问卷见附录1)。有关调查数据(见表1-1)显示,有50.8%的教师认为课程改革并没有实质性推进"三维目标"的落地,大多数教师依然重视基础知识和基本技能的操练,43%的教师认为情感态度价值观目标在大多数情况下形同虚设。有38.5%的教师认同在"三维目标"引领下能切实转变课堂教学的方式方法,但有50.2%的教师在此态度上表示一般。然而,有46.5%的教师认为,"三维目标"让大多数教师不再仅仅关注"双基"目标而是切实关注"人"的发展。39%的教师认为,"三维目标"并没有充分发挥应有的课堂教学改革的实践引领力,40.5%的教师认为,一些教师对"三维目标"的割裂叙写和误读影响了课堂教学改革的实质推进。总体来说,高中地理教师比较认可"三维目标"的育人价值,但同时认为"三维目标"并没有发挥应有的影响力,对课堂教学的实践领导力方面比较弱。对"三维目标"的误读与割裂的叙写方式是影响课堂教学改革实质推进的可能原因。

---

[1] 中华人民共和国教育部.普通高中地理课程标准(实验)[S].北京:人民教育出版社,2003:3-5.
[2] 中华人民共和国教育部.普通高中地理课程标准(实验)[S].北京:人民教育出版社,2003:3-5.
[3] 杨向东.核心素养与我国基础教育课程改革的关系[J].人民教育,2016(19):19-22.
[4] 林培英.学校地理教学方法的变革[J].首都师范大学学报,2011(1):60-67.

表 1-1 高中地理教师对"三维目标"的认识与实践

有效(%) \ 题项 \ 选项	没有实质性推进,大多数教师依然重点关注基础知识和基本技能	"情感态度价值观"目标在大多数情况下形同虚设	大多数教师在"三维目标"引领下切实转变了课堂教学的方式方法	"三维目标"让大多数教师不再仅关注"双基"目标而是切实关注"人"的发展	"三维目标"并没有充分发挥应有的课堂教学改革的实践引领力	一些教师对"三维目标"的割裂叙写和误读影响了课堂教学改革的实质推进
不符合	9.1	16.3	9.1	10.4	17.3	15.1
非常不符合	4.4	4.7	2.2	1.7	3.5	1.5
非常符合	10.1	9.9	6.9	6.7	5.7	5.9
符合	40.7	33.1	31.6	39.8	33.3	34.6
一般	35.7	36.0	50.2	41.4	40.2	42.9
总计	100.0	100.0	100.0	100.0	100.0	100.0

被调查的教师整体对"三维目标"做如下判断都比较集中,均值都在 3.17 以上(见表 1-2)。这说明大部分教师都比较赞同研究者对已有"三维目标"功能与实践的判断,但不同教师对"三维目标"的认识与实践差异较大,具体是什么因素影响了这些差异,有待进一步分析。

表 1-2 高中地理教师对"三维目标"的认识与实践的集中与离散

	个案数	平均值	标准差	方差
没有实质性推进,大多数教师依然重点关注基础知识和基本技能	405	3.43	0.948	0.899
"过程与方法"维度的目标并没有得到有效落实	405	3.17	0.962	0.926
"情感态度价值观"目标在大多数情况下形同虚设	405	3.27	1.003	1.005
大多数教师在"三维目标"引领下切实转变了课堂教学的方式方法	405	3.32	0.820	0.673
"三维目标"让大多数教师不再仅关注"双基"目标而是切实关注"人"的发展	405	3.39	0.827	0.685
"三维目标"并没有充分发挥应有的课堂教学改革的实践引领力	405	3.20	0.912	0.832
一些教师对"三维目标"的割裂叙写和误读影响了课堂教学改革的实质推进	405	3.28	0.845	0.714

表 1-3 高中地理核心素养落地的主要阻力

有效(%) \ 选项	依然会把关注的重点放在基础知识和基本技能上	不能够清晰地写出指向核心素养的教学目标	当前教师普遍采用的地理教学方式难以支持地理核心素养目标落地	当前教师普遍采用的纸笔测试为主的评价方式难以支持核心素养目标落实
不符合	6.9	11.6	8.6	7.1
非常不符合	1.7	1.7	2.2	3.5
非常符合	9.4	7.2	10.4	12.6
符合	57.3	47.4	49.1	47.7
一般	24.7	32.1	29.7	29.1
总计	100.0	100.0	100.0	100.0

从表 1-3 的数据看,66.7%的教师认为他们依然将地理课堂教学的重点放在基础知识与基本技能的操练上,这种现状受到很多因素的影响,也说明地理学科核心素养离在课堂上落地有很长的一段距离。被调查教师有 54.6%以上认为他们不能清晰地写出指向核心素养的教学目标,59.5%的教师判断当前的地理教学与评价方式难以支持地理学科核心素养落地。

表 1-4 高中地理核心素养落地的主要阻力的集中与离散程度

	平均值	标准差	方差
依然会把关注的重点放在基础知识和基本技能上	3.66	0.810	0.657
不能够清晰地写出指向核心素养的教学目标	3.47	0.854	0.730
当前教师普遍采用的地理教学方式难以支持地理核心素养目标落地	3.57	0.872	0.761
当前教师普遍采用的纸笔测试为主的评价方式难以支持核心素养目标落实	3.60	0.897	0.805

从表 1-4 可以判断,大部分教师对阻碍高中地理核心素养落地的原因持相对一致的态度。

2. 割裂"三维目标":让"双基目标"涛声依旧

"三维目标"并没有在实现课程标准—教学—评价的一致性上有重大突破,究其原因,主要在于对"三维目标"观念上的简单理解和实践上的简单割裂。

如果仅仅把"三维目标"理解为是在"双基目标"的基础上做"加法",那就不能从根本上摆脱学科本位的"立意",因为如果仅仅从学习学科的知识和技能,拓展到学习学科特有的过程与方法,以及价值观等等,那么也只是多学一些,学得深入一些而已,依然不能实现学科育人的价值超越。而上述这种理解和认识比较明显地体现在课程标准中以及各种对"三维目标"的解读中。这样的简单理解表面上看起来容易被教师接受,但也因此在实践上造成"割裂"倾向,那就是在原来知识与技能目标之外,再增加另外两个维度的教学目标,因为这种做法能够"显而易见"成为"三维目标"落实的依据。因此,"三维割裂叙写"甚至一度成为各种教学设计评比、教案检查、公开课展示中对教学目标表达的一种必须有的"规定动作"。教师如果没有割裂叙写"三维目标",有时甚至会遭到"一票否决"。

尽管近年对"三维目标"的内涵界定、内部关系、价值追求和实践策略等诸多学术讨论形成了研究"热点"(见图1-1),而且学术界围绕"基础学力""学科价值"[①]"结果性目标—体验性目标"[②]"学会—会学—乐学"[③]等多视角探讨"三维目标"的内涵,并试图从整体性的视角来解决"三维目标"的割裂问题,但因"三维目标"的内涵及语言构造问题,课程标准缺失表现标准,以及教师基于"双基目标"的教学惯性,造成了实践层面上对"三维目标"的"误读""误解"和"误操作"[④],出现"知识与技能的僵化与虚化,过程与方法的形式主义,情感态度与价值观的标签化"[⑤],以至于难以突破"双基"困局。

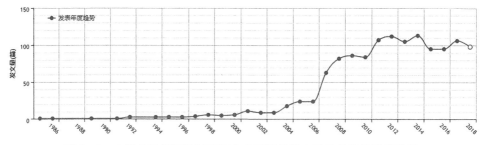

图1-1 中国知网以"三维目标"为主题词检索文献的年度发表趋势图

"三维目标"在实践中落实的困境带给我们的启示是,若想实现教学目标对学科教学育人的实践统摄力,无论是"双基目标"还是"三维目标"都需要从目标的价值定位、本质属性和表达特征上系统思考,才能够解决上述困境。

首先,目标的价值定位在于"育人"。无论是学习知识和技能、体验学科特有的过程与方法,还是发展情感态度价值观,其最终目的都是为了培养人,而不是"学科本位"。要站在人的立场上,发展人的关键能力。因此,目标应该是在学科所创设

---

① 钟启泉."三维目标"论[J].教育研究,2011(9):62-67.
② 崔允漷.追问学生学会了什么——兼论"三维目标"[J].教育研究,2013(7):98-104.
③ 余文森."三维目标"就像一个立方体的"长、宽、高"[N].中国教育报,2007-04-20.
④ 段红丽."三维目标":内涵、争论焦点及教学转化[J].当代教育科学,2017(8):38-42.
⑤ 杨九俊.新课程三维目标:理解与落实[J].教育研究,2008(9):40-46.

的情境中，对人的具体表现进行描述，而不是罗列学科的知识和技能、过程与方法等等。

其次，目标的本质属性在于"学生学会了什么？""怎样证明学生学会了？"[①]因此，目标的主体是学生，是学生经由教学活动学会了什么，发展了什么。在育人的追求下，关键能力就是学生所应发展的。而且，能够实现的是目标，无法实现的不能称之为目标。目标本身就应该具有评价的功能，成为评价的指针。

同时，目标的表达特征在于清晰。需要清晰说明学生有了哪些具体的表现才能证明其学会了，特别是在关键能力上的具体表现，这样才能成为真正具有实践引领力的教学目标。这就要求目标应该是整合多维的表征，不单单体现学生所实现的知识和技能目标。

因此，"三维目标"难破"双基目标"困局的原因显而易见，那就是依然站在学科本位的割裂叙写，造成了"双基"依旧而另外两维的虚化。

在以满足时代对创新人才的需求而研制的核心素养出台的背景下，更需要从整合的视角重新审视教学目标，以指向代理核心素养的表现目标来解决育人目标实践引领力不足的问题，从而助力地理核心素养落地，真正实现对"双基目标"的超越。但是，一个严峻的事实摆在我们面前，那就是指向地理核心素养或关键能力的表现目标长期缺位。

二、表现目标长期被忽视

从双基目标，到"三维目标"，乃至到核心素养目标，我国的育人目标逐步深化发展。但要在实践层面上落地，则需要适切的目标表达。目标能够在培育核心素养或关键能力上发挥实践引领力的关键，就在于能否用适切的方式把内隐的能力或素养的特征或者水平，用外显的行为表现的方式进行整合表达。在本书中，这样的学习评价目标被称为是表现目标。

（一）表现目标：核心素养的"真实表达"

素养与表现的关系，其实质就是以真实情境相连的"内隐"和"外显"。"素养"的英文是"competency"或"competence"，其含义是"聚合各种力量和能力，以使人恰当应对情境"[②]。学校教育语境中的素养是指"个体整合或组织知识、技能和态度等，并将其应用到新情境的能力"[③]。

加涅（Gagne, R. M.）认为学习的本质是人的素养的变化，学习发生与完成的判断标准来自其内在心理结构的变化，但是学生内部的心理变化看不见、摸不着，

---

① 崔允漷. 追问学生学会了什么——兼论"三维目标"[J]. 教育研究, 2013(7): 98-104.
② 王丽琳. 国内核心素养研究述评[J]. 课程教学研究, 2018(3): 52-56.
③ 杨向东. "真实性评价"之辨[J]. 全球教育展望, 2015(5): 46.

只能通过外在的行为表现来判断①。

20世纪50年代，著名心理语言学家乔姆斯基（Chomsky，N.）区分了表现和素养。例如，个体的语言素养可以通过其在各种情境中的语言表现来加以推断。"表现"是各种外显的语言表达。"素养"是这些语言表达背后所对应的深层语言规则体系和产生机制②。心理学通常把素养定义为个体外在表现背后的心理属性或特质③。

基于上述认识，素养与表现的关系可以被认为是"里"与"表"的关系。一个人内隐的综合能力和品质会在一定的条件下表现出来，而这个条件往往就是在"真实情境"中应用素养去解决复杂问题的具体任务。因此，核心素养在本质上是应对和解决复杂的、不确定的现实生活情境的综合性品质④。加德纳认为，评价要直接针对表现："表现本身是我们所看重的，无论是语言、逻辑、艺术的表现，还是社交方面的表现"⑤。从这个意义上说，表现目标的本质就是核心素养目标，是让内隐的包括关键能力和必备品格在内的核心素养，通过具体的情境和任务（行为条件）表现出来，表现出来的结果就是表现目标。这也正是本书中所界定的表现目标的内涵。

由此可见，在课堂教学层面上落实核心素养的第一个关键环节就是构建表现目标。但是，表现目标却长期遭漠视⑥。

（二）表现目标长期在课程运作的各层次缺位

古德莱德（Goodlad，J. I.）提出了课程运作的不同层级（见表1-5）。课程目标通过不同层级的课程逐步具体化并落实为学生可以体验到的课程，以此作为目标的最终实现。因此，目标在各个层级保持一致性是确保课程实施质量的关键，也是保障课程总目标得以落实的前提。如果说表现目标以落实关键能力为基本特征的话，那么至少在正式课程、教师理解的课程、师生课堂运作的课程和学生体验到的课程这四个层次的课程上，表现目标应该得到体现和贯彻，但事实却是表现目标或遭空悬，或被漠视，难以落地。

---

① 常珊珊.高中生地理学习过程优化设计研究：基于活动教育思想[D].武汉：华中师范大学博士论文，2016：31.
② GELMAN R, GREENO J G. On the nature of competence. Principles for understanding in a domain [M]//RESNICK L B. Knowing, learning and instruction. Hilldale, NJ: Erlbaum, 1989: 125-186.
③ STERNBERG R J, KOLLIGIAN JR J. Competence considered [M]. New Haven: Yale University Press, 1990.
④ 杨向东."真实性评价"之辩[J].全球教育展望，2015(5)：46.
⑤ 哈维·席尔瓦，理查德·斯特朗，马修·佩里尼.多元智能与学习风格[M].张玲，译.北京：教育科学出版社，2003：84.
⑥ 核心素养研究课题组.中国学生发展核心素养[J].中国教育学刊，2016(10)：1-3.

表 1-5　古德莱德与新课程运作层级的比较

课程发展的层级	新课程运作系统
1. 理想的课程	1. 基础教育课程改革纲要;立德树人;传统文化
2. 正式的课程	2. 课程方案
	3. 学科课程标准
	4. 教材(模块)
3. 教师理解的课程	5. 学期/模块课程纲要
	6. 单元/课时教案
4. 师生课堂运作的课程	7. 课堂教学
5. 学生体验到的课程	8. 纸笔测试/表现性评价

1. 正式课程中的缺位:表现目标难登"大纲""课标"

从正式的课程发展层级上来看,表现目标应该出现在课程标准或者教学大纲以及教材中,但事实却并非如此。

在前文论及"双基目标"的过程中,《地理教学大纲》的文本内容和结构并没有体现表现目标的具体表述。2003 年版的《普通高中地理课程标准(实验)》也只有内容标准,缺失与表现目标相联系的表现标准。因此,自 1952 年至今的长达 60 多年的时间里,表现目标在课程标准和教学大纲中是缺位的。这就给教师制订表现目标带来了巨大挑战。

2017 新版地理课标中描述了四种地理核心素养的表现水平的等级和表征,明确了表现标准,为教师在课堂教学层面上设计表现目标奠定了重要的基础。但若要真正落实,还需要教师运用专业技术将其转化为课堂教学层面的表现目标,从而真正进入课堂教学与评价中。

自 2003 年实施新课程以来,地理教材主要使用人民教育出版社版本、湖南教育出版社版本和中国地图出版社版本这三个版本。上述三个版本教材在体现表现目标的特点上有一定差异,但一个共同点是表现目标主要隐含在教材设计的各种活动中。如前所述,在教师长期追求"双基目标"的影响下,很多体现表现目标的活动被忽视,这也使得表现目标在具体落实过程中被漠视和空悬较多。而在与教材配套的各种教师用书中,教学目标的表达均有与"三维目标"割裂的特征。

2. 教师理解课程中的缺位:表现目标难入"备课环节"

从理解的课程层面上看,表现目标能够进入到教师备课环节的主要文本载体是课程纲要和教案设计。但是,从具体实践和文本分析来看,表现目标却难以进入"备课环节"。

一方面,"课程纲要"本身就难以进入我国教师的备课操作系统。我国教师比较习惯于做教学计划,就是把教学内容和各类考试安排进学期课时内。这是"双基目标"影响下的一个结果,教师关注在规定的时间内把知识和技能传递出去,而不是关注学生究竟学会了什么。大多数教师并不了解包含目标、内容、实施和评价在内的"课程纲要",或者还没有很好地掌握"课程纲要"撰写的专业技术,因此表现目标基本上难以进入"课程纲要"。

另一方面,从已经出版和在网上的各种教学设计来看,如前文所示,"三维目标"割裂叙写可以说比比皆是,具有整合性的表现目标的落实也不理想。

造成上述现象的原因主要有两个:一是表现目标在正式课程中的文本中体现不够充分,使得教师难以通过课程目标、内容标准和教材来设计和开发课堂教学层面的表现目标;二是教师自身的专业技术不足,例如,把内容标准转化为表现目标的技术欠缺,叙写明晰合理的教学目标的方法不足等,从而导致难以把表现目标纳入自己的备课系统中来。

3. 运作和体验课程的缺位:表现目标难有"运作空间"

在师生共同运作的课程层面上,以讲授为主的课堂教学难以运作表现目标。表现目标所倡导的教学是创设情境,激发学生在尽可能真实的情境下完成学习任务。学生的学习过程也是一个表现自己内隐关键能力和核心素养的过程,但在传统"以讲练为主"的课堂教学中,学生没有太多机会表现自己,因此难以证明表现目标达成的程度。

在学生体验到的课程中,以传统纸笔测试为主的评价方式难以引导学生追求让素养表现出来的表现目标,从而使学生难以体验对自身地理素养发展的关注。与美国、澳大利亚、英国等国家不同,长期以来,我国没有把表现目标与学业评价紧密相连,这也直接造成了表现目标的缺失。

综上所述,表现目标还没有真正进入地理教学与评价中来,这也意味着地理教学与评价也必将因此而受到深远的影响。

三、缺失表现目标的影响深远

教学目标是学科教学的灵魂。[①] 缺失了表现目标的教学目标难以发挥实践引领力。学科教学的育人价值实现也因此受到深远的影响,不仅制约育人目标的达成,也影响着育人模式的转型。

(一)深度学习难以发生:影响育人过程的实施

《国家中长期教育改革和发展规划纲要(2010—2020年)》指出"教育观念相对落后,内容方法比较陈旧"是导致"素质教育推进困难"的重要原因[②]。党的十八大以来,我国基础教育改革的根本任务是落实立德树人。中国学生核心素养的提出

---

① 崔允漷. "教—学—评一致性":意义与含义[J]. 中小学管理,2013(1):4.
② 国家中长期教育改革和发展规划纲要工作小组. 国家中长期教育改革和发展规划纲要(2010—2020年)[EB/OL].(2010-07-29)[2017-12-19]. http://www.moe.edu.cn/srcsite/A01/s7048/201007/t20100729_171904.html.

就是以此作为出发点,来表达"立什么德,树什么人"①。实际上,世界上一些具有影响力的国际组织均以培养21世纪人才为出发点,提出了各种描述人才培养规格的素养或技能,如21世纪关键技能、21世纪素养、澳大利亚的综合能力等。这些素养和技能的共同特征是重视高阶认知(批判性思维、创造性与问题解决)、个人成长(自我认知与自我调整等)和社会性发展(沟通与合作、公民参与与社会参与等)等素养。②

2010年,美国威廉和弗洛拉·休利特基金会(The William and Flora Hewlett Foundation,WFHF)发起面向基础教育的深度学习研究项目——Study of Deeper Learning:Opportunities and Outcomes(SDL)。所定义的深度学习是:核心学业内容知识的掌握、批判性思维与问题解决、有效沟通、协作能力、学会学习、学术思维等六项能力的发展。③

美国国家研究理事会(National Research Council,NRC)在全面分析不同学科领域的理论和研究的基础上,将深度学习定义为"学习者将某一情境下所学的内容应用于新情境的过程",并将学习者在深度学习中发展的能力具体划分为三个领域:认知领域(cognitive domain)、人际领域(interpersonal domain)和自我领域(intrapersonal domain)。④

美国研究学会(American Institutes for Research,AIR)发起的"深度学习"研究,将WFHF所界定的六维深度学习能力与NRC划分的认知、人际和自我三个领域加以匹配,得到一个关于深度学习的研究和实践的兼容性框架。⑤ 如表1-6和1-7所示。

表1-6 WFHF基金会和NRC的深度学习能力框架

认知领域	深层知识内容
	批判性思维和复杂问题解决能力
人际领域	协作能力
	沟通交流
自我领域	学会学习
	学术思维

---

① 林崇德.构建中国化的学生发展核心素养[J].北京师范大学学报,2017(1):66-73.
② 曾家延,董泽华.学生深度学习的内涵与培养路径研究[J].基础教育,2017(8):59-67.
③ 舒兰兰,裴新宁.为深度学习而教——基于美国研究学会"深度学习"研究项目的分析[J].江苏教育研究,2016(16):3-7.
④ 舒兰兰,裴新宁.为深度学习而教——基于美国研究学会"深度学习"研究项目的分析[J].江苏教育研究,2016(16):3-7.
⑤ 舒兰兰,裴新宁.为深度学习而教——基于美国研究学会"深度学习"研究项目的分析[J].江苏教育研究,2016(16):3-7.

表 1-7 Hewlett 基金会和 NRC 的深度学习结果

认知领域	掌握和应用核心内容知识的能力
	批判性思维和问题解决能力
	创造性取向
人际领域	协作能力
	沟通交流
自我领域	学习动机
	自我效能
	控制力
	毅力
	自我管理

分析深度学习的定义,不难发现深度学习包含结果和过程两个方面。从结果上看,深度学习在认知、个人和人际领域三方面的结果与核心素养的内涵基本一致;从过程上看,深度学习的"新情境应用"特征也与核心素养的内涵基本一致。正因为如此,深度学习被认为是培育核心素养必须经由的学习经历和必然获得的学习结果,从而得到了充分重视[1]。

深度学习的提出与浅层学习密切相关。简单记忆、重复操练普遍被认为是浅层学习方式的特征,所带来的浅层学习结果则是肤浅的理解、不能迁移的应用等。研究发现,浅层学习与前文所论述的双基目标和三维目标割裂有着密切的因果关系。由此可见,双基目标和三维目标的割裂造成了浅层学习,而且难以引领深度学习的发生。基于此,深度学习需要新的目标来统摄,那就是指向关键能力或核心素养的表现目标[2]。

综上所述,表现目标的长期缺失会成为影响深度学习实施的障碍,这必将影响核心素养的培育,也将直接影响育人目标的达成。

(二) 学科育人难以实现:影响地理学科育人功能的发挥

《教育部关于全面深化课程改革落实立德树人根本任务的意见》(2014 年)明确要求"改进学科教学的育人功能。……不断提高学生综合运用知识解决实际问题的能力"[3]。地理学科蕴藏着丰富的教学育人资源。虽然直接以获得学科知识和技能等作为目标,就会无视人的存在,育人目标必然无法达成,人只是仅仅成了

---

[1] 曾家延,董泽华.学生深度学习的内涵与培养路径研究[J].基础教育,2017(8):59-67.
[2] 扬子舟.从浅层学习走向深度学习[J].教育探索,2016(7):32-35.
[3] 中华人民共和国教育部.教育部关于全面深化课程改革落实立德树人根本任务的意见[EB/OL].(2014-03-30)[2017-12-19]. http://old.moe.gov.cn/publicfiles/business/htmlfiles/moe/s7054/201404/167226.html.

学科知识和技能的载体，但是如果没有学科的知识和技能等育人资源，那么育人也就是一句空话。因此，要实现地理学科知识结构育人、地理学科核心价值观念育人、地理学科经典思维方式和学习方式育人，表现目标是实现学科育人的必要环节。

地理学是一门旨在解释地区特征以及人类和事物在地球上出现、发展和分布情况的科学[1]。地理科学通常分为自然地理和人文地理两大部分。研究特定区域的区域地理学，也通常从自然和人文两个方面进行分析。自然地理学研究的是地理环境的特征、结构及其分异规律的形成和演化；人文地理研究的是地球表面人类各种社会经济活动的空间结构和变化以及与地理环境的关系[2]。美国肯塔基州教育部曾概述社会研究课程中嵌入地理的11年级学生的知识基础和成果：地理学是对人、地点和环境的研究。学生需要地理知识来了解世界上人及其与世界的关系。地理学角度也使学生能够更好地了解过去和现在，并为未来做好准备。学生认识并理解人与地理环境之间的关系，并将其知识应用于现实生活中。[3]

地理表现目标是学生在真实的情境中应用地理知识与技能解决生活中的问题和全球性地理问题的过程中，表现出来的地理思维、人地协调观念和地理实践能力。

地理表现目标鼓励学生掌握和应用现代生活必备的知识。现代生活需要日趋综合的知识结构。地理学科为学生当下的现实生活和未来生活的挑战提供了必备的综合性知识。自然地理中的地形、气候、土壤等，人文地理中的人口、城市、工业、农业、交通、贸易等，既是学生日常生活所需要面对的具体情境，也是未来从事经济、贸易、交通等各种与产业活动相关的各种工作所必备的基础知识。这其中不仅有在当下具有现实意义的必备知识，而且，地理信息系统、遥感、休闲旅游、海洋、文化景观和可持续发展等知识，在未来社会中也对人的生活发挥着重要作用，是人提高自身生活品质所不可或缺的重要组成部分[4]。

地理表现目标指向培育人地协调观念。树立了人地协调观念，就意味着学生"时刻准备充分地和负责地把地理知识应用于私人、专业和公共生活上"[5]，建立起了具有地理学科观念和知识支持的责任感。这种责任感包括：关注人口、资源、环

---

[1] 中华人民共和国教育部.教育部关于印发《普通高中课程方案和语文等学科课程标准（2017年版）》的通知[EB/OL].(2018-01-05)[2018-03-20]. http://www.moe.gov.cn/srcsite/A26/s8001/201801/t20180115_324647.html.

[2] 陈澄.新编地理教学论[M].上海：华东师范大学出版社，2007：17.

[3] HOWARTH D A, MOUNTAIN K R. Geography for Life and Standards-Based Education in the Commonwealth of Kentucky[J]. Social Studies, 2004, 95(6): 261—265.

[4] 国际地理联合会地理教育委员会.地理教育国际宪章2016[EB/OL].(2016-12-10)[2017-12-22]. http://blog.sina.com.cn/s/blog_574d9bf80102wkkt.html.

[5] 国际地理联合会地理教育委员会.地理教育国际宪章2016[EB/OL].(2016-12-10)[2017-12-22]. http://blog.sina.com.cn/s/blog_574d9bf80102wkkt.html.

境和区域发展等基本问题①；了解当代中国国土整治和区域发展所面临的主要课题；对人类和环境之间的问题作出独立的判断和适当评价；增强爱国情感以及社会责任感；积极参与协调人类与环境关系的活动②，关注后代的居住和环境的质量与规划；了解态度和价值观在做决定时的重要性③。

地理表现目标指向发展地理思维方式和提升地理实践力。人类生存的地理环境是一个综合体，在不同时空组合条件下，自然和人文要素相互作用，综合决定着地理环境的形成和发展。"综合思维"素养有助于学生从整体的角度，全面、系统、动态地分析和认识地理环境，以及它与人类活动的关系。地理学习也需要自然观察智能和空间智能等。户外考察、实验、社会调查不仅是地理学重要的研究方法，也是地理课程重要的学习方式。"地理实践力"有助于提升人们的行动意识和行动能力，更好地在真实情境中观察、感悟、理解地理环境以及其与人类活动的关系，增强社会责任感。

因此，表现目标的缺失难免会让地理教学陷入原有的困境，或继续落入追求知识和技能获得的窠臼，或继续让关键能力和品格成为标签，虚浮在外，而不能深入，从而影响地理学科育人目标的达成。总之，表现目标没有进入到地理教学与评价之中将直接影响地理核心素养的培育。

第二节 评价任务重选择反应、轻实践操作

评价任务是引发学生内在素养表现的重要条件。地理核心素养的落实需要与之匹配的评价任务来实现。本节通过研究传统纸笔测试的特征、在地理教学与评价中所占据的位置，来进一步审视其对教学、学习和评价所产生的影响。在传统纸笔测试占据主流地位的地理教学与评价中，在真实情境或在尽可能真实情境中的评价任务鲜见实施，直接影响了地理核心素养或关键能力的评价，也影响了支持地理核心素养培育的学习方式与教学方式的落地。

一、传统纸笔测试持续占主流

20世纪早期，随着统计概念和技术被广泛应用于科学测验以保证其精确性，偏重客观化的教育测验运动悄然兴起，并引发了"科学测验运动"。在近一个世纪的时间里，标准化测验发展为这场运动的最大成就，并逐渐发展为与学生升学、教师评价等密切相关的高利害评价，成为学校监控教学质量的评价工具。④ 在标准化测验的影响下，学校中的教学与评价也深深地烙上了传统纸笔测试的"印记"。

---

① 陈澄. 新编地理教学论[M]. 上海：华东师范大学出版社，2007：46.
② 中华人民共和国教育部. 全日制中学地理教学大纲[S]. 北京：人民教育出版社，2002.
③ 国际地理联合会地理教育委员会. 地理教育国际宪章 2016[EB/OL]. (2016-12-10)[2017-12-22]. http://blog.sina.com.cn/s/blog_574d9bf80102wkkt.html.
④ 袁振国. 教育评价的十大问题[J]. 上海教育科研，1986(3)：66-68.

(一) 传统客观纸笔测试的类型和目标

1. 传统客观纸笔测试:关注选择—反应

如果把评价看作是一个连续体,那么传统纸笔测试与表现性评价中的评价任务可以被认为是处于同一个连续体中的两个方向。连续体的左边是传统的客观纸笔测试,它只需要学生做出选择—反应;而连续体的右边是表现性评价,它需要学生进行建构—反应。传统客观纸笔测试关注事实性知识,主要类型是选择题、判断题和封闭性简答题。简单的选择某个选项,或者写出正确答案(见图1-2)。

图1-2 评价方式的连续体[①]

总结众多的相关研究,传统的客观纸笔测验和表现性评价的区别主要体现在以下几个方面:任务的真实性、复杂性、需要的时间和评分的主观性(见表1-8)。

表1-8 客观纸笔测试和表现性评价的特点比较[②]

客观纸笔测试		表现性评价	
选择试题	补充型试题	限制性表现	扩展性表现
低 ← 任务真实性 → 高			
低 ← 任务复杂性 → 高			
低 ← 需要的时间 → 高			
低 ← 评分的主观性 → 高			

当前,无论是高利害的考试,如高考或学业水平测试,还是学校组织的阶段性考试,如期中和期末考试,都以传统纸笔测试类型为主。例如,以江苏省学业水平测试的题型来看,100分的试卷中,60分为单项选择题,10分为判断题,30分为封闭型的简答题。再以江苏省地理高考题的题型和试题结构为例,在120分的试卷中,选择题占60分,问答题占60分,而问题的主要类型是封闭型问答题,纸笔型建

---

① 周文叶. 学生表现性评价研究[D]. 上海:华东师范大学,2009:54.
② GRONLUND N E. Assessment of student achievement [M]. Boston:Allyh and Bacon,1998:15.

构反应题的数量很少,且答案的开放程度一直较低。

2. 传统纸笔测试的评价目标:聚焦知识再认与回忆

从传统纸笔测试的一些样题中发现,其所测量重点是基础知识和技能,所涉及的学生认知过程主要是简单的知识再认、回忆或套用。[①] 下面以某省 2018 年地理高考的一道中等难度的选择题为例加以说明:

下图为"我国西部某山地北坡垂直带谱示意图"。据该山地海拔 2500~3400m 间的一小流域水量平衡实验资料,流域多年平均降水量为 460mm,水量支出中蒸发占 28%,下渗占 2%,不产生地表径流。据此回答 9~10 题。

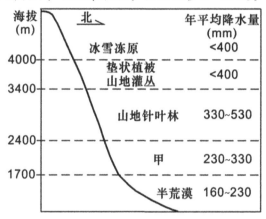

9. 该小流域内水量支出占比最大的是(　　)。
A. 地表蒸发　　B. 植物截留和蒸腾　　C. 地下径流　　D. 转化为固态水
10. 甲表示的自然带是(　　)。
A. 山地落叶阔叶林带　　　　　　　　B. 山地草原带
C. 山地常绿阔叶林带　　　　　　　　D. 荒漠带

考生完成第 9 题需要调用水量支出的知识,水量支出主要包括:蒸发、植被吸收和蒸腾、下渗、地表径流。根据题意,蒸发占 28%,下渗占 2%,而地表径流为 0,则可知剩下的 70% 为植被吸收和蒸腾,推理得出选项 B 为正确答案。此题对学生的能力考查为简单知识回忆、计算和推理。第 10 题需要回忆垂直自然带的分布规律,然后再结合图中"我国西部"的区域位置和该海拔高度的年均降水量来辅助判断,得出这一海拔高度的自然带为山地草原。主要调动的知识为草原气候的降水量主要为 150~500mm,大多在 350mm 以下,因此可以得出答案为 B。回答这一问题的关键也在于学生能够准确识记草原带的年均降水量,并掌握荒漠和针叶林之间的垂直自然带为山地草原带的基本分布规律。

---

① 杨向东."真实性评价"之辨[J]. 全球教育展望,2015(5):46.

从上一题的答题过程可知,作为传统纸笔测试的选择题聚焦知识的简单再认和回忆,难以测量学生的高阶思维等深度学习的过程和成果,也难以测量学生的核心素养特征和水平。但是,传统纸笔测试却占据着高中地理学习评价的主流地位并直接影响着教学内容和教学方式。

教育测量专家梅伦斯(Mehrens)表达了对传统选择—反应测验的不满及其对教学的消极影响:选择题和判断题只能考查学生的再认能力,不能有效地测量高水平思维技能,如学生能否独立思考或解决问题。当教师倾向于把测验中所要求的内容作为教学的重点时,也许学生测验得分会提高,但知识与技能的掌握情况却未必会得到改善。

(二)传统纸笔测试占据学习评价的主流地位

1. 纸笔测试型练习成为过程性评价的主要形式

在高利害考试以传统纸笔测试为唯一方式的影响下,纸笔测试型练习成为过程性评价的主要形式。例如,教师在日常教学中,课堂评价以讲练习为主,课后布置作业也以纸笔型练习为主,在日常的学科小测验中也主要以传统纸笔测试为主。为了使学生在考试中获得好的成绩,教师把从网上下载的各类纸笔测试类练习题,或者是教辅用书编制的练习作为教学的主要内容,而这些练习又往往是从历年各类高考试卷、学业水平测试考题,或者是各大市模拟考试中选取的练习。学生在课堂上或者是课后进行统一的"刷题"。教师在课堂上提出的问题多是有标准答案的问题,教师为了引导学生得出与标准答案一样的回答而不断讲解,以至于最后所有的问题都会最终浓缩为一个问题,那就是这个问题考试的时候会考吗?答案是什么?在很多情况下,教学变成了对当前有明确答案和已经得到认可的问题及其答案的灌输。

2. 终结性评价以纸笔测试为主要方式

在学校的期末考试这类终结性评价中纸笔测试也基本上是唯一的评价方式。教师往往从高考、小高考(学业水平测试)、各大市模拟考试等测试中选取试题或者是自编考试题,但是试题的结构、题型和考查重点也主要与高考或者学业水平测试相类似。有时,为了让学生在考试中取得好成绩,教师会为学生"划重点",也就是指出教材中重要的概念或者原理,而学生在复习阶段也主要通过记忆和背诵这些知识点来应对考试。甚至一些学生在日常学习的过程中不重视对知识和技能的应用,只等着在考前通过对"背诵"和"记忆"的"突击"来应付考试。然而,这样的"应付"也往往能够取得一定的效果,这是因为试题的命制以知识的简单再现为主。

二、内在核心素养难以被评价

(一) 对传统纸笔测试及其影响的反思:难以评出内在真实素养

学习评价是通过学生在某些评价任务上的表现来推断其某些内在重要素养的特征或水平。① 指向核心素养的评价所需要评价的是学生应对和解决复杂的、不确定的现实生活情境的综合性品质,也就是学生真实的学业成就。② 但是,这些核心素养是内在的心理属性,均为无法直接观测的潜在变量,因此学习评价是一种基于证据的推理过程。③ 传统纸笔测试被质疑和诟病的原因,就在于其难以评价和提高更有价值的内在真实素养。

测量学家们对"忙于开发各种数理技术来分析测验分数,忽视了分数背后的心理过程"进行了反思,美国《心理测量年鉴》的创立者布罗斯(Buros,O. K.)在1977年说,"50年来,我们除了在测验结果的电子化评分、分析和报告方面取得了很大进展之外,并没有多少可以展示的成果。"④

20世纪80年代,美国、英国等国家就已经开始关注标准化考试的弊端及其负面影响。1988和1989年,美国密苏里州实施了全州范围的课程和测试,以准确衡量课程的效果,并依据测试结果来调整教学。虽然加强测试与教学的一致性使得该州学生的考试成绩在两年之内大幅提高,但是正常的表现分布却消失了。这也就意味着无法区分学生的真实表现。对密苏里州的批评也大量出现,主要集中在以下几点:①针对测试的教学就像作弊。②在极少情况下,某些教学项目出现了公然的作弊行为。③为了考试的教学,产生了死记硬背,"广义的学习能力"被忽视。④我们需要测试没有教过的东西来区分"真正聪明"的学生和后进学生。科恩(Cohen,S. A.)曾在问题中暗示:"密苏里州的孩子比其他孩子聪明吗?"科恩和海曼(Hyman,J. S.)认为,确保学生学有所值的教学要比让教学与测试保持一致更加重要,测试应该要衡量出更有价值的结果。⑤

外部测试公司创建的标准化考试往往与课程脱节,导致因备考和应试而失去教学时间,而在培养学生和真正评估学生学习能力方面却做得很少。⑥

因此,从当前地理教学和评价的需求来看,仅仅依靠传统纸笔测试难以评价地理核心素养。指向地理核心素养的评价需要让学生在真实情境中,去动手、动脑,展现其内在的真实素养。但是,这类评价任务却在高中地理学习评价中严重缺失。

(二) 真实情境中的评价任务缺失:难以评价真实学业成就

---

① 杨向东."真实性评价"之辩[J]. 全球教育展望,2015(5):46.
② 杨向东."真实性评价"之辩[J]. 全球教育展望,2015(5):46.
③ MISLEVY R J. Test theory reconceived[J]. Journal of Educational Measurement,1996,33(4):382.
④ 杨向东. 理论驱动的心理与教育测量学[M]. 上海:华东师范大学出版社,2014:1.
⑤ COHEN S A, HYMAN J S. Can Fantasies Become Facts? [J]. Educational Measurement: Issues and Practice,1991,10(1):20-23.
⑥ FRENCH D. The Future Is Performance Assessment[J]. Voices in Urban Education,2017,46:6-13.

1. 真实情境中的评价任务:引发学生内在素养的表现

从测量的角度看,建构是指评价任务所欲考查的学生在上述某些重要的(心理或教育)方面的某种属性,评价活动的最终指向是学生在所测建构上的特征和水平,而推断学生在具体建构上的特征和水平则需要依据学生在评价任务上的具体表现。因此,评价任务是用以引发所测内在素养外在表现指标的载体。三者的关系可以用图1-3来示意①。也就是说,学生在评价任务上的某种特定表现反映出建构的不同特征或水平。两者的对应关系是评价者可以借助于前者推断后者的逻辑基础。

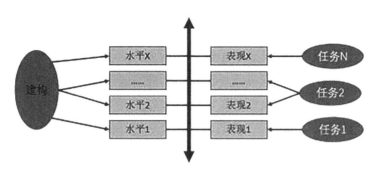

图1-3 建构、评价任务和表现的关系

但是,三者的对应性并不是三者的等同性。例如,通过学生在某个特定任务上的表现可以判断其建构能力的情况,但该学生的建构能力并不完全依存于该特定任务,而是必然指向一系列不同的任务。由此可见,学生的建构水平或特征,具有跨越一系列具体任务的概括性和一般性②。

在指向核心素养的教学与评价背景下,核心素养是学生内在的一种潜在"建构","任务"则是促进其内在"建构""表现"于外的关键条件,因为评价的逻辑是一种基于证据的推理过程,即通过学生在某些评价任务上的表现来推断他们在某些重要(心理或教育)建构上的特征或水平③。

本章第一节探讨了"素养"与"表现"之间的关系,认为落实核心素养目标的关键在于能够将内隐素养以表现目标的方式进行整合性的表达,从而实现核心素养目标对教学与评价的实践的统一。而洞悉"表现"与"任务"的关系,则是真正落实指向核心素养的表现目标的关键环节。尽管学生面对试题,做出一个选项的选择也可以被称为是一种"表现",但是却不是能够评价核心素养的"表现"的意涵。既然传统纸笔测试的"任务"在落实核心素养目标上具有局限性,那么,具有什么特征的评价任务才能够实现表现目标呢?

---

① 杨向东.理论驱动的心理与教育测量学[M].上海:华东师范大学出版社,2014:153.
② 杨向东.理论驱动的心理与教育测量学[M].上海:华东师范大学出版社,2014:165.
③ 杨向东."真实性评价"之辨[J].全球教育展望,2015(5):46.

一是接近真实情境。距离真实的情境越近,就越能够评价出学生真实的学业成就①。把习得能力迁移或转换至真实生活,所评价的内容与实际生活相接近,完成任务就具有高度保真性②。二是任务完成的过程要与专家的探究过程,或者是完成此类任务的情境相类似。学生展现其任务解决的实际过程和结果,而不是在选择题形式下被动选择。

事实上,地理教师对于什么评价任务才能真实展现出学生的地理核心素养是有一定共识的。例如,"普通高中地理教师教学与评价情况"问卷调查显示(见表1-9),对于何种表现更能体现出学生具备了可持续发展观念,认为传统纸笔测试"不能够证明"的占26.026%,认为"非常符合"的仅占5.1%,而认为学生主动搜集资料撰写关于环保方面的小论文或调查报告、学生主动向环保部门写信反映当地的环境问题、学生能主动在日常生活中向他人宣传环保理念,这些真实情境中的实践操作型评价任务却在"非常符合"上分别占22.5%、20.2%和18.3%,符合比例分别达到了64.2%、62.4%和71.1%,而传统纸笔测试占32.4%。

表1-9 学生的何种表现更能够体现其具备了可持续发展观念

有效(%) 选项 \ 题项	学生主动搜集资料写了关于环保方面的小论文或调查报告	学生主动向环保部门写信反映当地的环境问题	学生完成了有关"可持续发展"的单元纸笔测试并及格	学生能主动在日常生活中向他人宣传环保理念
不符合	9.1	10.9	22.0	2.2
非常不符合	1.5	2.0	4.1	1.0
非常符合	22.5	20.2	5.2	18.3
符合	41.7	42.2	27.2	52.8
一般	25.2	24.7	41.5	25.7
总计	100.0	100.0	100.0	100.0

这说明作为地理核心素养之一的人地协调观念,在通过传统纸笔测试来衡量,还是通过完成真实情境中的任务才能更加准确评量上,地理教师给出了比较一致的答案,那就是完成真实情境中的任务。

但是,这类在真实情境中的实践探究任务虽然是地理课程标准所极力倡导和建议的,也是教师认为应该在教学与评价中操作的,在教师的教学和评价实践中却难以落地。

---

① 杨向东. 理论驱动的心理与教育测量学[M]. 上海:华东师范大学出版社,2014:165.
② 李坤崇. 多元化教学评量[M]. 台北:心理出版社,1999:134.

2. 课程标准中的实践操作型任务难以在真实的教学和评价中落地

地理学科是在真实情境中解决人类所面临的各种真实问题的经典学科。在2003年版的《普通高中地理课程标准(实验)》的教学建议中,有不少关于开展实践操作型任务的建议。

例如,地理1的主要教学内容是自然地理,包括地球所处的宇宙环境、大气运动、水循环、地壳物质循环、自然地理环境的整体性和差异性等。其教学建议包括:"选择一种形式(如写一篇小短文、绘制一幅图,或者制作一段计算机动画等),向家人或同学讲解地球所处的宇宙环境。""运用教具、学具,或通过计算机模拟,演示地球的自转与公转,解释昼夜更替与四季形成的原因。""根据本地条件,进行地质、地貌、水文等野外观察。""通过角色扮演(或讲故事、观看录像等)形式,说明某自然要素变化会导致其他要素发生变化"等。地理2的主要教学内容是人文地理,包括人口地理、城市地理、农业地理、工业地理和人地关系等。教学建议包括:"收集所在城市不同时期的地图、照片,或进行走访,讨论城市的变化,交流感想"。地理3是以案例的方式呈现不同区域发展条件对区域可持续发展的影响,教学建议包括:"联系本地实际,讨论某工厂对当地经济的带动作用,以及其造成的环境污染,进而提出改进措施"。由此可见,地理3必修模块的教学建议,注重通过表现任务来促进学生的学习,指导学生开展观察、实践、探究和研究活动,设计实施野外观察、观测、调查等实践活动,提倡探究法学习与研究性学习。[①]

事实上,对地理教师而言,这些评价任务很难进入地理教学的日常教学中去,从而直接影响了地理学科核心素养的培育(见表1-10)。

表1-10 教师选择小论文或者调查报告作为评价学生的地理核心素养最为困难的要素

	频率	百分比	有效百分比	累计百分比
教师指导学生撰写小论文的指导能力有限	41	10.1	10.1	10.1
评定论文的评分规则难以制定	105	25.9	25.9	36.0
评阅论文的时间较长	26	6.5	6.5	42.5
学生撰写小论文和调查报告的写作基础较差	88	21.7	21.7	64.2
指导学生撰写论文或调查报告难以融入日常地理教学	145	35.8	35.8	100.0
总计	405	100.0	100.0	

问卷数据显示,有35.8%的教师认为,指导学生撰写论文或调查报告,难以融

---

① 中华人民共和国教育部. 普通高中地理课程标准(实验)[S]. 北京:人民教育出版社,2003:7-36.

入日常地理教学，25.9%的教师认为评定论文的评分规则难以制定，21.7%的教师认为，学生撰写小论文和调查报告的写作基础较差，10.1%的教师认为教师本身指导学生撰写小论文的指导能力有限，6.5%的教师认为评阅论文的时间较长。不管是何种原因，这些要素都涉及教师的日常教学运作，有关于教师本身能力、论文评阅时间，也有涉及对学生基础的担忧。撰写小论文与调查报告是能够评量内在真实建构的重要评价方式之一，但是教师出于各种原因难以实施这一方式直接影响了内在真实建构，即地理核心素养的评价。

实践操作型评价任务在地理教学中长期缺失的重要原因，从课程标准本身来看，在于没有把这类评价任务作为评价学生学业成就的必要条件，而仅仅是一种供教师选择的教学建议，那么教师就可以因为不重视、条件不具备、评价不要求等等原因而不采取通过表现任务来推动教学的方式。

2003年版地理课标的评价建议主要从"三维目标"的达成角度来分类阐述。例如，对地理知识理解和应用的评价表达为对地理概念、原理、规律、理论的表述；将地理知识迁移到具体情境之中；对技能形成与运用的评价表达为地理技能的熟悉了解程度、合理选择度、运用熟练度；对地理科学方法掌握及探究活动质量的评价表达为对地理观察、区域分析与综合、地理比较等常用地理研究方法的领悟、掌握状况和运用水平……这些评价建议缺乏基于具体评价任务的整体性评价设计，从而导致教师在教学过程中，依然采用传统纸笔测试为主的方式来评价学生地理基础知识和技能的掌握情况，也造成了地理教学中表现任务的长期缺失。

三、自主合作探究学习方式难落实

"教学追逐考试"是传统纸笔测试对教学产生的重要影响，其所引发的问题被地理教师所关注。一位地理教师在关于地理教师课堂评价素养的调研中也发现，地理教师的评价理念，为学而评的数量相当少，更多的是为考而评、为考而教[1]。无效或低效的评价体系，挫伤了学生的学习积极性，不能全面评价学生，不能促进学生发展，也制约着教学改革的发展[2]。评价任务之所以会影响到学习，就在于评价任务的背后隐藏着认知方式和认知过程。上述实践操作型评价任务的缺失对地理教学改革产生了深远的影响，最主要的表现在于新课程所倡导的自主合作探究等学习方式难以在地理教学中落实。

（一）地理课标倡导的自主合作探究学习方式难落实

倡导学习方式的变革是我国基础教育改革的重要内容。2001年，我国新课程改革的纲领性文件——《基础教育课程改革纲要(试行)》明确指出："改变课程实施

---

[1] 杨小华.新课程改革视角下地理教师课堂评价素养的调研与分析——以连云港市四星级高中为例[J].地理教学,2012(8):27-28.
[2] 王兴华.正视高中地理教学危机——工作13年一线教师新课改中对教学的反思[J].考试周刊,2015(102):16-17.

过于强调接受学习、死记硬背、机械训练的现状,倡导学生主动参与、乐于探究、勤于动手,培养学生搜集和处理信息的能力、获取新知识的能力、分析和解决问题的能力以及交流与合作的能力。"[1]

2003版的《普通高中地理课程标准(实验)》也已经明确提出了"开展自主、合作、探究学习"的具体要求[2]。新版地理课标更明确提出了对于"创新培育地理学科核心素养的学习方式"的要求:引导学生开展自主、合作、探究学习;在自然、社会真实情境中开展地理实践活动;充分利用地理信息技术创设直观、实时、生动的教学环境。[3]

但是,上述学习方式在地理教学中落地的情况并不理想。地理学习方式难以支持地理育人目标的达成,地理教学与课程标准中的具体要求存在着差距。

首先,在传统教室的地理课堂教学中,所教的内容关注于"破碎"而非结构化的知识;在教的形式上,主要是比较机械的"我讲你听"式的知识传递;在学习方式上,则主要以比较单一的"听讲+刷题"为主;在评价方式上,占主流的依然是传统的纸笔测试。其次,在自然、社会等真实的地理实践活动教学情境中,出现了只有"活动",而"教学目标"缺失,学生学习效果难以被评价的问题。从某种意义上说,没有了教学和评价的地理实践活动,不再是课程实施,而仅仅是单一的活动。也正因为如此,地理实践活动被教师忽视或者得不到教师重视,从而使"实践活动"难以落实,地理课程育人目标难以实现。同时,在信息技术支持的教学情境中,信息技术更多的是用多媒体来展示知识,而学生利用网络自主、合作获取信息开展探究学习也难以被重视。[4]

自主、合作、探究的学习为什么难以在地理课堂发生?在真实情境中的地理实践活动为什么会被忽视和落空?其原因就在于与其相匹配的评价方式的缺位。"普通高中地理教师教学与评价情况"问卷调查显示(见表1-11),地理学科核心素养中所倡导的自主合作探究学习方式难以落地的主要因素是因为传统纸笔测试为主的评价方式,大约占34.6%,教师的教学方式,如教师更愿意采用讲授法和练习法来开展教学占26.7%,而教师在设计各种学习任务时的专业知识缺乏占24.9%。由此,我们可以看出大部分教师并不是不愿意采用指向地理学科核心素养的教学方式,现有的评价方式以及教师专业知识的缺乏才是罪魁祸首。

---

[1] 中华人民共和国教育部.基础教育课程改革纲要(试行)[EB/OL].(2001-06-08)[2017-12-05]. http://www.moe.edu.cn/publicfiles/business/htmlfiles/moe/moe_309/200412/4672.html.
[2] 中华人民共和国教育部.普通高中地理课程标准(实验)[S].北京:人民教育出版社,2003:2.
[3] 中华人民共和国教育部.教育部关于印发《普通高中课程方案和语文等学科课程标准(2017年版)》的通知[EB/OL].(2018-01-05)[2018-03-20]. http://www.moe.gov.cn/srcsite/A26/s8001/201801/t20180115_324647.html.
[4] 林培英.学校地理教学方法的变革[J].首都师范大学学报,2011(1):60-67.

表1-11 自主、合作、探究学习方式在地理教学中应用的最主要障碍

题项	频率	百分比	有效百分比	累计百分比
教师不愿意采取上述学习方式开展教学	21	5.2	5.2	5.2
教师更愿意采用讲授法和练习法来开展教学	108	26.7	26.7	31.9
教师在设计支持上述学习的各种学习任务时专业知识不足	101	24.9	24.9	56.8
学生不愿意参与上述学习方式	35	8.6	8.6	65.4
以传统纸笔测试为主的评价方式直接影响上述学习方式的展开	140	34.6	34.6	100.0
总计	405	100.0	100.0	

评价对教学发挥着非常重要的杠杆作用。《基础教育课程改革纲要（试行）》明确指出，要"改变课程评价过分强调甄别与选拔的功能，发挥评价促进学生发展、教师提高和改进教学实践的功能"。[①] 由此可见，评价的功能在于促进学生的发展和改进教学，但是，当前日常地理评价实践活动中占据主流地位的传统客观纸笔测试对于地理教学却产生着显而易见的负面影响。

1. 追逐"分数"而不是学习本身

在我国的地理教学中，一个比较常见的现象是，一场考试过后，考试分数高的学生认为自己还应该考得更高一些，考试分数低的学生认为自己的分数太低，很没有面子，大家把注意力的焦点都放在了分数上，而不是自己真正学习到了什么上。我们经常会发现所有跟考试无关的地理学习都会被视为是无用的。在笔者通过访谈了解一些地理教师不愿改变学习方式的原因时，受访教师往往第一句话就是，这样教能应对考试吗？如果影响了考试"分数"怎么办？以传统客观纸笔测试为主的失衡评价系统把教师和学生学习地理的注意力引向了仅仅对"分数"的关注，而不是学习本身的乐趣以及意义，更"漠视"了对高阶思维能力、搜集信息和加工信息的能力、合作能力以及地理学科价值观和品格等更有价值学习结果的评价和培养。

2. 以记忆、操练为主的浅层学习方式的盛行

为了在考试中获得好成绩，教师把从网上下载的各类纸笔测试类练习题，或者是直接使用教辅用书中的练习题作为教学的主要内容，而这些练习又往往是从历年各类高考试卷、学业水平测试考题，或者是各大市模拟考试试卷中选取的。学生在课堂上或者是课后进行统一的"刷题"。教师在课堂上提出的问题多是有标准答案的问题，教师为了引导学生得出与标准答案一样的回答而不断讲解，以至于最后

---

① 中华人民共和国教育部. 基础教育课程改革纲要（试行）[EB/OL]. (2001-06-08)[2017-12-05]. http://www.moe.edu.cn/publicfiles/business/htmlfiles/moe/moe_309/200412/4672.html.

所有的问题都会浓缩为一个问题,那就是这个问题考试的时候会考吗?答案是什么?在很多情况下,教学变成了对当前有明确答案和已经得到认可的问题及其答案的灌输。现在的课堂上,学生很少提出自己的问题,学生坐在那里,抬头望着老师,内心所想的主要是获得知识的答案,然后拿着这些知识去应对考试。在失衡评价体系的影响下,学生难有机会为问题解决提出深刻洞见,学生不同的学习风格难以被尊重和得到满足。

在建构主义学习理论的影响下,教学的隐喻也随之发生变化,如不要把提前准备好的内容直接教给学生,教学要与现实问题解决相匹配,把所需的工具隐含于情境当中,指导学生开展探究与合作、自主学习和解决问题等。该观点已发展成为新的教学理论,并推动了教学改革。[①] 纸笔测试的局限应引起教育者的重视和批判性反思,如只能检测低水平知识、孤立内容与技能,仅仅重视测量结果而不能提升学生的高阶思维能力、问题解决能力及在真实情境中理解应用的能力。可以说,地理教学存在问题的症结在于评价,以传统纸笔测试为主流的评价体系不能服务"以人为本"的育人目标,并把教学沦为"应试教育"。针对传统客观纸笔测试的不足,寻求替代性评价的探索层出不穷,教学与评价实践亟须能够支持新型学习方式的新型评价方式。

第三节 评分标准重分数标准,轻评分规则

通过上两节的分析,澄清了在实施指向地理核心素养的地理教学与评价的背景下,缺失表现目标和真实情境中实践操作型评价任务所产生的影响,并在具体分析的过程中,进一步呈现了表现目标和评价任务在"建构""表现""任务"的框架下所具有的本质特征和所起的作用。本节将围绕"标准答案"这一单一的评分标准来衡量学生学习目标的达成,并将之作为主要教学内容的地理教学与评价的特征,及其对地理育人目标实现和地理教学、学习所产生的影响,澄清在基于证据推理的教育评价内涵中,评分规则所备的特征及其所起的作用。

一、"标准答案+分数"受热捧

"标准答案"以及通过对标准答案评判之后所获得的"分数"是传统纸笔测试用以衡量和评价学生学习结果的"尺度"。在地理教学实践过程中,受传统纸笔测试占据主流地位的影响,"标准答案+分数"也成为地理教学和评价活动的主要内容,并直接影响着地理教学和学习的方式。

(一)"对答案":教师教学的主要内容和方式

在传统纸笔测试的影响下,课堂常态教学的大部分时间被做练习和讲练习所占据,教师一般在讲解主要内容之后,会让学生做一些练习来评价学生对知识掌握

[①] 赵德成.表现性评价:历史、实践及未来[J].课程·教材·教法,2013,33(2):97-103.

的情况,而讲练习的过程也往往简化为"对答案"的过程。教师的教学往往围绕着对传统纸笔测试的讲评展开。在讲评的过程中,面对学生所提出的地理问题,教师常用一句话来展开对话,那就是"这道题的标准答案是什么?"。然后在看着答案和分析答案的过程中,师生开始对照学生的答案和"标准答案"的差距,追求所得答案与标准答案的完全一致,并借此展开互动对话。

(二)"做对答案":学生学习的主要目标和学习生活

在"对答案"的影响之下,学生学习地理的过程,也往往简化为"做对答案"的过程。学生所做的地理练习大多来自教师所征订的一些教辅用书,教师在下发教辅用书的时候,会把"标准答案"收掉,以防止学生抄袭"标准答案"。在学生完成练习的过程中,答案对于学生来说是完全未知的,只有在讲评答案时,答案才会"露出真身",这就会削弱答案所能发挥的引导学生学习的作用。但大部分教师会认为参考了答案所完成的练习就是无效学习。这也恰恰说明,这些答案往往是学生一看就会的,主要是知识的再现和简单技能的重复。因此,学生所做练习的目标完全窄化为追求与"标准答案"完全一致,如果不一致则被视为错误,这不仅导致了学生的学习方式主要是知识的回忆、再认和简单操练,也让学生回答问题的自由度和生成性受到了很大的限制。

二、目标达成难以被精准评量

鉴于学生的学业成就与其内在真实建构之间的密切关系,不禁让人心生疑虑,仅仅用"标准答案"和"分数"来衡量和评价学生的"表现",能否准确评判学生内在的真实建构?

(一)标准答案:多以知识再认和回忆来衡量学习结果

作为传统纸笔测试主要题目类型的选择题和简答题多以知识再认和回忆来衡量学生学习的结果。下面通过2018年江苏省地理高考试卷中的一些试题呈现这类标准答案所具有的一些特征。

D.[环境保护]据政府间气候变化专门委员会(IPCC)报告,全球气候变暖增加的热量中64%被海洋表层水(0-700m)吸收;相当于人为排放量约30%的CO_2被海洋溶解而导致海洋酸化。当海水的温度、盐度、酸碱度和透光度等环境因子发生较大变化时,浅水珊瑚会发生白化甚至死亡,近二十年已发生了三次全球性珊瑚白化事件。图25为"大气圈碳收支示意图"。回答下列问题。(10分)

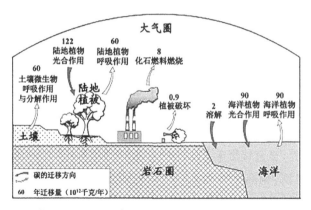

(1)导致近期全球性珊瑚白化事件频发的主要原因是_____。(2分)
(2)大气圈与陆地植被、土壤、海洋之间进行碳交换的主要自然过程有_____。(2分)
(3)每年大气圈中碳的增加量有_____$\times 10^{12}$千克;造成大气圈CO_2增加的人类活动主要是_____。(3分)
(4)除全球气候变暖外,有些人类活动也对珊瑚礁生态系统造成危害。为保护珊瑚礁生态系统,可采取的对策有_____。(3分)

标准答案:
(1)海水温度上升/海水酸化
(2)光合作用;呼吸作用;分解作用
(3)4.9;化石燃料的燃烧;植被破坏
(4)加大宣传力度,增强环保意识/建立保护区/加强对珊瑚礁的修复/建立监测机制/加强立法/扩大国际合作

分析这道题的解题思路,学生通过阅读题目所给题干信息,并结合选修教材《海洋地理》中关于珊瑚保护的内容,能够很快得出海水温度上升和海水酸化是导致珊瑚白化的主要原因,从而解决第(1)小题;绿色植物的光合作用和呼吸作用在地理必修1地理环境的整体性一节有关生物循环中给予了介绍,所以学生可以根据知识回忆,或者直接读图即可获得信息,那就是光合作用、呼吸作用和分解作用均是碳循环的主要自然过程。第(3)小题中的碳增加量可根据图示进行简单计算获得,而造成碳排量增加的人类活动在人教版地理教材的必修1第二章第四节"全球气候变暖"、必修3第二章第二节"亚马逊雨林的保护"和选修模块《环境保护》中均有详细介绍,或者从某种意义上说,化石燃料的燃烧和绿色植被的破坏已经成为全球气候变暖的常识性知识;第(4)小题关于如何保护珊瑚的具体举措则在教师的教学中作为学生必须记住的一些共识性的举措,与必修3第二章第二节"亚马逊雨林的保护"中所呈现的保护措施基本相同。换句话说,无论针对什么环境问题,其实都可以这样回答,已经有了一些"套路"的色彩,学生也完全可以通过背诵和回忆

再认来回答好这一问题。从上面对江苏省这道高考题的分析,我们不难发现,整个试题虽然在个别小题上具备了一些"建构—反应"的特征,但是其标准答案却是"封闭"的,学生主要通过简单推理或对有关知识的回忆和再现完成对这些问题的回答,而不需要运用高阶思维。而且,作为"环境保护"模块的高考题,很难评价出考生对人地协调观念等内在建构的真实情况,可以说只是考查了关于"环境保护"的一般知识。

上述解题思路表明,与传统纸笔测试相配套的"标准答案"和分数并不能准确评量学生内在素养,也直接影响着学生内在素养的培育。

(二)评分规则:聚焦学习结果和学习过程的精准评量

"标准答案"难以精准评量学习结果。评分规则被认为是能够精准评量深度学习结果和学习过程的重要标尺。有价值的学习目标往往是知识、能力和品格的综合体,也就是已经被广泛认可和倡导的素养目标。如果"标准答案"能够实现对一些知识和技能的评量的话,则有关需要在真实情境中才能被激发和表现出来的能力和品格则需要详细的评分规则才能加以精准评量。因此,缺失了评分规则的地理教学,难以实现对学习目标的精准评量。

例如,前文呈现了一道江苏省地理高考题的"标准答案",其答案的封闭性和过于关注知识的特征比较突出。而体现出评分规则特征的建构反应题及其答案则在PISA试题中较为明显。PISA是由OECD发起的"学生能力国际评价项目"(Programme for International Student Assessment)的简称,旨在测试义务教育阶段结束后15岁学生在阅读、数学和科学方面所具备的应用知识、技能和解决问题的能力,从而为各参与国家和地区协作监控教育成效提供参考。下面呈现2006年PISA有关"温室效应"和"全球变暖"的一道建构反应题及其评分规则,在对比中,澄清评分规则在精准评量目标达成上的特质。

PISA2006,S114:温室效应

阅读文章并回答问题:

温室效应:事实还是幻想?

生物需要能量才能生存,而维持地球生命的能量来自太阳。由于太阳非常炽热,因此将能量辐射到太空中,只有一小部分的能量会达到地球。

地球表面的大气层,就像包裹着我们的星球表面的毯子一样,保护着地球,使她不会像真空的世界那样,有极端的温差变化。

大部分来自太阳的辐射能量,会透过大气层进入地球。地球吸收了部分能量,其他则由地球表面反射回去。部分反射回去的能量,会被大气层吸收。

由于这个效应,地球表面的平均温度比没有大气层时的温度高。大气层的作用就像温室一样,因此有了"温室效应"一词。

温室效应在二十世纪越来越显著。

事实证明,地球大气层的平均温度不断上升。报纸杂志常说,二氧化碳排放量增加,是二十世纪气温上升的主要原因。小德有兴趣研究地球大气层的平均温度和地球上二氧化碳排放量之间的关系。他在图书馆找到下面两幅曲线图。

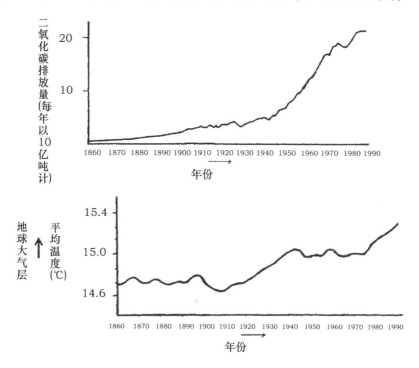

小德从曲线图得出结论,认为地球大气层平均温度的上升,显然是由二氧化碳排放增加而引起的。

问题3:温室效应

曲线中有什么资料支持小德的结论?

问题3评分规则:

满分

代号11:指出(平均)温度与二氧化碳排放均上升。

■当排放量增加,温度增加。

■两条曲线都在上升。

■从两幅图所见,自1910年开始,温度与二氧化碳的排放量均开始上升。

■……

代号12:指出一般而言,气温与二氧化碳的排放量有正相关。[注:这个代号旨在反映学生是否懂得运用以下的专业术语,例如"正相关""形状相似"以及"成正比例"。虽然,严格来说,下列例子并不完全正确,但它反映了学生对题目有足够的了解,所以可以给予分数。]

■CO_2的含量与地球的平均温度成正比。

■线性形状相似,表示两者之间有关系。
零分
代号01:指出(平均)温度或二氧化碳排放量其中一项有上升。
■温度上升。
■CO_2增加。
■它显示了温度的急剧转变。
代号02:指出气温与二氧化碳之间有关系,但没有清楚表明两者有什么关系。
■二氧化碳的排放量与地球温度的上升有关。
■二氧化碳是导致地球气温上升的主因。
或其他答案
■二氧化碳的排放量大幅增加,其上升幅度比地球平均温度的上升幅度更大。
[注:这个答案不正确,因为"两者皆增加"并不是题目所要求的答案。正确答案必须指出CO_2的排放量与气温的增加幅度。]
■CO_2增加是由于地球大气层的温度上升。
■CO_2有上升趋势。
代号99:没有作答。

我们可通过对比江苏省2018年环境保护的那道题与PISA这道题的标准答案设置与评分规则设定,看出评分规则所具有的能够精准测量目标的一些特征。

1. 评分规则是表现目标的细化

PISA这道题目的设计立意并不仅仅在于评价学生对科学知识的掌握程度,而是重在对学生科学探究素养的评价上。例如,在题目创设的情境中,已经对"温室效应""温室效应的作用"以及"二十世纪而全球气温上升的主要原因是二氧化碳排放量的增加"等知识背景进行了简明介绍。因此表现目标非常清晰地指向着学生如何从已知信息中提炼出支撑观点的有用信息、如何使用"控制变量法"、如何有逻辑地展开论文以支持观点等科学探究素养等方面。把评价的重点放在学生能做什么以及如何做,而不仅仅是知道些什么。

这道试题所呈现的答案之所以不被称为是标准答案,而被称为评分规则,是因为其提供的并不是一个唯一正确的标准答案。即便是从满分等级的表现来看,只要学生把握住了温室效应与CO_2排放量之间的关系,就可以用各种语言进行表达,所以说是对表现目标进行了一定程度的细化。再例如,评分规则对不同的表现等级水平配套了范例,这些范例着重呈现出什么才是"表述条理清楚、合乎逻辑"的评分要求,这样的评分规则对于测量和提高学生在科学探究中的逻辑思维能力有很大的帮助。

2. 评分规则详细呈现了表现水平的等级

评分标准设置对评价的信度尤其重要。PISA2006科学样本试题的评分规则给出了满分和零分两个等级,并给予不同等级的表现水平的得分样例逐一说明,尤其是对每种得分情况的可能回答方式配以范例,这有助于评分标准的实际操作,也进一步实现了对科学研究能力的重视,而不仅仅注重相关知识回忆的评价。答案并不追求在文字表达上的唯一,这也给予了学生更大更自由的思考空间。

从以上评分规则的结构和内容来看,评分规则呈现了表现水平的详细等级,而不仅是标准答案的非对即错,或者只有知识内容,而没有对学生学习表现的描述。评分规则充分体现了试题所重点考查的是科学探究能力,而不仅仅是对知识的掌握。评分规则非常严谨地实现了对表现目标达成情况的精准测量。

相比较我国地理教学与评价中常用的传统纸笔测试及其标准答案,以江苏2018年高考题为例,同样是以"温室效应"为背景来设计评价,在试题情境中也不避讳对一些基本信息进行图文呈现,但是以知识点或者是具体内容作为答案的评分规则设计,则将学习结果局限在对知识的简单记忆和再认上。学生所应用的逻辑推理不仅较为简单,而且教师也无法从学生所写的答案中判断其思维水平。此外,测试对内容之间逻辑关系的忽略,过于追求文字表达与答案的一致性则直接影响了对逻辑思维能力等高阶思维能力的评价,所以说是难以实现对指向学科关键能力或者地理核心素养的学习目标的精准评价的。

三、难以改进教学和促进学习

评分规则与"标准答案"有很大的区别。传统客观纸笔测试进行判断的方法多是非对即错的计分,而评分规则(rubric)在一定意义上超越了这种二元对立,能够进行更加精准的专业判断。

(一)评分规则很少在地理教学中使用

评分规则作为与评价任务相配套的"刻度尺",虽然需要与评价任务同时出现,但是,其使用的情况比表现任务还要少。

从课程运作的不同层次来说,评分规则在各层级的课程运作上均有缺失。从课程标准层级看,评分规则在2003版的地理课程标准中没有出现,2017版的课程标准中有评分规则,但所介绍的评分规则是关于搜集信息能力的评分规则,并没有提及和解释其与地理学科核心素养的关系,也没有介绍评分规则的开发方法,这在未来也将直接影响评分规则在地理教学中的使用。

从课堂教学层面上看,课堂教学中的即时评价,教师较多采用提问的方式来进行。正如前文所分析的,教师多围绕"标准答案"而不是评分规则来展开教学。

即便在我国有关表现性评价在地理教学中应用的文献中,有些实践也是没有评分规则设计的。在中国知网上关于表现性评价在地理教学中的应用论文主要有36篇,其中有12篇文献中并没有涉及评分规则的开发和使用。由此可见,不仅表现性评价在地理教学中的应用是少见的,评分规则的应用则更是稀缺。从互联网上搜集的地理教学案例中也很难发现有教师自主设计应用的地理评分规则。

(二)缺失评分规则的评价难以改进教学和促进学习

学生"掌握""标准答案"的方式,以及师生围绕"标准答案"所展开的互动实践,是不是代表着"有价值"的学习方式和教学活动？事实上，围绕试题答案开展教学本身也是教师希望学生能够把练习做对，从而获得好的学习结果，但是问题的关键在于，这些标准答案本身就只注重对知识掌握的评价，甚少关注思维的水平和方式，这将导致教师也仅仅围绕"记住"知识来开展浅层次的教学。更何况，追求与标准答案的完全一致也阻碍了学生对一些问题的生成性和自主思考。因此，教师对某些"标准答案"中蕴含的因果联系也不做深入解析，而是仅仅给学生一些解题和呈现标准答案的套路，让学生"照搬照抄"成为此类教学的常态。

比方说，有些教师在指导学生解决问题的过程中，直接告诉学生，如果无法甄别哪些该写、哪些不该写，那就把知道的内容都写上去。高考往往是"采点"给分，而并不看重所述内容之间的逻辑关系。因此，记住答案，记住回答问题的一些"套路"成为教师教学的重点和学生学习的重点。而最终，获得"高分"则会让教师和学生都倍感学习获得成效的喜悦，殊不知，所获学习结果是肤浅的，难以达到内化为地理学科核心素养的水平。

学生完成练习之后的主要学习行为就是用红色的笔把标准答案抄在原有练习题答案的旁边。在应对下一次考试之前，学生就会"记背"这些答案，以期在考试中遇到类似的题目，从而能够"照搬照抄"，追求与标准答案一致。但是，这样做是不是就能达到良好的教学效果呢？仅仅就应试而言，答案也往往是否定的，许多地理教师抱怨学生哪怕面对相同的问题却重复同样的错误，或者，题目的情境稍微变化一下，学生就难以应对。究其原因也很简单，那就是以简单操练和肤浅记忆所进行的学习不是深度学习的过程，也无法获得深度学习的结果。

在"标准答案＋分数"受热捧，而评分规则被忽视的情况下，不难发现这对地理教学所产生的两方面重要影响：第一，从学习结果的角度来说，一些有价值的学习结果难以被精准评量；第二，从学习过程和教学过程而言，教师和学生的互动反馈比较单调，获得的学习结果和过程性信息较少，因此难以根据学习证据去改进教学和学习。

围绕着"标准答案"开展的教学和评价，实质上束缚了教学的真实发生，因为教学实践的本质是在共同目标和隐含着过程价值框架之内的教师和学生之间的交往活动[1]，只有在高质量的师生互动中，教学的质量才能得到保证。相比较而言，评分规则所能够提供的互动和反馈作用则被广泛认可。

本章主要分析在核心素养时代背景下，我国普通高中地理教学与评价所面临的挑战。从评价目标、评价任务和评分规则来看，以传统纸笔测试为主流的评价方式束缚了指向地理核心素养的教学、学习与评价的实施。因此，有必要寻求新型的评价方式。这一评价方式，在目标指向上注重对地理核心素养的评价，在评价任务上倡导学生在真实情境中动手去做以引发其内在核心素养的表现，在评分标准上不再简单追逐体现对学科内容知识掌握的标准答案，而是聚焦于学生内在思维过

---

[1] 理查德·普林.教育研究的哲学[M].李伟,译.北京:北京师范大学出版社,2008:27.

程的发展,具有一定的层级水平,以此衡量素养发展的水平,为学生的学习和教师的教学提供更多、更准确的评价信息和证据。而表现性评价正是能够满足这些需求的新型评价方式。

但是,"普通高中地理教学与评价"问卷调查的结果显示,目前表现性评价的研究仅仅限制在大学教授和学者专家的话语体系之中(见表1-12),高中地理教师主要是从专家报告中获得表现性评价的相关知识,而从教师自身教学实践中获得的则仅占9.4%。囿于教师实施表现性评价的经验比较缺乏,以及教师对已有纸笔测试的习惯性经验,亟须表现性评价应用于地理教学中的设计框架、实施路径和应用效果的研究。

表1-12 教师获得表现性评价有关知识的最初来源

认识表现性评价的最初来源	频率	百分比	有效百分比	累计百分比
《普通高中地理课程标准(2017版2020年修订)》	137	33.8	33.8	33.8
本问卷	94	23.2	23.2	57.0
教师公开课等教学实践活动	38	9.4	9.4	66.4
学校教学部门或上级教研部门的要求	22	5.4	5.4	71.8
专家学术报告或论文或课题研究	114	28.2	28.2	100.0
总计	405	100.0	100.0	

但是,尽管表现性评价能够促进地理学科核心素养的发展,能够发挥地理学科的育人功能,教师对于将其应用于地理教学中并没有那么积极(见表1-13),65.1%的教师认为,表现性评价比较适合偶尔使用,经常开展表现性评价的仅占22%。表现性评价是一种与地理学科核心素养相匹配的评价方式,但其在高中地理教师中的受欢迎程度远远低于预期。

表1-13 地理教师未来开展表现性评价在地理教学中应用的意向

	频率	百分比	有效百分比	累计百分比
不打算开展	8	2.0	2.0	2.0
经常开展	89	22.0	22.0	24.0
可以适当偶尔尝试	264	65.1	65.1	89.1
自己开展的同时也指导其他教师开展	44	10.9	10.9	100.0
总计	405	100.0	100.0	

综上所述,针对我国普通高中地理学习评价中面临的挑战,需要在地理教学中应用表现性评价来解决上述问题。但是,表现性评价何以能够解决这些问题,对这些问题又能够解决到什么程度,则需要更加深入地了解表现性评价的历史变迁、要素结构和主要功能及其局限。因此,第二章将基于文献对表现性评价开展深度研究。

第二章　表现性评价的演变、内涵与功能

本章将对表现性评价进行深度挖掘,进一步明晰表现性评价的来源、发展方向、要素结构和功能。事实上,随着表现性评价在不同学科领域的不断应用和深入,学界已经涌现出丰富的表现性评价研究成果。不过,值得注意的是,虽然从表现性评价的正式提出至今,已历经三四十年的发展过程,但是,人们对表现性评价的认识和了解依然存在不少缺陷。例如,有研究者认为,近年来,我国有些地区通过行政渠道以政策文件的形式要求落实表现性评价,尤其是低年级期末表现性评价。但在实施过程中,很多时候,教师只是把原来试卷上的题目,换成各种各样的形式搬到了教室里或是场馆里,而所评估的内容仍然停留在低阶的认知目标上[1]。

这导致人们对表现性评价的认识和理解产生了很多疑惑,到底表现性评价的内涵是什么呢? 在表现性评价这三四十年的发展中,到底有什么进展,有哪些变化,而哪些又是永恒不变的追求呢? 比方说,学生完成一个作品,或者在写作、做实验、表演、面试,这是不是表现性评价呢? 表现性评价的本质特征是什么? 表现性评价的构成要素和结构特征是什么? 表现性评价能实现怎样的价值——是实现了评价促进学习的目标还是改进了教学? 这些都是值得我们深入探讨的话题。

因此,探讨表现性评价在地理教学中的设计与实施之前,应当对表现性评价的本体知识有整体的把握,包括表现性评价的历史演变、内涵和功能等。接下来,本章将对表现性评价作为概念正式提出后,特别是 20 世纪 80 年代以来的历史变迁进行梳理,并尝试回答表现性评价的要素结构,探讨其功能和局限,从而为建构表现性评价在地理教学中应用提供思路和基础。

第一节　表现性评价的历史演变

表现性评价的思想和实践有着源远流长的历史。早在公元前 210 年,中国就使用表现性评价来选择官员和军队人员。[2] 在中世纪到十九世纪的欧洲,表现性评价也广泛用于手工业劳动者的等级评定和对"七艺"(文法、逻辑、修辞、音乐、几

---

[1] 周文叶. 表现性评价的理解与实施[J]. 江苏教育研究,2019(2),7-11.
[2] MADAUS G F, O' DWYER L M. A Short History of Performance Assessment: Lessons Learned[J]. Phi Delta Kappan, 1999, 80(9):688-695.

何、算术、天文)学习者学习表现的判断。① 但是,以上评价方式均有一个明显的局限性,那就是主观性太强,未必能够真正反映被评价者的真实情况,评价的结论难免带有片面性。

到19世纪,严重依赖同行判断的评估开始让位于标准化考试。这一变化最早的证据是19世纪40年代,波士顿公立学校用书面文章取代口语考试,通过书面考试保证统一提问和更一致的得分。②

到20世纪早期,偏重客观化的教育测验运动悄然兴起,并引发了"科学测验运动"。统计概念和技术被广泛应用于科学测验以保证其精确性,标准化测验成为这场运动最大的成就,并逐渐发展为与学生升学、教师评价等密切相关的高利害评价,成为学校监控教学质量的评价工具。③ 在这一阶段,表现性评价遭到了"冷落"。尽管如此,20世纪30~40年代,依然有泰勒(Tyler,R. W.)等一些评价先驱者开展了与表现性评价有关的探索,例如对测验情境的高度重视。这些先行的前瞻性探索对后来表现性评价在全新教育语境下的"复兴"奠定了重要的基础。

20世纪50年代,在教育心理学领域,针对语言障碍者的测试,出现了表现性测验(Performance Test),这可以被认为是表现性评价的前身。④

20世纪70年代,虽然以多项选择题为主的标准化测试不断发展,但是对它的批评和反思也在增长。1971年,费兹帕特里克(Fitzpatrick,R.)和莫里森(Morrison,E. J.)首次对表现性评价的内涵做出了界定。他们认为,表现性评价是通过让学生完成一个活动或者制作一个作品,以证明其知识与技能,以及测量学生在真实情境中表现出的知识和能力。⑤

进入20世纪80年代,美国的学校面临越来越大的问责压力。1983年《国家处于危机之中》(*A Nation at Risk*)报告的出台,对表现性评价的真正兴起起到了推波助澜的重要作用。可以说,表现性评价兴起于20世纪80年代到90年代的美国,它是结果取向的教育改革以及美国学校重建运动的产物,并逐渐发展成为欧美发达国家引领世界教育评价改革的思潮。有研究者评价说:与其说这是一场教育评价改革运动,倒不如说这是一场教育理念、学习方式和学校教育机制等方面改革在评价领域的一种反映。⑥

接下来,本书将重点梳理20世纪80年代以来表现性评价的历史变迁。从大的历史尺度来看,这三四十年的历史并不长,但是,表现性评价却在各种影响因素

---

① 周文叶.学生表现性评价研究[D].上海:华东师范大学,2009:27-29.
② MADAUS G F, O'DWYER L M. A Short History of Performance Assessment:Lessons Learned[J]. Phi Delta Kappan, 1999, 80(9):688-695.
③ 袁振国.教育评价的十大问题[J].上海教育科研,1986(3):66-68.
④ RYANS D G, FREDERIKSEN N. Performance Test of Educational Achievement[C]// LINDQUIST E F. (ed). Educational Measurement. Washington, DC:The American Council on Education, 1951:24.
⑤ FITZPATRICK R, MORRISON E J. Performance and product evaluation[C]// THORNDICK R L (ed.), Educational measurement. Washington, DC: American Council on Education, 1971:237-270.
⑥ 杨向东."真实性评价"之辨[J].全球教育展望,2015(5):36-49.

的作用下不断发展。具体而言,表现性评价的历史变迁是多种因素影响下的结果:从评价自身的发展来看,对传统纸笔测试的批判,评价范式从对学习的评价到为学习的评价、作为学习的评价的转型,表现性评价自身理论与技术的发展均影响了表现性评价的变迁;从外部影响因素来说,建构主义学习理论的发展、基于标准的教学与评价改革,以及各种教育政策的实施等,也起到了推动和深化表现性评价发展的作用。因此,本节以时间为线索,搜集了有关表现性评价的文献,对比分析表现性评价代表人物、权威机构和实施项目等,分析表现性评价的概念、内涵和应用等方面的基本情况,旨在探索表现性评价的未来发展方向。本部分使用 CiteSpace 软件对国外 SSCI 期刊的重要被引用文献进行检索,找出表现性评价领域的代表人物,并深入研究其关于表现性评价的基本观点。

一、来源:独立于教学的测试

正如上文所述,1971 年,费兹帕特里克和莫里斯首次对表现性评价的内涵做出了界定,他们认为表现性评价是通过让学生完成一个活动或者制作一个作品以证明其知识与技能,以及测量学生在真实情境中表现出的知识和能力。[①] 但是,从表现性评价在美国的实际发展过程来看,1983 年美国《国家处于危机中》的报告公布之后,由于传统多项选择题不能对学生的思维能力进行有效评估,表现性评价作为能够评估学生思维能力和思维过程的重要工具而兴起。由此可见,现代教育语境下的表现性评价脱胎于期末考试以及大规模测试。表现性评价的使用被赋予这样的使命,那就是弥补传统纸笔测试只能评估学生破碎知识的不足,致力于对学生的思维能力和认知能力进行评估。在这样的背景下,表现性评价有了一个常用和广泛的定义:具体而言,它不是多项选择测试,学生必须构建答案,而不是在预先确定的选项中进行选择,学生应该制作作品或开展活动。[②] 从这个角度来看,表现性评价涵盖了非常广泛的活动,从完成一个简单的句子(简答),到写一篇全面的分析文章(论文),再到进行实验室调查(动手)。因为这些活动允许学生构建或执行最初的反应,而不仅仅是从提供的列表中识别出可能正确的答案,所以它们衡量的是学生的认知思维、推理技能以及他们应用知识来解决现实的、有意义的问题的能力。

20 世纪 80 年代末和 90 年代末,表现性评价因此而被大量应用于大规模测试中。该时期的代表人物包括斯蒂金斯、威金斯、贝克(Baker)、沙埔德(Shepard, L.)等。

表 2-1 梳理了这一时期表现性评价的代表人物对表现性评价的认识和界定,这也可以反映该阶段表现性评价对学生学业成绩的重视。

[①] FITZPATRICK R, MORRISON E J. Performance and product evaluation[C]// THORNDICK R L (ed.), Educational measurement. Washington, DC. American Council on Education, 1971:237-270.

[②] MADAUS G F, O'DWYER L M. A short history of performance assessment: Lessons learned[J]. Phi Delta Kappan, 1999, 80(9):688.

该时期表现性评价也被称为基于表现的评价。根据琼斯(Jones,R. W.)的观点,表现性评价具有以下特征:一是评估学生可以做什么,而不仅仅是学生知道什么;二是在可能的情况下使用直接的评估方法(例如,通过口头陈述评估口语技能,或通过书面表达评估写作);三是反映了现实世界的情况。[1] 而费厄尔(Feuer,M. J.)和富尔顿(Fulton,K.)将表现性评价描述为一种要学生展示技能、建构答案与作品的技术。[2] 因此,虽然表现性评价被认为是传统学生学业水平测试的一种替代性评价,是对传统学生学业水平测试的超越,但是其关注的依然是学生的学业成绩。传统测试让学生通过标准化的选择题测出学生对测试题目的正确反应,而表现性评价要求学生展示知识与技能,包括学生解决问题的过程、在跨学科跨领域中整合知识的能力、学生对小组作业的贡献力,以及学生在新情境下设计行动计划的能力。

表 2-1 表现性评价的代表人物及其对表现性评价的定义

作者	概 念
斯蒂金斯(1987)	表现性评价是指利用观察及专业判断来评价学生学习成就的方式。
威金斯(1989)	表现性评价要求学生运用多种技能及策略来解决问题,并使学生的学习类推到真实生活中。
Dunbar,Koretz,& Hoover (1991)	表现性评价是以超越传统评价方式,为了解学生熟练度而搜集数据的一种评价方式。
陈英豪、吴裕益(1992)	表现性评价是模拟一些标准情境之测验,其模拟程度高于一般纸笔测验,通常注重于"过程"与"作品"。
Ruiz-Primo,Baxter & Shavelson (1993)	表现性评价的结果不仅反映出学生解答的正确性,同时也显现出学生得到答案的过程。
马扎诺(Marzano,R.J.)(1993)	表现性评价是指在不同的任务和情境中,给学生机会去证明自己的理解并全面地应用知识、技能和思维习惯。
庄明贞(1995)	表现性评价结合了制式评价与真实评价的假设与事务,提供决定学习成效及外在能力的标准,同时将真实世界与课程内容相结合。
彭森明(1996)	表现性评价着重将所学与所知表现在具体的成果以及应用过程上,同时注重高层次能力的启发、思考过程和逻辑推演程序的考虑。

---

[1] JONES R W. Performance and Alternative Assessment Techniques: Meeting the Challenge of Alternative Evaluation Strategies[C]. Paper presented at the Second International Conference on Educational Evaluation and Assessment, Pretoria, Republic of South Africa, 1994:142-150.

[2] FEUER M J, FULTON K. The many faces of performance assessment[J]. Phi Delta Kappan, 1993, 74(6):478.

(续表)

作者	概　念
李坤崇	表现性评价是指专业教师编拟与学习结果应用情境相类似的模拟测验情境,让学生表现所学的知识与技能。
Frey & Schmitt	表现性测试衡量技能或者能力,有时候也可以称之为替代性评估,或者真实性评估;评分的时候经常需要主观的判断。

波帕姆(Popham,W. J.)从表现性任务、表现标准的特征,以及评分方式归纳出表现性评价是通过让学生完成某一特定任务来测评学生的状态的一种替代性评价。他认为,真正的表现性评价至少具备以下三个特征:第一,多重评估标准,对学生展示的评判必须依据多个评估标准,例如,对学生的英语口头表达能力,应该从语音、句法和词汇三个方面进行评估;第二,预定的质量标准,用以评判学生表现的每一条评估标准,必须在评判之前就已十分具体、准确;第三,主观的评估,真正的表现性评价与选择题评分的不同之处在于,它需要人的经验和智慧来决定学生表现的可接受程度。[1]

斯蒂金斯认为,以观察和专业判断来评价学生学习成就的评价方式都可以称之为表现性评价,如建构反应题、书面报告、作文、演说、操作、实验、数据搜集、作品展示等,都是表现性评价的例子。其中,档案袋评价也是表现性评价的一种形式。[2]

此外,该时期表现性评价在一定程度上与课程标准对学生的学业要求是基本一致的。例如,美国国会技术评价办公室(The Office of Technology Assessment of U.S Congress)将表现性评价定义为一种要求学生创造作品与答案的测试,这种测试可以展示学生的知识与技能。[3] 比如,小组合作学习项目能让很多学生一起计划、研究,通过内部讨论与小组呈现的方式来解决复杂的问题,以小报告的形式通过书面描述、分析、解释等过程来评估学生对某个领域的理解水平,评价学生对科学概念与开展科学论证过程的实验,给学生机会展示对学科领域内容与程序掌握程度的演讲,而档案袋收集学生各种作品与作业,能记录学生在一段时间内的各种表现,因此,这也是一种关键的表现性评价。[4]

时至今日,表现性评价作为独立于教学的测试的定义,依然没有太大的变化。例如,因提倡表现性评价而闻名全美的组织美国苹果种子项目研究机构(Project Appleseed),于2018年在其官网中提供了一项对表现性评价的基本定义,它指出

---

[1] 波帕姆·W. 詹姆斯. 促进教学的课堂评价[M]. 国家基础教育课程改革"促进教师发展与学生成长的评价研究"项目组,译. 北京:中国轻工业出版社,2003:135-137.
[2] 转引自卢雪梅. 实作评量的应许、难题和挑战[J]. 教育资料与研究(中国台湾),1998(20):1-5.
[3] The Office of Technology Assessment of U. S. Congress. Testing and Assessment in Vocational Education[R]. Washington, DC:U.S. Government Printing Office, 1994.
[4] ANDELIN J, CARSON N. FEUER J M, et al. Performance Standards for Secondary School Vocational Education[EB/OL]. (1989)[2019-03-12]. https://ota.fas.org/reports/8925.pdf.

表现性评价应该允许学生展示知识和技能,包括学生解决问题的过程,表现性评价介于一般认知结果的纸笔测试和将学习结果应用于未来真实情境的实际活动之间。① 由此定义可以发现,表现性评价的任务情境是真实生活情境之模拟,但其模拟的真实性程度在各个领域存在差异。

从布卢姆(Bloom,B. S.)的目标分类来看(见图 2-1),表现性评价所测量的高阶能力,主要是属于理解以上的层次,而不是简单的记忆。因此,在 20 世纪 80 年代末至 90 年代末,美国各州纷纷在大规模测试中使用表现性评价,以测量学生的学业成绩。

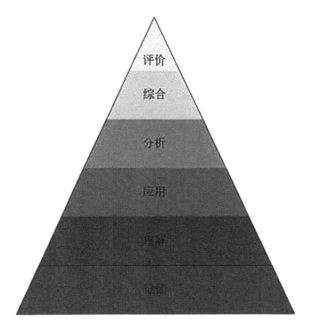

图 2-1 Bloom 的认知分类领域目标层级

根据上表中诸多学者对表现性评价的认识和定义,表现性评价独立于教学的测量。事实上,为发挥表现性评价的作用,弥补标准化测试的不足,一些国家和地区均在大规模测试中使用表现性评价。例如芬兰、新加坡、澳大利亚、英格兰,以及我国香港特别行政区。

芬兰长期实施以学校为基础的开放式项目和任务,要求学生分析、应用知识和广泛撰写。12 年级之前的表现评估,由教师根据国家课程制定。这些评估要求学生能够建构反应,开发作品,口头和用书面形式表达他们的学习,并反思质量,目标是自我评估和不断改进他们的工作。在 12 年级,高中教师和大学教师共同设计大

---

① Project Appleseed. The National Campaign for Public School Improvement. Testing, testing[EB/OL]. (2018)[2019-03-12]. http://www.projectappleseed.org/≠! assessment/cwvf.

学入学考试,贯穿整个考试的开放式项目要求学生以表现出对所研究内容的深刻理解的方式应用和解释他们的知识。

但是,表现性评价在大规模测试上的应用并不是一帆风顺的。例如,2001年美国的《不让一个孩子掉队法案》(*No Child Left Behind*)实施后,加强了问责制和标准化测试,表现性评价在大规模测试中的使用开始减少。在过去20年中,K-12学校的评价实践都"逃避"表现性评价,而采用多项选择题、填空题、判断题、公式化写作等题目对学生进行测评。然而,当学界开始对《不让一个孩子掉队法案》的实施效果开始反思的时候,发现这种标准化测试的问责制强化了学生的浅层知识,不利于学生的发展。因此,各州的大规模测试纷纷开始转型,逐渐增加表现性评价的使用。其中转型的典型代表是康涅狄格州,该州在2007年开始向教师推荐嵌入课程和教学的表现性评价项目。2011年,俄亥俄州等也开始实施进入课程和教学的表现性评估项目。

那么,表现性评价为什么会出现进入课程和教学的转向呢?一项关于美国各州在表现性评价应用上的调查显示,把表现性评价应用于教学,维持和促进了表现性评价在大规模测试中的应用。事实上,表现性评价正以更迅猛的姿态进入课程和教学,并成为其发展的重要方向。

二、路向:进入课程与教学

表现性评价进入课程和教学的动力是多方面的。从内因来分析,表现性评价不仅能够评估学习结果,更能够评估认知过程,这一特点使其对课程和教学具有天生的亲和力。这是标准化测试中的多项选择题所不具备的。评估专家沙埔德等发现,当教育工作者直接教授特定高风险测试的内容和形式时,学生经常无法将他们的知识转移到其他测试项目中去。从外因来看,评价范式的转型,基于标准的教学与评估的发展为表现性评价进入课程和教学提供了机遇,特别是培养学生素养的需求,更是引发了表现性评价在课程与教学中的深度应用,因为这样能够建立更加平衡的评估系统。

事实上,对于表现性评价进入教学的研究则从20世纪90年代就开始了。斯蒂金斯、威金斯和马扎诺均是代表人物。1993年,这些表现性评价先驱在多年工作的基础上,分别出版《评定学生的表现:探索测验的目的与局限》(*Assessing Student Performance:Exploring the Purpose and Limits of Testing*)和《以学生为中心的课堂评定》(*Student-Centered Classroom Assessment*)。这两本书为表现性评价应用于教学的理论建构和实践应用奠定了基础。[①]

斯蒂金斯倡导把表现性评价应用于课堂教学中去。他认为,评价就是对学生学习信息的收集,教师应该据此作出教学决策。因此,评价应该进入日常教学中

---

① 比尔·约翰逊.学生表现评定手册[M].李雁冰,主译.上海:华东师范大学出版社,2001:139-141.

去,使学生获益。①

威金斯也同样是致力于把表现性评价应用于教学的代表人物。他提出了教育性评价,认为评价目标是通过教育来改进学生的表现,而不仅是评判学生的表现。评价的教育性意味着,评价不再与教学脱离,而是教学中一个不可分割的组成部分。②

马扎诺则站在学习的视角来系统建构应用于教学的表现性评价,并且把课程标准作为设计表现性评价的最重要依据。就这一点来说,他是较早把课程标准作为表现性评价设计依据的重要人物之一。

马扎诺认为,表现性评价指的是通过各种表现任务让学生有机会展示他们的理解,并在各种情况下批判性地应用知识、技能和习惯。③ 表现性评价通常会随着时间的推移而发生,并产生有形的作品或可观察的表现。表现性评价鼓励自我评估和调节,要求根据评分规则进行判断评分,根据既定标准揭示熟练程度,并公布评分标准,有时会涉及与他人合作。④

马扎诺还认为,表现性评价运动已成为美国教育界的一股巨大力量。他描述了一个基于功能强大的教学框架"学习的模型"的表现性评价系统,因为这其中隐含着一个关键的假设,即如果评估和教学要成功必须有一个"一致性"关系。在使用学习模型的教学模式来开发这里描述的表现性评价系统时,帮助教师和其他人成功地将表现作为评价带入课堂。⑤

在美国,表现性评价更深度地进入课程和教学开始于 2009 年,以美国《21 世纪技能学习框架》的颁布为标志。在把表现性评价应用于课程和教学的视角下,其内涵和定义在侧重点上也发生了变化。

---

① 斯蒂金斯·理查德 J. 促进学习的学生参与式课堂评价[M]. 国家基础教育课程改革"促进教师发展与学生成长的评价研究"项目组,译. 北京:中国轻工业出版社,2005:7.
② 格兰特·威金斯. 教育性评价[M]. 国家基础教育课程改革"促进教师发展与学生成长的评价研究"项目组,译. 北京:中国轻工业出版社,2005:8.
③ MARZANO R J, PICKERING D, MCTIGHE J. Assessing Student Outcomes:Performance Assessment Using the Dimensions of Learning Model [M]. Association for Supervision and Curriculum Development, Alexandria, VA, 1993:13.
④ MARZANO R J, PICKERING D, MCTIGHE J. Assessing Student Outcomes:Performance Assessment Using the Dimensions of Learning Model [M]. Association for Supervision and Curriculum Development, Alexandria, VA, 1993:20-48.
⑤ MARZANO R J, PICKERING D, MCTIGHE J. Assessing Student Outcomes:Performance Assessment Using the Dimensions of Learning Model [M]. Association for Supervision and Curriculum Development, Alexandria, VA, 1993:20-48.

表2-2 倡导表现性评价进入教学的代表人物及其对表现性评价的定义

作者	概　念
Oberg(2010)	表现性评价一般可以描述为"一种或多种方法测量学生的过程、技能和学业成就",表现性评价是"联结教学和评估的最终形式"。
Theresa A. Butori (2012)	基于结果的表现性评价设计应具备以下要素:定义能够证明其能力的结果;对评价进行完整的认知分析;评价方法应与教学背景、技术和目标保持一致;评价任务必须直接衡量结果;任务应清晰、准确、可测量;表现需要应用和其他更高阶的思维技能;任务应与现实世界相关;应明确解释评价标准;可以使用工作示例澄清标准;考虑学习者特征、先验知识和技能;有针对性地分析学习者对学习的需求;为学习者提供选择或允许个性化解决方案;在表现之后,向学习者提供描述性反馈。[①]
Corcoran, Dershime & Tichenor(2014)	表现性评价的共同特征应该包括要求学生表演、创作或制作某些东西;挖掘高级思维和解决问题的能力;使用呈现具有意义的教学活动的任务;涉及真实世界中的应用;在评分中运用人类的判断力。
Lynne & Christopher (2018)	从既有研究来看,表现性评价的相关的关键词和概念主要包括:技能或能力、真实性或者真实情境、任务、知识或理解、过程、社会或情感、主观打分。在此基础上,表现性评价可以作为一种任务或者作品的评估,基于主观判断衡量学生在真实情境下展示知识、技能,以及超越成绩或者分数之外的学生价值观、兴趣或者动机的过程。

韦伯(Weber, E.)认为,表现性评价是指在真实的生活环境中评价学生的表现,是学习过程中有意义的,有价值的重要经历,评价是学习的一部分,是不断发展变化的,成功或失败只能用学生在新的环境中应用知识和技能的具体事实说明[②]。表现性评价关注的问题是我们如何知道学生知道了什么,要求定期观察和评价学生的表现。学生应该知道评价的标准,因为明确标准不仅可以使学生知道关键信息,同时也可以给学生明确的奋斗目标[③]。表现性评价具有如下特征:需要较高层次的思考与问题解决能力、与真实生活相结合、任务具意义性与挑战性、过程与作品为评价重点等[④]。表现性评价要求学生执行或制作一些需要高阶思考或问题解决技能的事或物;评价任务(task)具有意义性、挑战性且与教学活动相结合;评价

---

① BUTORI T A. Exploring Best Practices for Designing Outcomes-Based Performance Assessment: A Delphi Study [D]. Capella University,2012:110-127.
② 艾伦·韦伯.有效的学生评价[M].国家基础教育课程改革"促进教师发展与学生成长的评价研究"项目组,译.北京:中国轻工业出版社,2003:8-9.
③ 艾伦·韦伯.有效的学生评价[M].国家基础教育课程改革"促进教师发展与学生成长的评价研究"项目组,译.北京:中国轻工业出版社,2003:8-9.
④ 卢雪梅.表现性评价的应许、难题和挑战[M].教育论坛——表现性评价与案卷评价,1995.

任务能与真实生活产生关联;过程(process)和作品(product)通常是评价的重点;表现性评价中的评分规则(rubric)和标准(standards)也就是评价的重要层面,要在评价开始之前确定。因此,以下内容构成了表现性评价任务的关键特征:情境化、整体化、需要学生有完整的思考过程、与所教的课程内容相关、可以以多种方式展示知识和技能、要求能采用多种形式、自我评价与同伴评价相结合、有具体的标准、是常规阶段的学习结果、包含自我反思和个人内心反省。

美国《21世纪技能学习框架》发布之后,对于表现性评价的重视再次掀起了高潮,教育界纷纷开展系统的表现性评价研究,总结关于表现性评价的发展方向。在这一阶段学界对表现性评价有更深入的认识,提出表现性评估的重点应不仅仅放在认知方面,还可以在沟通、自我调节、协作、信息素养等方面进行评价。《让每个孩子都成功法案》的出台也推动了表现性评价在课程和教学中的深度应用。

其一,表现性评价为改进教学而进入教学。表现性评价能够提供更细致有效的反馈。表现性评价与实际教学过程有着相当密切的关系,教师可以针对表现性评价所要收集的信息来引导教学,让评价成为教学的一部分。据此,表现性评价的评分与记录种类大致上可以分为三类:轶事记录、核查表及评价量表等三类[1]。

其二,表现性评价也为支持学习而进入教学。表现性评价能够促进学习方式的转变,促进复杂学习结果的产出,超越基本知识和基本技能。

美国州共同核心标准(CCSS)出台后,表现性评价在课堂中的应用研究再次掀起了高潮,涌现了一些应用项目。弗吉尼亚州在2014年对州教育法规进行了修订,取消了以前由弗吉尼亚州教育部监督的五项学习标准评估的管理,每项评估将被"替代性评价(表现性评价)"所取代。弗吉尼亚州问责制中这一重大政策变化的目的是减少标准化、固定选择型评估的使用,并促进使用更真实的表现性评价。

我国《普通高中地理课程标准(2017年版2020年修订)》将表现性评价界定为,对学生在真实情境中完成某项任务或任务群时所表现出的语言、文字、创造和实践能力的评定,也指对学生在具体的学习过程中所表现出的学习态度、努力程度以及问题解决能力等的评定。表现性评价包括:对开放式问题的笔试评价、对成果的实际操作过程及展示的评价、对日常谈话和观察开展的评价、对高层次学力状况的评价、对日常环境中的不同习惯的表现评价[2]。

因此,表现性评价最大的特点是以表现性任务为主要评价活动,在持续的教学活动中进行评价,在教学过程中运用持续的检视来评估学生的学习与成长。

三、对表现性评价演变的小结

从20世纪80年代以来表现性评价的历史演变来看,虽然表现性评价在不同

---

[1] 林玫君.国小戏剧课程之实作评量研究:建立"戏剧基本能力"之评分规则[J].教育学刊.2010,6(34):179-222.
[2] 中华人民共和国教育部.普通高中地理课程标准[S].北京:人民教育出版社,2017:42.

阶段关注的核心问题上存在一些差异,但表现性评价作为一种学术思潮在全世界范围内得到广泛应用却有其自身的逻辑。这其中传承着表现性评价的思想内核和精髓,具体来说,主要体现在以下三个方面:

第一,表现性评价是在对传统选择题与判断题的批判中发展出来的。因此,表现性评价是指对学生复杂学习结果的检测。当我们想对学生的学业成就进行评定的时候,自然而然会想起标准化测试,如高考、中考、期末考试等。这些标准化考试一般以选择题、判断题、填空题为主,这些测试题目只有一个标准答案,可以通过计算机和扫描仪来评阅。斯蒂金斯认为标准化的纸笔测试在学校评价中占有主导地位是不合理的,当前学校评价研究也建议教师使用观察和专业判断来评价学生的学业成就。[1] 由于学校中学生在很多方面的学业水平,如学生的口头表达能力、写作水平、艺术创作等,是无法通过纸笔测试中的选择题、填空题以及判断题测出来的,因此这些观察和专业判断的评价方式至少应该和标准化纸笔测试一样重要。对于低年级的学生以及某些语言与艺术类学科,教师应该主要依靠观察和专业判断来完成对学生学业成绩的测评。莱恩(Linn,R. L.)和格兰隆德(Gronlund,E.)也认为表现性评价可以测量用其他方法无法测量的复杂学习结果,学生拥有"某知识"并非表明学生"能做某事",更不等同于能把它"做好"。如纸笔测验能够有效地测量学生所了解的在公共场合演讲的相关要求,但这不代表该学生实际的演讲能力很好。[2] 因此,对于表现性评价而言,它与传统纸笔测试中的选择题、判断题和填空题有很大的差别,是对学生更复杂的学习结果的一种检测。国内也有学者指出,"表现性评价不仅评价学生知道什么,更重要的是评价学生能做什么""表现性评价不仅是对某个学习领域、某方面能力的评价,更重要的是评价学生综合运用已有知识进行实作与表现的能力"。[3]

那么,为何表现性评价能测出更复杂的学习结果,但大规模测试却仍主要采用选择题作为评价方式呢?这主要是因为选择题、填空题等标准化评价方式具有客观、有效、评分速度快等特征。特别是在参与人数众多的大型考试中,评分速度快是一个非常重要的优势,可以节省很多时间和费用。邦德(Bond,L.)指出,在标准化测试中,大量使用选择题、填空题和判断题有三种原因:一是标准化测试中的选择题比较有效、有条理且清楚;二是这些测试在开发、实施与评分上不昂贵;三是标准化测试中的选择题有很高的信效度,特别是与标准相关的效度[4]。

---

[1] STIGGINS R J. Design and development of performance assessments[J]. Educational measurement: Issues and practice,1987,6(3):33-42.
[2] 罗伯特·L.莱恩,诺曼·E.格兰隆德.教学中的测验与评价[M]."促进教师发展与学生成长的评价研究"项目组,译.北京:中国轻工业出版社,2003:183.
[3] 邵朝友,周文叶,郑东辉.在研究性学习的学生评价中应用表现性评价[J].当代教育科学,2009(8):15-17+64.
[4] BOND L. Unintended consequences of performance assessment:Issues of bias and fairness[J]. Educational Measurement:Issues and Practice,1995.14.21-24.

尽管大规模测试以选择题等标准化测试为主体，但这并不意味着表现性评价在大规模测试中都没有出现。实际上大规模测试也可以看到很多表现性评价，特别是在观察和专业判断也被证明为一种有效的评价手段之后。[①] 如在很多大规模测试中，存在大量的写作测试，而写作评价并不是以选择题、填空题和判断题的方式来完成的，而是通过教师的专业判断来评估的。如为了检测学生的批判性思维和问题解决能力，那么表现性评价就必须进入大规模测试中[②]，PISA2015对合作性问题解决能力的测评就是一个非常好的案例。只要确保评分者受过一定的训练，且在写作各个维度上达成共识，那么这种评价的信效度就有保证。在某些知识与技能的测试上，表现性评价比选择题更加可靠和客观。斯蒂金斯认为表现性评价有多种用途，比如在日常教学中使用或在大规模测试中用于专业认证等。因此，确保表现性评价的有效性和可靠性是非常重要的。[③]

第二，表现性评价是在认知心理学对传统纸笔测试无法检测出学生程序性知识的批判中发展出来的。因此，表现性评价是对学生掌握不同知识与技能、方法与素养的评价，侧重对学生学习过程进行评价。对此，有很多学者专家进行了深刻的论述。周文叶引用莱恩等人的观点指出，表现性评价绕过了作为预测或征兆的中间地带，直接对学生"能做什么"的行为表现进行评价。[④] 莱恩和格兰隆德认为表现性评价不仅能评价完成任务的结果，还能评价任务完成的过程。对于一个实验来说，既要关注实验的成功，以及充分的依据，又要通过观察学生在设计实验、使用仪器、实验技巧等方面的表现进行评价。另外它还体现了现代学习理论，把学生看作是意义建构的积极参与者，而非分散知识的接受者。因此新信息必须被积极地改造，并与学生先前的知识进行有机地整合。高质量的表现性评价重视学生的背景知识，并在此基础上进行意义建构。[⑤] 这一观点说明，表现性评价是在认知心理学对学习过程的重新诠释下得到推动并发展的。它不仅仅测量学生的学习结果，更检测学生的学习过程。这一点与斯蒂金斯的观点一脉相承，因为斯蒂金斯认为表现性评价是测量学习者运用先前所获得的知识解决新异问题或完成具体任务能力的一系列尝试。[⑥] 那么，在表现性评价中，常常运用真实的生活或模拟的评价练习来引发最初的反应，而这些反应可直接由高水平的评价者按照一定的标准进行

---

① STIGGINS R J. Design and development of performance assessments[J]. Educational measurement: Issues and practice, 1987, 6(3):33-42.
② 张一旦. 表现性评价应用于数学问题解决的行动研究[D]. 上海:华东师范大学, 2018.
③ STIGGINS R J. Design and development of performance assessments[J]. Educational measurement: Issues and practice, 1987, 6(3):33-42.
④ 周文叶. 中小学表现性评价的理论与技术[M]. 上海:华东师范大学出版社, 2014:16.
⑤ 罗伯特·L.莱恩, 诺曼·E.格兰隆德. 教学中的测验与评价[M]. "促进教师发展与学生成长的评价研究"项目组, 译. 北京:中国轻工业出版社, 2003:183-184.
⑥ STIGGINS R J. Design and development of performance assessments[J]. Educational measurement: Issues and practice, 1987, 6(3):33-42.

观察、评判，其形式包括书面报告、作文、演说、操作、实验、资料收集、作品展示等。① 周文叶认为表现性评价不仅评价学生行为表现的结果，更重要的是评价学生行为表现的过程。当前，绝大多数学生学业评价都是结果评价，我们关注的只是学生最后取得了多少成绩。而表现性评价则强调学生的实际表现及历程。②

鉴于表现性评价具有检测学生学习过程的特征，可以检测程序性知识，即学生的做事能力，表现性评价被广泛应用于数学问题解决过程、批判性思维过程等高阶思维能力的发生与发展过程的测评中。③ 如有学者将表现性评价应用于地理思维发展，并开发表现性评价如何检测学生地理思维发展过程的案例④。也有学者将表现性评价与实习教师的专业动态发展相结合，利用表现性评价来检测实习教师的实习和学习过程。⑤ 这些研究都表明，表现性评价的发展是为了探索学生学习过程的奥秘，更是为了打开学生如何学得更好的"黑箱"。

第三，表现性评价是在批判传统测验对教学的消极影响中发展出来的。由于教育评价的高利害性，教师倾向于把测验中所要求的内容作为教学的重点，学生的考试分数虽然提高了，但学生的能力却没有改变。表现性评价是一种能与教学相互呼应，且能促进教与学的新型评价方式。表现性评价受到热烈欢迎在很大程度上得益于大规模测试结果的用途变化。问责制和"高利害测试"之所以受政策制定者欢迎，是因为它们以一种非常直观的方式来回应公众对教育"危机"的关注。然而，当传统标准化选择题测试与高利害、高风险的测试相关联时，教师的教学目的只是为了在高利害考试中获得高分，这样的高利害考试让教师感到非常大的压力。教师的教学只是为了强调在考试中要考到的内容，因此这样的教学工作极大地降低了学生高阶思维和现实世界问题解决能力的发展。鉴于此，教育评价领域的决策者就呼吁对大规模测试进行改革，促使教学朝着正确的方向发展。其想法是，如果高风险测试是真实的，让学生参与现实世界的问题解决，并呼吁高阶思维，那么教学将很快沿着类似的"正确"方向发展。⑥ 美国2000年之后，有49个州目前正在使用替代性评价来进行高风险问责制测试，如表现性评价。⑦ 表现性评价越来越多地应用于衡量整个课程和整个学校的状态。学者艾思纳（Eisner, E. W.）也认为表现性评价原则上让我们有机会发展揭示个体学生的独特性，能够让教师将评价

---

① 周文叶. 超越纸笔测试：表现性评价的应用[J]. 当代教育科学，2011(20)：12-16.
② 周文叶. 超越纸笔测试：表现性评价的应用[J]. 当代教育科学，2011(20)：12-16.
③ 张一旦. 表现性评价应用于数学问题解决的行动研究[D]. 上海：华东师范大学，2018.
④ 佟柠. 以表现性评价促进学生地理空间思维能力的发展[J]. 中学地理教学参考，2015(15)：39-42.
⑤ 李政云，王攀. 美国实习教师表现性评价及其对我国教育实习评价的启示[J]. 湖南师范大学教育科学学报，2018(1)：94-98.
⑥ RESNICK L B, RESNICK D P. Assessing the thinking curriculum: New tools for educational reform[M]//Changing assessments. Dordrecht: Springer, 1992: 37-75.
⑦ CLARK D C, CLARK S N. Appropriate assessment strategies for young adolescents in an era of standards-based reform[J]. The Clearing House, 2000, 73(4): 201-204.

信息与教学整合,促进课程与教学质量的提高。①

此外,关于表现性评价研究发展的另一个动因很显然是表现性评价具有一般终结性评价所没有的特征,即表现性评价可以融入教学之中,贯彻评价即教学、评价促进教学的理念。当我们把表现性评价作为一种融入课堂教学的形成性评价方式,那么表现性评价更多发挥的是一种让学生在实施任务过程中学习的功能。如果我们很好地利用表现性评价,那么它就有可能促进学生高阶思维的发展,提升学生的做事能力,让学生发展成为一个"人"。如今,表现性评价逐渐发展成为项目化学习的核心目标和内容,以及培养学生核心素养的重要途径。②

第二节 表现性评价的要素和结构

根据本章第一节对表现性评价历史变迁的梳理发现,对于表现性评价究竟是什么以及其应用的领域有多种观点。但是,这些观点都试图在一定的情境下,揭示表现性评价的要素及其之间的关系,以此作为其应用于不同领域的基础。据此,本节对表现性评价的要素和结构进行梳理与概括。

一、表现性评价的要素

要素是指构成某个客观事物存在的最小单位,是清晰把握某个客观事物内涵的关键。因此,为了更好地把握表现性评价的概况,有必要对表现性评价的构成要素进行梳理。而且,根据本章第一节对表现性评价历史变迁的梳理发现,学者们对表现性评价的要素也有很多探讨。

1993年,在表现性评价再度兴起之际,马扎诺等人以学习思维模型为基础构建了表现性评价模型,把需要达成的标准、表现任务和评分规则作为表现性评价的基本要素。③

斯蒂金斯认为所有的表现性评估包含了4个最基本的要素:评估背后的原因、要评估的具体表现、引出表现的练习(任务)、系统性的评分步骤。④ 具体而言,评估背后的原因,也可以理解为什么要评估及为何做出进行评估的决定。要评估的表现,可以理解为可观察到的内容、技能、行为、作品。而练习,可以是自然的、预先发布的或者未发布的。评分的方法也是多样的。

---

① EISNER E W. The uses and limits of performance assessment[J]. Phi Delta Kappan,1999,80(9):658.
② 崔允漷.学习素养通过项目化学习培养[M]// 夏雪梅.项目化学习:学习素养视角下的国际与本土实践.北京:教育科学出版社,2018.
③ MARZANO R J, PICKERING D, MCTIGHE J. Assessing Student Outcomes: Performance Assessment Using the Dimensions of Learning Model [M]. Association for Supervision and Curriculum Development, Alexandria, VA, 1993:20-48.
④ STIGGINS R J. Design and Development of Performance Assessments[J]. Educational Measurement Issues & Practice,2010,6(3):33-42.

威金斯通过确定要评价的内容、设计情境中的评价任务、阐述评分规则以及明确设计流程中的限制四个步骤来呈现表现性评价的要素和结构。[1]

近些年,学界对表现性评价的构成要素的认识也没有发生实质性的变化。例如,2017年,斯坦福大学评估、学习和公平中心再次提出了表现性评价开发的模型,把确定学习结果、设计评分规则和表现任务也作为表现性评价的基本要素。

在我国,徐岩等在生物学科中应用表现性评价的过程中提出了表现性评价的构成要素,包括明确评价目的、确定评价标准、选择表现类型、设计表现任务、制定评分规则、实施并选择样例。[2] 其实,徐岩等对表现性评价要素的观点和国外学者的认识基本一致,即表现性评价具有三个基本要素。因为一般而言,表现性评价的实施需要有要求学生执行的表现性任务、有用以判断结果和表现的评价标准,以及期望学生能够表现出来的学习结果。[3] 据此,周文叶认为表现性评价包括居于课程核心的目标、真实情境中的表现性任务和判断学生表现的评分规则三个构成要素。[4]

由上可知,国内外学界对表现性评价要素的认识基本达成了一致,即前文中所系统论述的评价任务(assessment task)、表现和建构(construction)三个基本要素。下面将分别介绍表现性评价三个要素的内涵和特征。

(一)表现目标

表现目标是指向地理核心素养的表现性评价的灵魂。"目标"是预期的学生学习成果[5],统摄任务与量规,目标让学生意识到自己学习的需求、提高和改进的方向[6],因此,在设计表现任务或评分标准之前,应该编写明确的目标[7]。

本研究在第一章呈现了表现目标的内涵,即核心素养目标,是让内隐的包括关键能力和必备品格在内的核心素养,通过具体的情境和任务(行为条件)表现出来,所表现出来的结果就是表现目标。

正是因为本研究中的表现目标的本质体现着核心素养的特质,同时又具备目标的一般功能,因此,表现目标具备以下特征:

关键性。表现目标所指向的应该是关键能力。"素养"的英文"competency"也被翻译为"能力"。作为培养目标的"素养"应该是关键和重要的,因此"核心素

---

[1] WIGGINS G. Creating tests worth taking[J]. Educational Leadership,1992,49(8):26-34.
[2] 徐岩,吴成军.中学生物学科中的表现性评价及其实例[J].课程·教材·教法,2011(8):75-80.
[3] 周文叶.中小学表现性评价的理论与技术[M].上海:华东师范大学出版社,2014:53.
[4] 周文叶.中小学表现性评价的理论与技术[M].上海:华东师范大学出版社,2014:54.
[5] ROGERS G, SANDO J. Stepping Ahead:An Assessment Plan Development Guide[M]. Terra Haute, Indiana:Rose Hulman Institute of Technology,1996:3.
[6] TIKNAZ Y, SUTTON A. Exploring the Role of Assessment Tasks to Promote Formative Assessment in Key Stage 3 Geography:Evidence from Twelve Teachers[J]. Assessment in Education:Principles, Policy and Practice. 2006,13(3):327-343.
[7] MOSKAL B M. Recommendations for Developing Classroom Performance Assessments and Scoring Rubrics[J]. ERIC Clearinghouse on Assessment and Evaluation,2003:1.

养"的英文"key competency"也被称为"关键能力"。OECD 的"素养的界定与遴选:理论和概念基础"(Definition and Selection of Competencies: Theoretical and Conceptual Foundations,简称 DeSeCo)项目团队确定的核心素养的内涵为:覆盖多个生活领域的、促进成功的生活和健全的社会的重要素养[1]。美国的《21世纪技能学习框架》则关注以下方面:①认知能力,如批判性思维和问题解决;②元认知能力,如反思或反省;③社会能力,如沟通交流和合作等[2]。中国学生核心素养是指学生在接受相应学段的教育过程中,逐步形成的适应个人终身发展需要的关键能力和必备品格[3]。表现目标聚焦的正是上述领域。

整合性。借鉴"三维目标"曾割裂的问题,指向核心素养的表现目标应该具备整合性。而且这种整合不是一种妥协,而是一种必须。因为这种整合必然发生在具体的、特定的任务情境中,个体需要综合运用相关的知识技能、思维模式、探究技能以及态度和价值观等在内的动力系统,来解决问题、完成任务,从而证明自己的素养。因此,也有不少学者认为,核心素养是"三维目标"的整合[4]。

真实性。在课堂实践层面上的表现目标,需要具备三个方面的**真实**:尽可能**真实**的情境(行为条件),学生**真实**的表现,从而体现学生**真实**的核心素养。

明晰性。表现目标应该具有实践引领力,这就需要运用规范的方法清晰地叙写,例如运用 ABCD 法则,也就是以学生为行为主体,运用可观察的行为动词,在一定的行为条件下,描述学生的表现程度。

统摄性。能够促使教学方式、学习方式、评价方式与表现目标的达成相适应。在指向核心素养或关键能力的表现目标统摄下,教学的功能在于创设尽可能真实、合理的情境任务;学习的过程就是学生在与情境的持续互动中,不断解决问题、提升思维观念和发展探究技能等;评价的过程就是不断获取学生表现的证据,从而判断素养发展状态并促进学习和改进教学[5]。

在前述有关表现性评价的定义中,有不少是以表现性评价的目标指向,也就是评价高水平的建构为特征来呈现的。

(二) 表现任务

表现性评价就是通过评价学生在完成表现任务过程中的表现来判断学生内在素养的真实建构特征和水平。史维特(Sweet,D.)曾指出,表现性评价要求学生去

---

[1] 张娜. DeSeCo 项目关于核心素养的研究及启示[J]. 教育科学研究,2013(10):39-45.
[2] GRIFFIN P, MCGAW B, CARE E. Assessment and teaching of 21st century skills [M]. Dordrecht: Springer, 2012:18-19.
[3] 核心素养研究课题组.中国学生发展核心素养[J].中国教育学刊,2016(10):1-3.
[4] 杨向东. 核心素养与我国基础教育课程改革的关系[J]. 人民教育,2016(19):19-22.
[5] 杨向东. 核心素养与我国基础教育课程改革的关系[J]. 人民教育,2016(19):19-22.

完成一个任务，而不是从已经列好的清单中选择一个答案。① 艾拉逊（Airasian, P.）将表现性评价定义为"对学生开展某项活动（activity）或生成某种作品（product）的技能的观察或判断"。② 斯蒂金斯认为，在表现性评价中，常常运用真实的生活或模拟的评价练习来引发最初的反应，而这些反应可直接由高水平的评价者按照一定的标准进行观察、评判，其形式包括建构反应题、书面报告、作文、演说、操作、实验、资料收集、作品展示。表现性评价中的表现任务承载着对内在真实建构的激发，需要具备以下特征：

1. 真实情境中的表现任务

威金斯强调，学生在真实情境中去表现其所知与所能，完成一个活动，或制作一个作品，以证明其知识与技能即是表现性评价③。接近真实情境，把习得能力迁移或转换至真实生活，所评价的内容与实际生活相接近，完成任务具有高度保真性。艾拉逊（Airasian, P.）、帕特里克（Patrick）和莫里森（Morrison）与威金斯一样持有上述观点④。

威金斯认为表现性评价总是伴随着表现任务展开的，而且这些任务往往在接近真实情境的条件下展开，并认为，距离真实的情境越近，任务越复杂就越能够评价出学生真实的学业成就。因此，表现性评价也被称为真实性评价。在本书中，研究者把两者视为等同。

某项任务及其施测条件对目标情境的保真程度（degree of fidelity）体现了该表现任务的真实性程度。⑤ 保真性作为计算机模拟领域中的一个常用术语，也可以用来描述某个模拟场景和现实的接近程度。越能"原貌"再现目标情境中该任务的情形、要求和实施条件，这个表现任务就越真实。⑥

由此可见，表现任务需要在真实的情境中发生，而且"真实"的意涵包括两个，一是情境要尽可能真实，二是任务完成的过程要与专家的探究过程，或者是完成此类任务的情境相类似。

2. 生成性的表现任务

一般意义而言，个体在任何任务或问题情境中的外在行为及其产生的结果都可以被称为是一种表现。学生在传统纸笔考试中正确选出某个选择题的选项，也同样是一种表现。但是，表现性评价作为一种非主流评价形式，与传统的以选择题

---

① MESSICK S. Validity of psychological measurement: Validation of inferences from person's responses and performances as scientific inquiry into score meaning[J]. American Psychologist, 1995, (50):741-749.
② AIRASIAN P W. Classroom Assessment[M]. New York, NY:Mc Graw-Hill, 1991:252.
③ 周文叶. 表现性评价的实施[M]//王少非主编. 课堂评价. 上海:华东师范大学出版社, 2013:109.
④ 李坤崇. 多元化教学评量[M]. 台北:心理出版社, 1999:134.
⑤ HERRINGTON J, HERRINGTON A. Authentic assessment and multimedia: How university students respond to a model of authentic assessment[J]. Higher Educational Research & Development, 1998, 17(3):305-322.
⑥ 杨向东. "真实性评价"之辨[J]. 全球教育展望, 2015, (5):46.

为题型、以纸笔考试为测试方式的标准化考试有着显著的区别①。正如上文所列举的表现性评价的各种任务，表现性评价中所强调的"表现"是学生的一种积极主动的生成性活动(productive activity)②，例如：开展辩论、表演戏剧和在公开场合演讲等③；回答简单或复杂开放性问题、写文章、做实验④；或是专题性学习、研究或调查，并在此基础上展示作品，如调研报告、绘画、设计作品等⑤。

因此，学生展现其任务解决的实际过程和结果，而不是在选择题形式下被动的选择，才是表现性评价所评价的"表现"。正如艾拉逊(Airasian)将表现性评价定义为"对学生开展某项活动(activity)或生成某种作品(product)的技能的观察或判断"⑥。

(三) 评分规则

鉴于对表现性评价在精准专业判断上的特殊性，周文叶对表现性评价做出如下定义：在尽量合乎真实的情境中，运用评分规则对学生完成复杂任务的过程表现或/与结果做出判断⑦。从这个定义可知，评分规则是表现性评价中一项重要的构成要素，是在表现性评价中常用的一种评分记录工具。《韦氏词典》中"rubric"有"早期文稿中，用红色装饰性字体写成以与其他部分区分"的含义。普林斯顿大学在线英文词典中"rubric"指"权威性规则"等。由此可见，评分规则与权威规则，尤其是"红色"有着联系。⑧ 评分规则与核查表(checklist)相区别，也被称为"量规""评分细则"等。

许多研究都表明，评分规则不仅能够帮助不同评分者对学生完成任务的表现做出较为一致的判断，保证评分的公平性，还能产生积极的评价效应。如琼森(Jönsson, A.)与斯温伯(Svingby, G.)通过归纳关于在表现性评价中使用评分规则的 75 项实证研究发现，虽然使用评分规则并不能加强表现性评价本身的效度，但是可以提高表现性评价的评分信度。⑨

---

① KHATTRI N, SWEET D. Assessment reform: promises and challenges[M]//KANE M B, MITCHELL R. Implementing performance assessment. Mahwah, NJ: Lawrence Erlbaum Associates, 1995:1-22.
② WIGGINS G. Assessing student performance[M]. San Francisco: Jossey-Bass Publishers, 1993:12.
③ ELLIOT S N. Authentic assessment: An introduction to a neobehavioral approach to classroom assessment[J]. School Psychology Quarterly, 1991, 6(4):273-278.
④ ELLIOT S N. Authentic assessment: An introduction to a neobehavioral approach to classroom assessment[J]. School Psychology Quarterly, 1991, 6(4):273-278.
⑤ DARLING-HAMMOND L, WENTWORTH L. Benchmarking learning systems: Student performance assessment in international context[M]. Stanford, CA: Stanford University, Stanford Center for Opportunity Policy in Education, 2010.
⑥ AIRASIAN P W. Classroom assessment[M]. New York, NY: Mc Graw-Hill, 1991:252.
⑦ 周文叶. 中小学表现性评价的理论与技术[M]. 上海：华东师范大学出版社, 2014:53.
⑧ 丹奈尔·D.史蒂文斯, 安东尼娅·J.利维. 评价量表——快捷有效的教学评价工具(第 2 版)[M].陈定刚,译. 广州：华南理工大学出版社, 2014.
⑨ JÖNSSON A, SVINGBY G. The use of scoring rubrics: Reliability, validity and educational consequences[J]. Educational Research Review, 2007, 2(2):130-144.

1. 一套包含不同目的、指标和水平的复杂标准

关于评分规则的表达非常丰富,许多学者从评价目的、结构特征等多方面对评分规则进行定义,本身就说明评分规则是一套复杂的专业评估标准。

学生的各种表现及其完成的作品是复杂的。为了能够精准评价并提供反馈,就需要从各个维度或用各种指标来评价学生,并建立各个指标上的表现质量和水平,再用恰当的方式表达出来。因此,不同的学者就给予了评分规则不同的定义。例如,沃尔夫(Wolf,K.)和史蒂文斯(Stevens,E.)曾指出,评分规则是为了评价学生作品和表现的具有多重目的的评分指南[1]。波帕姆指出评分规则至少由三种要素组成:一是评估标准,包含用来决定学生反应质量的各种指标;二是描述评估标准在质量上的区别;三是说明是使用整体评分法还是分项评分法[2]。阿特(Arter,J.)与麦克泰格(McTighe,J.)认为,评分规则一般会伴有成果或表现的具体例子,以阐明量表上的不同评分点[3]。威金斯认为,评分标准包含一个有若干分值组成的量表,由这些分值构成一个质量的连续统一体。评分规则对每个水平的表现都有相应的描述语。有时,在描述语中或在它的下面会用指标,给出表示每个水平的范例或显眼的具体标志[4]。

因此,评分规则作为教师或评价专业人员开发的评价工具,事先详细地规定了学生的所要达到的学习目标的标准,并通过学生自评、互评来开展对学生的复杂表现或作品的评价,因此是一种较为精准的专业评价[5]。

2. 能够适应多种表现任务的评分规则

评分规则一方面是针对表现任务开发的评价,但同时也是对建构特征和水平的深层次挖掘。根据评分策略、适用范围和表现水平等不同方面,评分规则分为整体评分规则和分项评分规则、通用评分规则和专项评分规则、简化评分规则和完整评分规则。使用者可以根据不同的评价任务或者是评价情境进行使用。

整体评分规则就是对学生的作业或者表现进行整体评价,并在此基础上给出一个总分[6]。分项评分规则要求对学生表现的不同维度分别进行评分[7]。两者可

---

[1] WOLF K,STEVENS E. The Role of Rubrics in Advancing and Assessing Student Learning[J]. Journal of Effective Teaching,2007,7(1):3.
[2] 波帕姆·W. 詹姆斯 促进教学的课堂评价[M]. 国家基础教育课程改革"促进教师发展与学生成长的评价研究"项目组,译. 北京:中国轻工业出版社,2003:142.
[3] 阿特,麦克泰格. 课堂教学评分规则[M]. 国家基础教育课程改革"促进教师发展与学生成长的评价研究"项目组,译. 北京:中国轻工业出版社,2005:8.
[4] 威金斯. 教育性评价[M]. 国家基础教育课程改革"促进教师发展与学生成长的评价研究"项目组,译. 北京:中国轻工业出版社,2005:136.
[5] 邵朝友. 评分规则开发与应用研究[D]. 上海:华东师范大学硕士论文,2007:13.
[6] 阿特,麦克泰格. 课堂教学评分规则[M]. 国家基础教育课程改革"促进教师发展与学生成长的评价研究"项目组,译. 北京:中国轻工业出版社,2005:18.
[7] 罗伯特·L.莱恩,诺曼·E.格兰隆德. 教学中的测验与评价[M]. 国家基础教育课程改革"促进教师发展与学生成长的评价研究"项目组,译. 北京:中国轻工业出版社,2003:186.

以互补。

通用评分规则在相似的任务中是通用的,而专项评分规则只能应用于一种任务[①]。通用评分规则的主要优点就在于省时省力,但是在有些具体任务相对特异性较强时,较难使用,而使用专项评分规则对评分来说更加容易[②],但是也需要反映出学生深层次的真实建构。

简化评分规则采用的是整分值,例如将所有表现划分为 4.0 分、3.0 分、2.0 分、1.0 分和 0.0 分五个等级水平,每一个水平有不同的评价标准和要求。完整的评分规则是在整分值的基础上增加了半分值,如在 4.0 分与 3.0 分之间还有 3.5 分,原先的五个等级水平就变为九个[③]。或者是采用字母表达,在 A 级和 C 级之间有一个 B 级作为半分值的表达。

3. 评分规则精细化诠释"表现"的效能

评分规则也被称为"评分准则",是标记表现任务成功水平的标准尺度,以及描述与各个水平尺度相对应的学生表现的具体特征——描述语所构成的评价量规[④]。可以说,评分规则就是对学生的学习表现究竟有多好的详细"诠释"。

评分规则有一个重要的特征就是实现了对学生表现进行质性和量化双向评价,既显示了学生的作品有哪些特征,又表明了这些特征所对应的分值[⑤]。

评分规则让表现性评价的信度和效度得到了提高。而且简洁的评分规则能够更加快捷地获取学生学习的情况,而不是要等到课堂学习之后,学生通过课后作业,以及教师作业批改之后才能获得。不同类型的评分规则能够应用于不同的情境中,满足不同的评价需求。例如,达标型的评分规则,能够帮助教师快捷地获得学生表现的基本情况;比较详细的等级式评分规则能够给予详细的形成性反馈,有评分指南的评价量表能够支持个性化、灵活的形成性反馈,评分结果则能够给予总结性反馈[⑥]。

综上所述,表现性评价具有三个基本的要素:表现目标、表现任务和评分规则。这三个要素符合评价活动的三个基本要素,又同时具有表现性评价自身的重要特征,例如表现目标的高阶性和综合性、表现任务的真实性以及评分规则的专业复杂性等。但是,三要素之间并不是割裂的,而是密切相连并形成了一种结构。

---

① 阿特,麦克泰格.课堂教学评分规则[M].国家基础教育课程改革"促进教师发展与学生成长的评价研究"项目组,译.北京:中国轻工业出版社,2005:25.
② 周文叶.中小学表现性评价的理论与技术[M].上海:华东师范大学出版社,2014:122-123.
③ 唐玉霞,马兰.教学评估量规的编制及应用[J].远程教育杂志,2011,29(06):89.
④ 田中耕治,松下佳代,西冈加名惠,三滕亚沙美.学习评价的挑战——表现性评价在学校的应用(第2版)[M].郑谷心,译.上海:华东师大出版社,2015:72.
⑤ 田中耕治,松下佳代,西冈加名惠,三滕亚沙美.学习评价的挑战——表现性评价在学校的应用(第2版)[M].郑谷心,译.上海:华东师大出版社,2015:72.
⑥ 丹奈尔·D.史蒂文斯,安东尼娅·J.利维.评价量表——快捷有效的教学评价工具(第2版)[M].陈定刚,译.广州:华南理工大学出版社,2014:18.

二、表现性评价的结构

表现目标、表现任务和评分规则作为表现性评价的三要素已成为共识。表现性评价能否评出学生真实的学习结果,关键在于建立任务—表现—建构之间的"一致性"。三要素之间协同发挥评价的效能使表现性评价具有一定的结构特征。

因此,实施表现性评价也离不开最基本的三个要素:目标或标准、表现任务和评分规则(量规)。表现性评价应用于教学过程也同样离不开三个基本要素以及要素之间的基本结构。因此,包括评价目标、表现任务和评分规则这三大要素的结构,可以被称为是一种具有通用性质的"基础模型",即所有类型的表现性评价都包括这三个要素,在设计和实施表现性评价时,也要包括这三个要素。

由于结构是要素之间的关系,那么,表现性评价的结构也是其要素之间的关系。斯坦福大学学习、评价与公平中心对此做了清晰的论述,认为高质量的表现性评价应该具有教、学、评的一致性。因此,上述三个要素在应用于教学的过程中,必然需要强调三要素的一致性关系:即目标—任务、目标—量规、任务—量规的一致性;这一结构在运作的时候,通过目标、任务和量规及其之间的一致性,进入教学系统和学习系统中,从而实现教、学、评的相互融合。据此,表现性评价应用于教学的结构是指包含目标、任务、量规,并实现了三者之间一致性关系的基本结构,如图 2-2 所示。

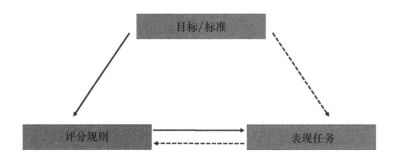

图 2-2 表现性评价的要素与结构的关系示意图

具体来说,目标/标准是模型的上位要素,整个结构以目标为起点得以建立。基于目标确定评价量规/评分规则,基于目标确定表现任务,因此目标与两者均具有一致性。评价量规/评分规则和表现任务是整个结构中具有同等重要性的要素,可以基于表现任务来确定评分规则,也可以根据评分规则的内容和特点来选择表现任务,此两者之间也具有一致性关系。

举例来说,我们分析一个由斯坦福评价、学习和公平中心(SCALE)开发的"新罕布什尔州地理特征手册"的表现任务和评分规则。

"新罕布什尔州自然特征手册"表现性评价案例概述:学生们将制作一本小册子,通过介绍新罕布什尔州的自然特征吸引人们前往。此外学生还要规划一家四口的新罕布什尔州之旅。

学科领域/课程:社会研究/地理
年级/水平:四年级
任务来源:新罕布什尔州任务中心;
作者:Carrie Daigle,Sharon DesRosiers,Amanda Tozier

新罕布什尔州地理特征手册

给学生的提示:

  A. 任务背景:

  你将制作一本小册子,说服人们根据当地地理特征访问新罕布什尔州,并撰写一篇简短的文章,列出一个四口之家的行程。

  B. 最终作品:

  你来自新罕布什尔州的旅行社,你收到一个四口之家的来信,要求你向他们发送有关他们可能访问的四个不同地点的信息,然后描述你提议的行程。

  人们前来参观新罕布什尔州的原因有很多。在一年中的所有季节,该州令人惊叹的地理特征吸引了来自各地的人们。他们不熟悉新罕布什尔州的地理特征,因此他们要求四名工作人员提供一些帮助。你已被聘请制作宣传册并计划行程。

  1)你必须从以下类别中选择四种不同的地理特征:山脉、湖泊、河流、海洋、森林。

  2)接下来,你应该提供一张显示每个要素位置的地图。

  3)你将选择可在每个地理特征上完成的活动。提供书面说明,说明支持一年中访问和完成所选活动的最佳时间的理由。

  4)然后解释每个功能的相对位置:哪个城镇或城市最接近该特征?该地理特征与另一个地理特征有多接近?

  5)在你选择的季节中展示每个功能的图片。

  6)最后,写三段话描述你提议的旅行。除了你对旅行的描述外,请务必解释你做出选择的原因。

  你的宣传册将包括:封面、标题、有地理特征的新罕布什尔州地图。

  C. 你需要在此任务上展示的知识和技能:

  知识:自然地理和人文特征之间的区别;主要山脉、湖泊、河流、海洋和森林等自然地理特征;相对位置和绝对位置。

  技能:确定新罕布什尔州内的地理特征及其位置;给出理由证明人们为什么要访问我们的州;使用技术查找有关所选地理特征的信息;使用技术来定位补充宣传册的视觉效果。

  D. 时间要求:四个课时。

  评分:你的作品将使用新罕布什尔州地理特征手册的规则评分,请确保熟悉其中的标准。

表 2-3　新罕布什尔州地理特征手册标准

课程标准	4	3	2	1
确定新罕布什尔州的地理特征。包括附近城镇或特殊的位置。了解地理环境提供机会或限制的方式。	包含 3 中的标准,附加:我解释了四个地理特征中每个特征为访问者提供的机会和限制,以及这四个特征如何成为一个连贯的行程。	我在地图上准确地确定了新罕布什尔州四个地理特征的位置。并描述其相对位置。我解释了四种地理特征中每一种为游客提供的机会。	我在地图上准确地确定了新罕布什尔州的两个地理特征的位置。并且模糊或不准确地描述其相对位置。我解释了四个地理特征中为访客提供的一些机会。	我准确地确定了新罕布什尔州 0—1 个自然地理特征的位置。我解释了四个自然地理特征中的一个为访客提供的机会。
在主题或文本上可写下有支撑、有理由和有信息的观点。	我列出了针对特定受众的四种地理特征中的每一种的活动。	我准确地确定了我手册中四个地理特征中的每一个的活动。	我准确地确定了手册中某些地理特征的活动。	我确定了不适合我手册中的地理特征的活动。
清晰、连贯的写作,文章的发展和组织符合任务和目的。	我的写作有较强的推理和组织,能吸引读者,提供令人信服的来访问新罕布什尔州各种地理特征的理由。	我的写作清晰而有条理,让我的读者确定要访问的新罕布什尔州地理特征。	我的写作有时不完整或不清楚,让我的读者接触到与新罕布什尔州地理特征相关的一些选择。	在解释新罕布什尔州地理特征的重要性时,我的写作不清楚或内容有限。
使用技术工具(包括数字媒体和互联网)收集、解释和分析信息。	符合 3 中的所有标准,附加:我收集了足够的信息和插图,以便在计划我的宣传册时有很多选择。	我正确有效地使用提供的工具(无论是笔记本电脑、平板电脑、台式电脑等)来收集和解释来自互联网的信息。正确引用网络资源。	我使用提供的工具来收集和解释互联网上的信息,但我的选择可能与我的宣传册无关或者网络资源可能没有被正确引用。	我不使用提供的工具来收集和解释互联网上的信息。

通过研究"新罕布什尔州地理特征手册"的表现目标、表现任务和评分规则,我们能够看到学生要完成的表现任务是制作一个手册,这份手册激发学生展现出其应该达到的表现目标,通过一个精细描述作品特征的评分规则,能够准确且专业的评量学生作品的完成情况,并以此来推断其达成目标的情况,体现出了目标—任务—量规之间的一致性结构。

第三节　表现性评价的功能和局限

从上述对表现性评价的历史演变、要素结构的论述中可以看出,表现性评价相对于传统的纸笔测试,具有明显的优势,但也具有一定的局限。因为传统的纸笔测试依然占据着课堂评价的核心位置。[①] 为了更加全面地了解表现性评价,本节探讨表现性评价的功能和局限,以便发挥表现性评价在地理教学中应用的价值和功能,同时尽量避免表现性评价在地理教学中应用时可能产生的局限。

一、表现性评价的功能

（一）评价功能：弥补传统纸笔测试的不足

从前文对表现性评价历史变迁的梳理中,我们看到表现性评价从对传统纸笔测试的不满发展而来。因此,作为一种新型评价方式,表现性评价在评价内容方面不仅能够评价复杂学习结果,而且能够评价学习过程或者是认知过程,从而弥补了传统纸笔测试的不足。

1. 评价更为复杂的学业目标

首先,斯蒂金斯和威金斯两位代表人物所提出的表现性评价所能评价的学业目标就比传统纸笔测试的内容要复杂。

在斯蒂金斯看来,不是所有的学业目标都适合使用表现性评价,需要明确与表现性评价匹配的学业目标(见表2-4)。斯蒂金斯特别指出对于知识的评价并不适合采用表现性评价。

威金斯认为表现性评价要求学生运用多种技能及策略来解决问题,并使学生的学习类推到真实生活中。与斯蒂金斯相比较,威金斯认为以下四种学业目标适合表现性评价(见表2-5)。

尽管威金斯列举了如此多的表现性评价可以评估的学习结果,但是他认为表现性评价最重要的评价目标在于对理解的评估和促进,要使用核心的表现任务来评价学生的理解力是否变得更加熟练。[②]

---

① 周文叶.中小学表现性评价的理论与技术[M].上海:华东师范大学出版社,2014:190.
② 斯蒂金斯.促进学习的学生参与式课堂评价[M].国家基础教育课程改革"促进教师发展与学生成长的评价研究"项目组,译.北京:中国轻工业出版社,2005:81.

表 2-4　斯蒂金斯认为与表现性评价匹配的学业目标①

评价目标	表现性评价
推理能力	通过观察学生解决问题的过程,或审视其成果来推断
表现性技能	观察学生的实际操作
创建结果的能力	执行创建结果的能力和成果本身的特征
情感倾向	通过行为和成果推断

表 2-5　威金斯认为与表现性评价匹配的四种学习成就

学习产出	诗歌、散文、图表、展品、图纸、地图等
复杂认知过程	获取、组织和使用信息的技巧
可观察的表现	身体的运动,诸如舞蹈、体操、打字、口语表达、使用仪器设备、实验程序等
思维习惯和社会技能	行为习惯(如坚持和合作)和识别技能

作为表现性评价的又一代表人物,马扎诺在分析内容标准和终身学习标准的基础上,与学习维度建立关联的表现目标、开发表现任务和评分规则。马扎诺认为五类终身学习标准与表现性评价密切相关:①复杂的思维标准;②信息处理标准;③有效的沟通标准;④合作/协作标准;⑤深度思考的习惯。同时需要结合五种重要的学习维度来开发表现性评价:第 1 维:积极的态度和对学习的感知;第 2 维:思考需要获取和整合新知识;第 3 维:思维需要扩展和提炼知识;第 4 维:思考需要有意义地使用知识;第 5 维:有效思考的习惯。② 马扎诺在上述框架的基础上,提供了各学科表现任务的样例,其中地理学科的样例如表 2-6 所示。

---

① 斯蒂金斯.促进学习的学生参与式课堂评价[M].国家基础教育课程改革"促进教师发展与学生成长的评价研究"项目组,译.北京:中国轻工业出版社,2005,162.
② MARZANO R J, PICKERING D, MCTIGHE J. Assessing Student Outcomes: Performance Assessment Using the Dimensions of Learning Model[M]. Alexandria, VA: Association for Supervision and Curriculum Development,1993:13.

表 2-6 马扎诺的地理表现任务案例①

实验探究任务：

我们一直在学习气候、文化和地形，也一直在讨论为什么人们生活在某些地区。虽然有些人无法选择他们居住的地方，但其他人却可以。为什么人们选择在我们州生活？为什么有人说他们不想住在我们州？选择这两个问题中的一个，并写出人们选择居住或不居住在这里的三个可能的原因（假设）。提出与气候有关的一个可能的原因（例如，"人们住在这里是因为它的湿度很低"），涉及文化的一个原因（例如，"人们因为体育和休闲活动而生活在这里"），还有一个与地形有关的原因（例如，"人们不在这里居住，因为它距离海洋很远"）。选择一个假设并设置一个实验来测试它。准备在口头报告中与班级分享你的结论。你的报告应该包括你如何证明你的假设说明、你的实验的描述，以及结果如何支持或不支持你的假设。

内容标准（社会研究与科学）

你对文化、气候和地形概念的理解。

终身学习标准

复杂思维

实验探究

你有能力用适当和可接受的事实、概念或原则（文化，气候和地形概念）准确解释一个现象（即人们选择居住还是不居住在这里的现象）。

有效沟通

你有清楚地表达想法的能力。

上述三位代表人物在表现性评价兴起之初，就系统地提出了表现性评价所聚焦的内容，其价值所指即超越传统纸笔测试的局限性，不再仅仅关注于对知识的评价，而是把目光投向了更加广阔、对于学生的终身发展更有价值的领域，包括认知水平与认知过程、创建复杂作品或开展复杂活动的技能，以及超越认知的非认知领域，如合作交流、沟通表达能力等等。

随后，表现性评价也在不断拓展和深入自己所能评价的领域。例如，1995 年，美国密苏里州在公办学校试点表现性评价嵌入课堂教学的 Show-Me 评价计划。此项计划在信息技术、艺术、美术、健康和体育、教育、数学、科学和社会研究中建立标准，并且旨在运用表现性评价衡量学生应用于解决问题和决策的知识和技能。为此，该计划设立了四项目标②：

目标 1：密苏里州公立学校的学生将获得收集、分析和应用信息与想法的知识

---

① MARZANO R J, PICKERING D, MCTIGHE J. Assessing Student Outcomes: Performance Assessment Using the Dimensions of Learning Model[M]. Alexandria, VA: Association for Supervision and Curriculum Development, 1993:66.

② FULTON M A. The relationship between teacher participation in the Show-Me classroom performance assessment project and student learning as based on a review of five years of program evaluation data and as measured by third grade student performance on the Missouri assessment program in communication arts test[D]. St. Louis University, 2002:4.

和技能。

目标2:密苏里州公立学校的学生将获得在课堂内外有效沟通的知识和技能。

目标3:密苏里州公立学校的学生将获得识别和解决问题的知识和技能。

目标4:密苏里州公立学校的学生将获得决策的知识和技能,并成为负责任的社会成员。

特别是在美国"21世纪技能学习框架"颁布之后,作为超越传统纸笔测试,甚至是超越对一般知识与技能评价的工具,表现性评价被高度认可。琳达·哈蒙德曾详细介绍了表现性评价在超越基本技能、帮助实现21世纪学习标准中的重要作用。其最主要的观点是传统纸笔测试或标准化测试不能评估出学生的真实能力,不能帮助学生把知识和技能迁移到新情境中,而表现性评价能够弥补这些不足之处,与此同时改变传统纸笔测试所造成的死记硬背的肤浅学习方式。通过利用学生的高阶思维技能和解释思维的能力,表现性评价还可以更全面地反映学生的优势和劣势[1]。表现性评价衡量重要学生成果的程度取决于具体的评估问题或任务。表现任务反映了与期望学生成果相关,并与工作场所和日常生活相关的重要现实表现。

2. 为学习带来精确的自我评量

从前述"新罕布什尔州地理特征手册"的表现任务和评分规则的研究中发现,评分规则让学生获得的是更加详细的反馈,而不仅仅是一个分数。通过详细的维度分项和等级描述,学生能够进行自我评估,确定自己学到了什么程度,在哪些方面有欠缺,在不断审视自己的作品和表现的过程中,发展自己的批判性思维。而传统纸笔测试中的标准答案只是为学习所提供的一种参照、一种结果的参照,对于如何思考的过程则没有太大的帮助。

评分规则有两个来源,一个是来自课程标准或者是教学目标、评价目标,例如需要评估学生问题解决的能力,则可以根据问题解决的一般过程来设计量表,评估学生解决问题的每个环节的进程,从而评价学生解决问题的能力;另一个则来自表现任务,结合具体的任务评估学生在任务中的具体表现,并进行分级,详细说明每一级的表现水平。因此,评分规则可以被认为是教学目标或者是学习目标的细化,能够为学习带来更加精准的评量。

地理教学所需要提高的地理核心素养需要改进地理技能、地理价值观以及地理思维方式。这些是标准答案所不能给予的,相比较而言这些技能特征在进行评量的评分规则时则能够发挥作用。

综上所述,表现性评价不仅能够评价复杂的学习结果,以及包括认知过程和非认知过程在内的复杂学习过程,而且能够对学习结果进行精准的评量,从而解决传

---

[1] DARLING-HAMMOND L, ADAMSON F. Beyond Basic Skills: The Role of Performance Assessment in Achieving 21st Century Standards of Learning[R]. Stanford Center for Opportunity Policy in Education, 2010:1-52.

统纸笔测试对学习的负面影响。

因此,表现性评价作为能够弥补传统纸笔测试不足的重要评价方式,有助于平衡学校评价体系,促进学校评价文化的丰盈与发展。当前的学校评价处于困境之中,与生活脱离、以甄别为主的传统纸笔测试依然是学校评价的主要方式。把考试成绩作为判断学业乃至学生的依据,造成了创新能力、实践能力、问题意识、合作精神等社会所需要的重要教育结果在学校内部被边缘化,而处于学校教育中心的是事实性知识的记忆和复述,是简单的操练和单一机械的重复。表现性评价具有兼重评价的结果与过程、与真实生活结合、完整反映学习结果、评价高阶认知思考与问题解决能力、促进学生自我决定与负责、引导高层次认知学习等功能。因此,表现性评价将有助于学校平衡评价体系,促进评价文化的发展。也正因为如此,表现性评价也被赋予了承担评价所应发挥的教育性功能。

(二)教育功能:表现性评价的评价过程和结果均指向育人

对某一事物功能的探索,其实质就是对其价值的深度思考。价值观本身就是评价最为重要的哲学基础。评价的价值就在于究竟什么才是最值得评价的。陈玉琨曾指出,评价的价值体现在关系上,在于主体满足客体的程度。个体对教育和评价的需要形成了教育的个体价值,国家和地方对教育和评价的需要形成了教育和评价的社会价值。教育评价在多大程度上满足育人的需要,才能彰显出其价值[1]。因此,表现性评价所具有的育人价值就是其最为重要的功能。

从评价和教育的关系来看,评价是为教育服务的。作为教育评价,评价中最有价值的就应该是教育所追求的。基础教育的使命就在于是否能够持续关怀学生的可持续发展。[2] 因此,教育评价的最终目的是实现教育质量的提高,促进学生身心全面发展。评价被认为是评价主客体之间开展的一种交往活动,其主要功能在于促进反思、理解和创造,而不是评判。评价不仅仅有判断价值的作用,还有发现价值和提升价值的作用[3]。而表现性评价无论在判断价值,还是在发现育人价值和提升育人价值方面均具有独特的优势,因为无论是表现性评价的评价过程,还是评价结果均指向着育人。

1. 表现性评价的结果指向育人

素质教育是我国教育改革的指导思想和基本教育价值观。素质教育关注个性教育,尊重每一个学生个性发展的独特性和整体性。同时,素质教育既倡导学生在知识、能力和价值观上的共同素养基础,也提倡为每个学生的个性发展提供自由创造的空间,即自由教育。与素质教育相对立的是"应试教育"。因而,素质教育实施的瓶颈就在于评价。

---

[1] 陈玉琨,李如海.我国教育评价发展的世纪回顾与未来展望[J].华东师范大学学报(教育科学版),2000(1):1-12.
[2] 杨启亮.为教学的评价与为评价的教学[J].教育研究,2012(7):98-103.
[3] 刘志军.教育评价的反思和建构[J].教育研究,2004(2):59-64.

表现性评价与素质教育价值观相一致[①]。素质教育评价观提出了与传统评价观相比较的一些转变标志,即从"选拔"转移到"发展"的评价目的;从单纯"智育"走向"五育"的评价目标;从"武断"走向"灵活"的评价结果解释,从"相对"走向"绝对"的评价标准等[②]。

我们从下列关于表现性评价的内容和目标中可以发现表现性评价与素质教育评价观的契合度。表现性评价能够评估高阶水平的认知技能而不是知识再生产的评价,不仅关注对认知的评价,也包括对元认知、情感和社会维度以及心理动力技能的评价,能够评价一些非认知的产出,诸如自我指导、与他人合作的能力、社会意识等[③]。这种对于学习者情感领域的关注,折射出受教育者对于复杂任务中涉及的任务表现不只是信息的记忆、形成概念、归纳和问题解决,它也包含成功完成这些复杂任务的个人的心理和行为习惯或特征,也称为心理习惯、人际关系或社交技能[④]。

在立德树人的教育理念下,在当今追求核心素养发展的潮流中,表现性评价更成为培育学生核心素养的重要评价方式。核心素养下的学业成就是一个包含"知情意行"等多方面复杂变化的整体,需要采取多种评价方法考查学生表现,不仅是知识和技能,还需要了解学生的思维能力、动机水平等等。素养评价时代,关注在真实的"情境"下开展评价,强调学生在一种复杂的、非结构化的条件下解决问题。学生需要从情境中剥离出基于学科知识的问题,运用相关知识和技能解决问题,再将其运用到真实情境中去。所评价的是知识的产生、演绎和应用的全过程[⑤]。如前所述,不难发现表现性评价正是素养评价时代不可或缺的评价方式,发挥着提升学生核心素养的重要作用。

2. 表现性评价的过程指向育人

素质教育价值统摄下的教育评价是"人性化评价",旨在欣赏与创造"内在价值"。所谓"欣赏"是指在特定情境中对事物或人的直接经验或体验,这是一种"生动的感觉",有别于以符号等为媒介而获得的间接经验[⑥]。

表现性评价具有强调实际生活的表现、着重较高层次思考与解决问题技巧、重视学生学习的个别差异、促进学生自我决定与负责、强化沟通与合作学习能力、兼顾评价的结果与过程、着重统整化、全方位、多样化的评价等特质,因此成为支持

[①] 沈小碚.教育教学评价研究的发展与问题[J].西南师范大学学报,2001(7):98-103.
[②] 李定仁,刘旭东.教学评价的世纪反思与前瞻[J].教育研究,2001(2):44-49.
[③] MARZANO R, PICKERING J, HEFLEBOWER T. The Highly Engaged Learner[R]. Denver, CO: Marzano Research Laboratory, 2010.
[④] COSTA A, KALLICK B. Learning and Leading with Habits of Mind:16 Characteristics for Success[R]. Alexandria, VA:Association for Supervision and Curriculum Development, 2008.
[⑤] 牛瑞雪.教学评价研究40年回顾、反思与展望[J].课程·教材·教法,2018(11):60-66.
[⑥] 钟启泉,崔允漷,等.从失衡走向平衡:素质教育课程评价体系研究[M].北京:经济科学出版社,2014:324.

"人性化评价"得以"落地"的重要评价方式①。表现性评价系统的设计对学生、教师和校长具有"教育性"。尽可能真实地评价学生,使得评价不仅仅是监测学生是否学会的工具,更重要的是一个促进师生自由成长、体验成功乐趣的过程,建立以人为本的课程评价文化②。

因此,表现性评价被认为是促进深度学习的重要评价方式③,也就是评价过程的教育功能④。从评价实施的过程和效应上看,表现性评价将评价整合到学习之中,倡导学习即评价;学生既是受评者,也是评价者,开始越来越多地承担评价过程中的责任⑤。作为教学环节的评价能够提升学生的价值观世界,具有提示教育目标的沟通功能的重要作用。表现性评价促进了学生反观和分析性的自我理解⑥。

与教学具有密切关系的表现任务承担着支持自主合作探究学习的重要功能。新版地理课标中明确提出了运用表现性评价来建立完善的基于核心素养的评价体系,并把表现性评价作为重要的评价建议纳入评价建议中,关注对学生在真实情境中完成任务时表现出来的语言、文字、创造力和实践力的评定,以及对学生所完成的演示过程、实验和调查过程,以及科研项目的完成过程等的评价。从表述中,能够发现 2017 版的地理课标中的评价建议对表现性评价的理解更多地侧重于表现任务的完成过程的决策、探究、交流、合作等能力,如力图支持学生信息搜集过程和结果的评价等。这说明新版课标希望表现性评价能够发挥支持自主合作探究等地理学习方式的功能。

杨启亮曾探讨教学与评价的关系究竟是为谁的问题,其实质就是在探讨教学与评价的价值追求是否一致的问题。评价究竟是教学的"指挥棒"还是"服务器",其实并不是教学和评价究竟谁为谁服务的问题,而是评价和教学能否一起为"育人"服务的问题。两者都应该是育人的"服务器"。叶澜先生在 20 世纪 80 年代末曾论及教育取向偏差,认为"作为个体的人的生命价值问题,在教育价值取向上依然没有得到应有的重视""'人'的观念始终未能在一线教育工作者的头脑中普遍地、虔诚地确立起来,与之相应的行为习惯始终未能在一线教育工作者的身上普遍地、切实地形成",只有共同守护教学的育人价值,一切评价的措施与方法才能围绕着调节、激励、促进教学确立起来⑦。由此可见,评价本身就是教育教学过程的一个组成部分,也是教育教学的手段之一。

在前述美国密苏里州的表现性评价嵌入课程的 Show-Me 计划实施 5 年后的

---

① 钟启泉,崔允漷,等. 从失衡走向平衡:素质教育课程评价体系研究[M].北京:经济科学出版社,2014:234.
② 崔允漷. 指向学习改进的教学和评价[J]. 教育测量与评价,2015(1):3.
③ 周文叶,陈铭洲. 指向深度学习的表现性评价:访斯坦福大学评价、学习与公平中心主任 Ray Pecheone 教授[J]. 全球教育展望,2017(7):3-9.
④ 崔允漷. 指向学习改进的教学和评价[J]. 教育测量与评价,2015(1):3.
⑤ 崔允漷."教—学—评一致性":意义与含义[J]. 中小学管理,2013(1):4.
⑥ 钟启泉. 教育评价:为了学生的学习和成长——日本教育学者梶田叡一教授访谈[J]. 全球教育展望,2007(6):3-7,86.
⑦ 杨启亮. 为教学的评价与为评价的教学[J]. 教育研究,2012(7):98-103.

效果调查研究显示,学生在经历了表现性评价的学习过程后,其复杂推理能力被明显引发了出来。小学生认为表现性评价具有挑战性,是一种很好的学习方式,而且经验值得重复。中学生表示他们使用评分指南来评价他们的工作,这一经历对许多人来说是全新的。学生认为表现任务是学习的好方法,总体上态度是积极的,而且在小学阶段(K-2)积极性更高。中学生将写作、表达交流和工作质量等方面的提高归因于表现性评价的学习策略,并认为这可以应用于以后的学习。这些研究结果表明,表现性评价甚至超越了威金斯所倡导的对核心概念的理解。而且,从表现性评价实施后学生的学业表现来看,实施表现性评价质量更高的教师,学生的表现更好[①]。

综上所述,表现性评价具有重要的育人功能,是我国发展素质教育、落实立德树人、发展学生核心素养的重要评价方式。因为其评价过程和评价结果均指向着育人。尤其需要指出的是,没有教育意义的评价是反教育的。而且,正是表现性评价能够发挥育人的作用,与教学、学习的价值追求具有一致性,因而才能试图扭转"应试"教学的价值偏差,发挥引领"教学"的作用,成为教学改革的证据。

(三)教学功能:作为教学改革的证据

教育评价是为种种层面的教育活动提供决策信息。例如,课堂层面的教学决策也属于教育评价。教育评价就是用专业的方法把握学生的学习与成长状态,在下一步的学习活动中发挥作用。教育评价可以作为在教育活动中究竟展开了什么教学的重要证据,也因此成为教学改革的证据[②]。

在当今注重教育质量的时代,学生是否学会即是最重要的教育质量。教育评价也可以成为判断学生是否学会的重要方式[③]。评与学融为一体。教师借助评价了解学生的学习情况,以学定教地做出下一步的教学决策。围绕评价任务,学习活动展开为"明确评价任务—执行评价任务—交流学习情况"链,教学活动则是与之相对应的"布置评价任务—获取评价信息—处理评价信息"链。

《中国大百科全书》(教育卷)把教学评价称为成绩评定,把它解释为"根据教学目的、任务对教学效果做出价值判断的手段,又是提供教学活动所需信息的途径"。同时还解释了它的两种功能:"①调节功能。成绩评定既反映学生的学习成绩,又反映教师的教学效果,师生都可以依据评定来不断地调节教和学的活动。②动机

---

① FULTON M A. The relationship between teacher participation in the Show-Me classroom performance assessment project and student learning as based on a review of five years of program evaluation data and as measured by third grade student performance on the Missouri assessment program in communication arts test[D]. St. Louis University, 2002:81-88.
② 钟启泉. 教育评价:为了学生的学习和成长——日本教育学者梶田叡一教授访谈[J]. 全球教育展望, 2007(6):3-7,86.
③ 崔允漷. 指向学习改进的教学和评价[J]. 教育测量与评价, 2015(1):3.

或动力功能。通过反馈信息，激起学生学习的积极性"①。

从上述定义中，我们能够发现一个具有教学意义的评价，它是指教学过程的一个环节，它与判断、衡量、评定教学所起的作用或产生的价值相关，它关注的是评价调节、激励、促进教学的功能②。

由此可见，评价的教学功能体现在评价本身可以作为教学的过程，评价的结果可用来改进教学，是改进教和促进学的依据。

1. 表现性评价的过程就是教学的过程

表现性评价可以嵌入到课程和课堂教学之中。表现性评价中的表现可以发生在课堂情境之外，或者在学期结束时，或者在考试期间完成。但是许多教师将表现性评价作为课程的一部分。事实上，一些表现性评价的支持者认为，理想的表现性评价就是一种很好的教学活动。从这个视角来看，良好的表现性评价背后就是教学活动。在一种表现性评价活动中，教师所观察和评分的活动，就是学习者使用自己的方法解决问题。这种类型的评估为学习者提供了即时的反馈，增强了参与实践活动的教学和学习，并强调评价是为了学习者的教学。按照这种方式，推动教学迈向高阶性的学习。

表现性评价在发挥教学功能方面则具有其他评价方式，特别是传统纸笔测试所不具备的优势。表现性评价促进形成性评估或学习评估，正如英国的一项政策发展所称：评估是教与学不可分割的一部分，是评估及测试工作小组的核心原则之一③。

斯坦福大学学习、评价与公平中心的表现性评价团队认为，表现性评价的打分、反馈和结果等都伴随着教学同时发生。这对于学生来说是经历了一次动手学习活动，其本身就是学习的过程。对于教师来说，表现性评价不仅仅提供标准答案，而且更加关注寻找正确答案的过程，而教师则从这个过程中获得了学生学习进展的反馈。学生也能够根据评分规则了解自己学习的进展，为自己的学习负责④。

以评分规则为例，评分规则不仅仅是评价学生学习结果的重要工具，也传递着教师对学生思考问题或者是解决问题的期望，也同时发挥着"教"的功效。因为学生可以依据评分规则评估自己的不足，从而使得评分规则在一定程度上发挥了在日常教学中教师解答学生疑难的功效，而且评分规则也创造了一个平台，即一个教师和学生之间，学生和学生之间围绕着所需要学习的内容，所应该展现的表现以及

---

① 中国大百科全书总编辑委员会《教育》编辑委员会.中国大百科全书(教育卷)[M].北京：中国大百科全书出版社，1985.31.
② 杨启亮.为教学的评价与为评价的教学[J].教育研究，2012(7):98-103.
③ TIKNAZ Y, SUTTON A. Exploring the Role of Assessment Tasks to Promote Formative Assessment in Key Stage 3 Geography: Evidence from Twelve Teachers[J]. Assessment in Education: Principles, Policy and Practice, 2006, 13(3):327-343.
④ 周文叶，陈铭洲.指向深度学习的表现性评价——访斯坦福大学评价、学习与公平中心主任 Ray Pecheone 教授[J].全球教育展望，2017(7):3-9.

显示对此理解程度的交流平台。

通过梳理我国基础教育领域表现性评价在地理教学中应用的文献,发现其直接把表现任务作为教学活动的核心环节[①]。表现任务就是学习任务和教学过程[②]。也有案例把设置面试、小小科学家日记、小课题研究等表现任务作为教学任务,来促进地理核心素养的落实[③]。在上述情景中,表现性评价就发挥着教学的功能,成为教学过程的重要组成部分。

2. 表现性评价为改进教学提供证据

表现性评价能够改进教师的教学。支持教师在课堂中使用表现性评价,因为这种评价更能对教师的教学目标构成积极的影响,可以有效地改进教师的教学,进而提升学生的学习[④]。例如,前述美国密苏里州的表现性评价嵌入课程的 Show-Me 计划实施五年后的效果调查研究显示,表现性评价促进了教师教学行为的改进,教师的教学策略更多是基于学生的具体表现,给予学生更有效的针对性指导[⑤]。

改进教学和促进学习需要的是即时反馈。也就是说课堂评价能够促进学习,主要在于有及时有效的反馈。标准答案很难发挥这样的作用,而评分规则能够发挥这个作用。评分规则的实施过程就是师生完成表现任务的过程,亦即参照评分规则以及评分结果而对解答进行反复校对的过程。在这个过程中,评分规则发挥着非常重要的作用。评分规则对教学的改进不仅体现在对个别学生的详细评估,使得教师能够有针对性地指导个别学生,而且对于一个班级来说,也能够提供比较大面积的学生学习情况。因为,一个班级可能对于某一个目标没有掌握,那么在评分规则上就会体现出群体性的不足或者一些特征表现,这样就有助于教师能够快速发现并纠正全班性的盲区或者疏漏。因此,评分规则能够让教师确定学生在一段时间内的持续改善情况或者不足。反映学生在某段时间改善情况的评价量表能够让教师"更加清楚地认识到教学中存在的盲区、疏漏和优势"[⑥]。教师报告说,由于使用表现任务鼓励对话和分享,师生在课程中的合作关系得到了改善,使他们的教学质量得到了提高[⑦]。

---

① 苏志红. 表现性评价开发与实施的研究[J]. 天津教育,2013,(2):123-124.
② 罗荣琴. 表现性评价在地理教学中的应用[J]. 贵州教育学院学报,2016,(1):3-25.
③ 刘灿红. 构建多元评价方式,促进学生全面发展[N]. 江苏教育报,2014-07-30.
④ 波帕姆·W.詹姆斯. 促进教学的课堂评价[M]. 国家基础教育课程改革"促进教师发展与学生成长的评价研究"项目组,译. 北京:中国轻工业出版社,2003:139.
⑤ FULTON M A. The relationship between teacher participation in the Show-Me classroom performance assessment project and student learning as based on a review of five years of program evaluation data and as measured by third grade student performance on the Missouri assessment program in communication arts test[D]. St.Louis University,2002:81-88.
⑥ 丹奈尔·D.史蒂文斯,安东尼娅·J.利维. 评价量表——快捷有效的教学评价工具(第2版)[M]. 陈定刚,译. 广州:华南理工大学出版社,2014:18.
⑦ FRENCH D. The Future Is Performance Assessment[J]. Voices in Urban Education,2017,46:6-13.

二、表现性评价的局限

由于表现性评价已经在很多大规模的学生学业能力测试和课堂教学过程中得到广泛应用,因此,需要明确表现性评价的局限,以减少其带来的负面影响。尤其是大规模高利害评价。因为基于评价结果做出的决策将会对学生的未来产生巨大影响[1],因此,诸多研究者对表现性评价的局限进行了讨论。

奥斯特霍夫(Oosterhof, A.)总结了表现性评价的缺点,包括需要消耗大量的时间、在学生表现之后常常不能对学生的回答进行评分、评分容易受到评分者的错误影响、同一领域里的不同技能表之间可能具有矛盾性[2]。李坤崇在论述表现性评价优点的同时也论述了其限制因素,包括:设计复杂不易、施测计分时间较长、施测花费昂贵难以大规模实施、题目数量不多而内容代表性较差、计分较为复杂主观、信度和效度也存在一定问题、很难进行团体之间的比较[3]。周文叶作为国内较早的系统研究表现性评价的学者,也指出了表现性评价存在的若干局限,包括:成本问题,因为表现性评价在实施过程中会受到时间和经费等因素的限制,影响其实用性;主观性问题,受到评分工具、评分者和评分程序三个方面因素的影响,导致表现性评价存在一系列主观性问题;公平问题,因为把客观反映的标准改成表现性评价,不可能避免不同文化带来的偏见或公平问题。此外,她还提出了我国在大规模评价中实施表现性评价面临的挑战,即需要建立表现性评价任务资源库的问题[4]。综合来说,表现性评价主要具有以下三个方面的局限性,需要在表现性评价研究和实施过程中给予足够的重视。

第一,在教师个人方面。虽然有研究者认为表现性评价有利于实现公平的教与学,但是教师在给学生反应评分时还是经常会出现某些偏见[5]。这不仅需要教师对表现性评价相关知识进行全盘了解和掌握,还要能了解学生的文化等背景,才能在教师个人层面做好表现性评价。

第二,在评价工具方面。评价工具的质量会直接影响表现性评价结果的效度。因为在很多表现性评价实践过程中,对评价工具所呈现的评分标准缺乏精确的描述,使评分者对评分标准的解释比较模糊,也容易出现歧义,这就会导致表现性评价评分结果的不可靠。

第三,在评价程序方面。在表现性评价过程中,教师往往需要对学生的诸多方面进行评价,在此情况下,教师的评分往往可能不是很科学,因为教师可能会受到

---

[1] 周文叶. 中小学表现性评价的理论与技术[M]. 上海:华东师范大学出版社,2014:190.
[2] 阿尔伯特·阿尔特霍夫. 开发和运用课堂评估[M]. 谭文明,罗兴娟,译,北京:中国轻工业出版社,2006:241.
[3] 李坤崇. 教学评估:多种评价工具的设计及应用[M]. 上海:华东师范大学出版社,2011:131-132.
[4] 周文叶. 中小学表现性评价的理论与技术[M]. 上海:华东师范大学出版社,2014:190-195.
[5] 波帕姆·W. 詹姆斯. 促进教学的课堂评价[M]. 国家基础教育课程改革"促进教师发展与学生成长的评价研究"项目组,译,北京:中国轻工业出版社,2003:149.

评价内容顺序的影响,从而在区分评价标准上存在一定的"反应迟钝"问题。此外,在评价过程中,评价者还会受到传统观念的影响。因此,要达到表现性评价的目的,教师设计活动之前除要了解学生文化背景以外,还要了解学生对活动熟悉理解的程度。

本章通过梳理 20 世纪 80 年代以来表现性评价的历史演变、要素结构和功能,有利于教师从整体上把握表现性评价的基本理念和内涵,也有利于更好地将表现性评价在地理教学中进行应用。

第三章 地理学习表现性评价的设计

地理学习表现性评价的设计是把表现性评价应用于高中地理教学的关键步骤。本章在第一章和第二章的基础上,尝试构建指向地理核心素养的表现性评价的设计框架。首先,为形成地理学习表现性评价的一般设计框架,需要对表现性评价的设计原理、表现性评价的设计模型进行系统的梳理,借鉴各种设计模型的优点,从中探寻适合于指向地理核心素养的表现性评价设计框架。然后,结合地理核心素养的具体要求和主要特征,建构地理学习表现性评价的一般框架。在此框架的基础上,进一步说明此框架内的表现性评价的三大要素——表现目标、表现任务和评分规则如何具体设计,即指向地理核心素养的表现目标设计、真实情境中的表现任务设计,以及与目标任务相匹配的评分规则设计。

第一节 表现性评价的设计

表现性评价的设计直接关系到表现性评价的有效性和可操作性。表现性评价能够在教与学过程中得到应用的假设是其能够促进教与学,尤其是提高学生的学习。而表现性评价在教学过程中能否更好地得到应用取决于表现性评价框架的设计,因为只有拥有科学合理的表现性评价设计框架,才能更好地为教学服务。不过,阐述表现性评价的设计框架之前,需要明确表现性评价设计的基本逻辑。

一、表现性评价设计的一般原理

无论应用于大规模测试还是应用于课堂教学,评估设计都需要建立建构、任务、表现之间有证据支持的逻辑联系。在大规模测试的评价设计中,需要从所评价的建构领域中抽取任务来确保评价内容具有代表性,使得所获得的分数具有概括性,从而尽可能反映出被评者的内在建构。如果所设计的评价在于为特定成就或表现提供证据,那就需要所设计的评价能够促进被评估者展现出更广泛的能力或表现,这种评价通常用于课堂评价[1]。

应用于课堂教学中的表现性评价设计的一般原理可以参照其在大规模测试或

---

[1] LANE S. Performance Assessment: The State of the Art [M]. Stanford Center for Opportunity Policy in Education, 2010: 1-89.

评价中的应用,因为这种意义上的表现性评价可以"重新连接大规模评价与课堂评价,从而积极地影响学生的学习,对于教师的教学实践也有促进作用"①,同时有利于打消人们对表现性评价实践效果的质疑。

由此可见,无论何种用途,表现性评价的评估内容、评估任务和评估表现(熟练程度)之间也应该具有基于证据的逻辑联系,这不仅关系到表现性评价的有效性、可靠性和可行性,而且也是保证内外部评价保持一致性的重要技术。据此,表现性评价内部设计要素的关系可以用图3-1表示,这幅图反映了表现性评价的结构及其设计框架的主要内容。

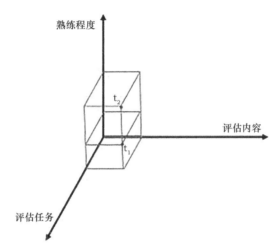

图3-1 表现性评价设计的一般原理示意图

在此示意图中,表现性评价的评估内容、评估任务和熟练程度具有独特内涵。

(1)评估内容。表现性评价可以衡量学生的认知思维和推理技巧,以及他们运用知识解决现实问题的能力。表现性评价还可以评估学科中复杂的推理和解决问题的技能。因此,认知思维、推理技巧、问题解决能力均是表现性评价所评估的内容。表现性评价尤其强调高阶思维能力的评估。

(2)评估任务。科学调查、构建原创作品、撰写数学问题的解释或有说服力的论文等均可以成为评估任务。由于表现性评价总是试图在"模仿实际应用预期知识或技能的背景或条件"②,因此,评估任务在任何情况下都应该具有情境性,将学校活动与现实世界的经历联系起来③,而且完成任务的过程往往具有自我反思、协作、机会选择等特征。

---

① 周文叶. 中小学表现性评价的理论与技术[M]. 上海:华东师范大学出版社,2014:167.
② 美国教育研究协会[AERA],美国心理学会[APA]和国家教育计量委员会[NCME],1999:137.
③ DARLING-HAMMOND L,ABSCESS J,FALK B. Authentic Assessment in Action:Studies of Schools and Students at Work [M]. New York:Teachers College Press,1995:138.

(3)熟练程度。可通过解决表现任务所涉及的认知过程和技能以及为解决方案选择的策略来解释,并能提供丰富的信息来诊断优势以及理解个别学生和学生团体的差距。有学者指出,熟练程度允许在数量和质量上更好地测量变化。例如,对数学表现变化进行测量,在第一次数学评估管理期间,学生仅使用递归策略 10 次,但在第二次管理期间使用 10 次中的 6 次[①]。这表明学生从一个不太有效的策略转向更复杂的递归策略。

上述表现性评价设计一般原理图也揭示了表现性评价设计所具有的一些特征:评估内容需要标准化的表达,例如,认知思维究竟是什么样的过程、推理技巧究竟包括什么特征,以及问题解决策略的具体内涵等;为评估同一内容的熟练程度,评估任务可以是多样化的,例如,通过写作和科学调查均可以评估认知思维和推理能力等;通过同一评估任务,也能够评估不同的评估内容,例如,通过科学调查能够同时评估认知思维和推理能力,以及问题解决能力等。这可以减少评估任务的开发,降低评估的成本;同一评估任务,可以通过多次完成而获得多个关于熟练度的分数。例如 t_1 和 t_2 就分别代表同一个任务在不同时间内完成时所获得的分数,从而反映学生熟练度的变化,这就能为学习进步提供更多的信息。为使得上述表现性评价的设计框架能够有效和可靠,还需要关注对评价的管理、任务选择、材料使用等。

利用上述表现性评价的一般设计原理,有很多成功的案例,如马里兰学校绩效计划(Maryland School Performance Assessment Program,MSPAP),该表现性评价包括评价问题解决、推理技能的跨学科任务。作为五级科学 MSPAP 任务的一个例子,学生们被要求研究如何使用比重计测量各种水样中的盐度,预测比重计如何漂浮在淡水和咸水的混合物中,并确定如何使用比重计来确定水族箱的正确盐度。这个实践任务允许学生进行多次调查,做出预测,教师评价学生的工作,并为学生的回答提供解释。而且,学生们需要开展协作,共同开展科学调查并评估对方的论文。这些涉及合作的表现性评价更好地反映了"美国 21 世纪所需的技能"。

上述表现性评价设计基本原理为其在大规模测试中的使用奠定了一定的基础。然而,如何让表现性评价进入到教学中,为教学和学习提供更加详细和有质量的证据信息,还需要进一步了解学生的认知过程以及学习进展。据此,很多研究者建立的表现性评价设计模型进一步结合了认知学习理论与心理测量理论。

二、"以建构为中心"的设计:评价复杂学习结果

"以建构为中心"的表现性评价设计原理

以建构为中心的评价设计,通过识别复杂的知识和技能来指定在教学中被重视且需要评估的建构,然后确定应由评价引出的表现或反应,并以此指导表现任务

---

① MISLEVY R J. Test theory reconceived[J]. Journal of Educational Measurement,1996,33(4):379-416.

和评分规则的开发与使用规范。由此可见,以建构为中心的表现性评价的设计需要概念框架和评价规范的协同支持。而且,只有两者的同时作用才能进一步提高表现性评价的有效性,为教学提供详细信息。有实证研究表明,以建构为中心的设计更加有效和可靠。[1]

概念框架是对所评估结果的描述,对评估目的和对评估结果的预期推断直接影响着对表现(分数或等级)解释的有效性。在大规模教育评价中,概念框架通常由国家层面制定的课程标准来定义。课程标准的精细化程度会影响评价信息的广度,也指导了测试规范的开发,包括内容、认知过程、技能以及任务的心理测量特征。因此,评价的程度取决于课程标准的质量。评价规范则需要清楚地表达任务的认知需求、可以采用的解决问题的技能和策略以及判断表现的标准。使用详细的评价规范还有助于确保评估内容在多年内具有可比性。由此可见,只有精心设计的概念框架和评估规范才能开发出高质量的表现任务和评分规则。

在设计表现性评价时使用概念框架可以产生与教育教学成果相关的评估,并提供可以指导课程和教学改革的有意义的信息。例如,莱恩(Lane)和她的同事在数学表现性评价的设计中采用了以建构为中心的方法,要求学生展示他们的解决方案流程,解释他们的推理,所提出的概念框架指导了表现任务的设计和评分标准。学生数学熟练程度的认知理论为定义数学建构领域奠定了基础。表现任务设计分四个组成部分:认知过程、数学内容、表示方式和任务背景。概念框架反映了数学问题解决、推理的复杂建构领域和沟通能力,指定了一系列认知过程,包括辨别数学关系、使用和发现策略与启发式、制定猜想,以及评估答案的合理性,然后开发表现任务以评估这些技能中的一个或多个。[2]

由上可以发现,以建构为中心的表现性评价设计方法以认知学习理论建立概念框架,成为设计表现任务、开发评分规则和期望证据表现的重要理论基础。与表现性评价设计的一般框架相比较,这一框架不仅仅考虑评估的规范,同时把认知和学习理论融入了表现性评价的设计之中。

以建构为中心的设计框架,其核心在于反映认知和学习理论,通过对学生表现的具体观察来推断学生的认知过程。因此,也产生了不同类型的表现性评价设计框架。

例如,设计反映认知和学习理论的评估的系统方法也体现在米斯拉维(Mislevy, R. J.)和他的同事们设计的"以证据为中心"(Evidence-centered Design,简称 ECD)的表现性评价设计框架中。"以证据为中心"的表现性评价框架可以通过从学生的表现中观察到解决复杂问题的证据——解决任务(具有清晰

---

[1] MESSICK S. Alternative modes of assessment, uniform standards of validity[R]. Presented in Conference on Evaluating Alternatives to Traditional Testing for Selection, 1994.
[2] LANE S, STONE C A, ANKENMANN R D, LIU M. Examination of the assumptions and properties of the graded item response model: An example using a mathematics performance assessment[J]. Applied Measurement in Education, 1995(8):313-340.

明确的认知需求),用于推断学生的熟练程度。① 因此,"以证据为中心"的概念评估框架(Conceptual Assessment Framework,简称为CAF)是任务分析,分析解决任务的认知过程。此外,在"以证据为中心"的表现性评价框架中,"证据"是指"关于目标知识的可观察证据",以此为中心进行证据的唤起、记录和解释。例如,常采用让学生出声思考的方式来获取认知的证据。② 其中,概念评估框架解决了梅西克(Messick, S.)提出的一系列问题,包括应该评估哪些知识、技能或其他属性的复杂性,哪些行为或表演应该揭示这些结构,哪些任务或情况应该引发这些行为,这些问题代表了评价的基础设计。③

但是,对于致力于评价和促进高阶思维的表现性评价而言,所评价的认知水平应该并不仅仅是一个断面,而应该是一个认知连续体。而且,它也离不开一定学科领域的具体知识内容,尤其是具体知识内容的不同复杂程度。同样是在以建构为中心的设计取向下,基于"学习进阶"的表现性评价设计致力于解决这些问题。

三、基于"学习进阶"的设计:衡量促进学习进展

真正把以建构为中心的设计进一步推向深入的是基于"学习进阶"的表现性评价设计。基于"学习进阶"的表现性评价设计致力于解决认知的水平层级问题,而且也试图把具体学科领域知识的复杂程度考虑进来,为以建构为中心的表现性评价进入学科教学提供支持。因此,本书将重点研究基于"学习进阶"的表现性评价设计的发展,以及不同类型之间的特征,从而为指向地理核心素养的表现性评价设计奠定基础。下面将分析不同学者在基于"学习进阶"的表现性评价设计方面的设计框架。

(一)以"连续进阶"建立复杂表现性评价的设计框架

梅西克认为潜在的表现性评价是一个连续统一体,代表了不同程度的结构与开放性的反应,在设计表现性评价时应考虑问题的结构程度和预期的响应。巴克斯特(Baxter)和格拉泽(Glaser)根据他们的任务需求,对两个连续体进行了表现性评价。一个连续体代表了从开放到受约束的认知过程的任务需求,而另一个连续体代表了从丰富到精益的内容知识的任务需求。如果一项任务为学生提供开发自己的程序和策略的机会,那么任务就是开放的过程,如果任务需要大量的内容知识才能获得成功,那么任务就是内容丰富的。这两个连续体交叉形成四个象限,以便设计的任务适应这些象限中的一个或多个(见图3-2)。

这一设计框架允许任务设计中明确表达认知和内容目标,以及与这些目标一

---

① MISLEVY R J, ALMOND R G, LUKAS J F. A brief introduction to evidence-centered design[R]. Educational Testing Service, 2003:5.
② STEINBERG L S, GITOMER D H. Intelligent tutoring and assessment built on an understanding of a technical problem-solving task[R]. Educational Testing Service, 1996:3-4.
③ MESSICK S. Alternative modes of assessment, uniform standards of validity[R]. Presented in Conference on Evaluating Alternatives to Traditional Testing for Selection, 1994.

致的任务评估。在评估复杂认知思维技能的表现性评价设计中,设计工作在考虑教学任务和学生年龄的情况下,主要针对反映过程开放和内容丰富的任务的象限。两个连续体(内容知识和认知过程)可以被允许超过四个象限,以便检查学生在内容领域内的理解进展。

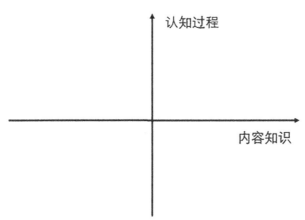

图 3-2 表现性评价中认知过程与内容知识连续体示意图

以建构为中心的表现性评价的认知过程和内容知识连续体的建立,不仅考虑了认知过程的连续性,而且也考虑了所需要内容知识的复杂性,这就为表现性评价进入学科特异性知识领域提供了路径。与此同时,这一框架试图描述复杂的表现性评价,即认知过程和知识内容均复杂的表现性评价,这更符合学科教学的复杂要求,为实现对学科领域复杂表现的评估奠定了重要基础。

但是,这一框架在指导表现性评价设计的有效性、可靠性和可行性上,还需要解决两个关键的问题:第一,认知过程在熟练程度上,或者是在等级的高低上,如何界定连续性?第二,在内容水平上如何界定复杂程度?事实上,与上述框架类似,并应用于学科评估设计的是 BioKIDS 项目,这可以说是上述框架在具体学科领域应用的一个"设计样板"。

如图 3-3 所示,在该评估系统中,有两个相互交叉的维度:任务所需的探究技能水平和任务所需的内容知识水平。技能水平以科学探究的三种主要设计模式确定了三个等级:从证据中解释科学、解释数据、做出假设和预测[①]。内容水平则分为简单、中等、复杂三个水平。两个维度各自的三个等级把评估系统分为 9 个象限,每个象限均可以设计任务。任务的设计基于原则性查询评估设计(Principled Assessment Designs for Inquiry,简称为 PADI)系统。从步骤 1 到步骤 3 有三个查询技巧步骤:"学生将相关证据与特定要求相匹配,学生选择相关要求并根据给

---

① SONGER G. Cognitive predictions: BioKIDS Implementation of the PADI assessment system (PADI technical report 10)[R]. Menlo Park, CA: SRI International, 2006: 12.

定证据构建简单解释(建构是脚手架),学生使用相关证据证明解释证据或应用其他内容知识解释构建要求。"①因此,这一框架也被称为是实施"连续进阶"表现性评价的"脚手架"。

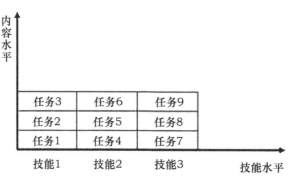

图 3-3 BioKIDS 项目表现性评价设计框架

(注:技能 1 为"从证据中解释科学";技能 2 为"解释证据";技能 3 为"做出假设和预测"。在技能水平和内容水平所形成的 9 个象限中,均可以设计任务,每个任务都有设计的"模板",依据查询技巧的三个步骤进行。)

这一设计框架体现了认知水平的逐步"进阶",内容知识复杂程度的逐步提升为评估复杂的知识与技能奠定了一定的基础。更为重要的是,这一框架体现了对不同设计框架融合的特征,也就是在每个象限内任务设计有具体的"模板",即概念框架,成为一种具有"嵌套"特征的设计框架。这一点在开发复杂表现性评价的过程中值得借鉴。但是,在学科领域的表现性评价中,往往会有不同的内容领域,如地理学科就包括自然地理、人文地理和区域地理等,而且在学科内容领域中也会有学科特殊的核心思想。那么,在兼顾学习进阶和内容复杂度的同时,在内容知识上如何确定关键领域或者核心主题? 接下来,威尔逊(Wilson, M.)等人的学习进阶评估模型为解决这一问题提供了思路。

(二)衡量"学习进阶"的表现性评价设计模型

学习进阶(learning progress)也被称为学习进度、学习进步和学习进展等。学习进阶实际上只是一个更古老想法的最新表现,即学生在学习某种知识或专业实践时的规律性。也有定义称之为对有条理地围绕内容领域的中心概念或重要思想所相继开展的复杂推理方式的描述。学习进阶的概念显示出三个重点:①发展方面,学生在学习过程中的理解变化;②教学方面,与教学活动有关并促进教学;③结果方面,与如何在任何特定时刻知道学生在进展中的位置有关。因此,学习进阶体

---

① SONGER G. Cognitive predictions: BioKIDS Implementation of the PADI assessment system (PADI technical report 10)[R]. Menlo Park, CA:SRI International, 2006:13.

现了学生在构建领域内获得理解意味着什么,衡量学习进阶的评估设计能够确定学生在学习进度中的位置以及他们需要获得的技能和知识。①

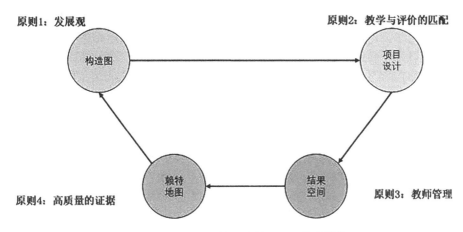

图 3-4 BEAR 评估系统的原理和构建模块

加州大学伯克利分校的威尔逊和他的同事们在学习进阶和评价设计之间建立了关系模型——伯克利评价与评估研究(Berkeley Evaluation and Assessment Research,简称为 BEAR)评估系统。BEAR 评估系统认为,良好的评估通过四个原则满足测量的需要:①发展观;②教学和评估之间的匹配;③高质量证据的产生;④由教师管理,以提供适当的反馈、前馈和后续行动。这一系统包含四个原则以及体现它们的四个构建模块评估结构如图 3-4 所示。② 这一系统可以作为"透镜"来描绘评价学习进阶的许多可能途径。

威尔逊把测量方法支持学习进阶的方式称为学习进展的评价结构。因此,该模型试图建立与认知理论相关联的评价。

第一,发展观原则是指关于学生学习的"发展视角"。这意味着评估学生对特定概念和技能的理解随着时间的推移而发展,而不是在某个最终或所谓的重要时间点进行单一测量。在给定的课程中,对学生在课程变量上的表现可以在课程的过程中进行追踪,从而促进学生学习的发展。评估学生对特定概念和技能的理解的增长需要一个关于学生学习如何在(教学)时间段内发展的模型。增长视角有助于人们摆脱"一次性"测试环境,远离定义学生表现的横向方法,转向侧重于学习过

---

① WILSON M. Measuring progressions: Assessment structures underlying a learning progression [J]. Journal of Research in Science Teaching: The Official Journal of the National Association for Research in Science Teaching, 2009, 46(6): 716-730.

② WILSON M. Measuring progressions: Assessment structures underlying a learning progression [J]. Journal of Research in Science Teaching: The Official Journal of the National Association for Research in Science Teaching, 2009, 46(6): 716-730.

程和学生个人在整个过程中取得进步的方法。明确学生应该学习什么,以及学生如何通过教学材料(即学习表现)进行学习的理论框架,这对于确定评价的结构有效性是必要的。

在建构模块1中,"构造图"的概念比学习进阶更加复杂,是联系学习进阶和评价的核心概念。这一概念旨在帮助概念化如何构建与认知理论相关联的评估。为了说明学习进度和评估之间关系的某些方面,威尔逊使用一个视觉隐喻,将构造图的图像叠加在学习进展的图像上。首先,威尔逊用"云图"表达学生的学习进阶(见图3-5)。"思想云"的连续层旨在表示学生思维的连续复杂层次,并且"云"的逐步增大旨在表明这些思想在序列的后期变得更加复杂。图中的人是一个正在考虑学生思考的人——"测量者"。这种学习进展是在研究者的思想中,并且它代表了一种关于学生思想的假设,最终将通过经验检验。

图3-5 威尔逊的学习进阶图像隐喻

构造图是一种对测量或评估内容的定义,是一个经过研究的有关某一个特征表现水平的定性排序。构造图部分来自对领域的潜在认知结构的研究,例如部分可基于文献研究获得,部分来自关于什么构成更高或更低水平的表现或能力的专业判断,如对学生错误的挖掘,也可以通过对学生如何响应教学或表现的实证研究得出。威尔逊曾以"地球与太阳系"领域的地球科学知识为例,探讨了对科学知识的测试。根据课程标准和基础研究文献,到了八年级,学生应该了解地球空间科学领域内的三种不同现象:昼夜交替、月相、四季更替。对这三种现象的完整科学理解是构造图的最高层,而构造图的较低层次,通过有关学生误解的文献评述获得。如表3-1所示。

威尔逊以构造图的方式奠定了被视为学习进阶的可能结构,即"骨架"。学习进阶既可能是单一维度的构造图,也可能是多个维度的构造图。上述构造图为单维构造图。为了能够评估更复杂的学习进阶,威尔逊在化学学科领域讨论并构建了多维构造图。例如,为描述化学领域中三个"重要思想"之一——物质的分子和原子视图的学习进阶,形成了"化学中物质的链"构造图(见表3-2)。

表3-1 学生理解太阳系中地球运动的构造图[①]

等级	描述
5 八年级	学生能够将地球和月球的运动完整地描述为太阳系中的运动,这解释了:昼/夜交替、月亮的相位(包括太阳对月亮的照射)、四季更替
4 五年级	学生能够协调天空中物体的明显和实际运动。学生知道:地球正在绕太阳运行并在其轴上旋转、地球每年绕太阳运行一次、地球每天在其轴上旋转一次,导致昼/夜交替和太阳周日视运动、月球每28天绕地球一圈,产生月球的相位。常见错误:季节是由地球与太阳之间的距离变化引起的 常见错误:月球的相位是由行星、太阳或落在月球上的地球的阴影引起的
3	学生知道:地球围绕太阳运行、月球围绕地球运行、地球在其轴上旋转。但是,学生并没有将这些知识与理解结合在一起形成对明显运动的解释,可能无法识别地球同时旋转和在绕日轨道上运行 常见的错误:因为地球每天绕太阳转一圈,它在夜间会变暗
2	学生认识到:太阳似乎每天都在天空中移动、月球的可观察形状每28天变化、学生可能会相信太阳在地球周围移动 常见错误:天空中的所有运动都是由于地球绕自己的轴旋转造成的、太阳绕地球转动、夜间天黑,因为太阳每天绕地球一次、地球是宇宙的中心
1	学生不认识天空中物体外观的系统性、学生可能不会认识到地球是球形的 常见错误:夜间天黑,因为某些东西(例如云、大气)覆盖了太阳、月球的相位是由覆盖月球的云层引起的、太阳晚上低于地球
0	没有证据或偏离轨道

表3-2 BEAR评估系统中化学学科"物质的链"的构造图

成功的程度	物质的链	
	可视化物质:原子和分子视图	测量物质:测量和模型细化
5—整合	键合和相对反应性	模型和证据
4—预测	阶段和组成	模型的局限性
3—相关	属性和原子视图	测量的模型数量
2—代表	与化学符号有关	具有微粒视图的质量

[①] WILSON M. Measuring progressions: Assessment structures underlying a learning progression [J]. Journal of Research in Science Teaching: The Official Journal of the National Association for Research in Science Teaching, 2009, 46(6): 716-730.

(续表)

成功的程度	物质的链	
	可视化物质:原子和分子视图	测量物质:测量和模型细化
1—描述	物质的属性	物质的数量

在表 3-2 中,第 1 级是最低水平的熟练程度,反映了学生对物质原子观点缺乏理解,反映了他们描述物质某些特征的能力,例如区分固体和气体[①]。在第 2 级,学生开始使用定义或简单符号来解释化学现象。在第 3 级,学生开始结合并联系模式以解释化学现象。

在学习进阶与构造图的关系上,威尔逊指出了多种复杂的情况,如图 3-6 所示,学习进阶的表现包括了几个构造图。因为每一个构造图代表一个维度,多个构造图则代表更多维度的学科知识内容主题。

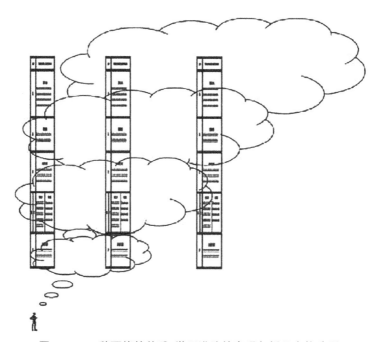

图 3-6　一种可能的关系:学习进阶的表现包括几个构造图

构造图能够在整体上解释某一门课程的学习进阶,也可能跨课程,也具体到足以指导其他模块的开发。当教学实践与构造图连接时,构造图也指示了教学目标。

---

① WILSON M. Constructing measures:An item response modeling approach[M]. New Jersey:Lawrence Erlbaum Associates,Publishers Mahwah,2005:22.

构造图是评估如何与教学和问责制相结合的一种模式,为大规模评估提供了一种方式,使其能够以原则的方式与学生在课堂上学习的内容相联系,也有可能保持独立于特定课程的内容。

第二,教学与评估相匹配原则,即评估框架和课程与教学框架必须相同。其中,在构建模块2中,项目设计管理课堂教学与各种评估类型之间的匹配。在评估系统中确保这一点的关键因素是每个评估任务和典型的学生反应与至少一个构造图中的某些水平相匹配,如图3-7所示。

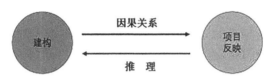

图3-7 构造图与项目反映之间的关系

例如,威尔逊在上述"学生理解太阳系中地球运动的构造图"指导下设计了如下多项选择题,如表3-3所示,来说明原则2的教学与评估相匹配以及建构模型2的项目设计。

表3-3 "学生理解太阳系中地球运动"多项选择题

适用于五年级的项目:	
晚上很可能更冷,因为:	
A. 地球在绕太阳公转的轨道上处于最远的一点	3级
B. 太阳已经到地球的另一边去了	2级
C. 太阳在地球下面,而月球的第一层释放的热量不及太阳	1级
D. 地球上夜晚的地方从太阳那头旋转走了	4级
适合于八年级学生的项目:	
如何解释我们在地球上经历不同季节(冬季、夏季等)?	
A. 地球绕太阳的轨道使我们在夏天更接近太阳,冬天更远离太阳	4级
B. 地球绕太阳的轨道使我们在夏天面对太阳	3级
C. 地球倾斜使太阳在夏季比在冬季更直接地发光	4级
D. 地球倾斜使我们在夏季比在冬季更接近太阳	5级

第三,教师管理原则是指分析评估任务所反映出的信息,使用与学习进阶背后的教学目标等直接相关的教学术语,对评估信息进行管理使其能成为促进教学和学习的信息。其中,在构建模块3中,推理的第一步是决定将对项目响应的哪些方面用作推理的基础,以及如何对响应的这些方面进行分类和评分,威尔逊将其称为结果空间。在教学实践中,最简单的结果空间分类就是"对"与"错",由教师基于专

业判断进行,是作为学生对评估任务响应的评分指南。评分指南可以对学生针对项目的反应进行更复杂的分类,并对每一层级的反应配上范例。推理的第二步是把得分与构造图相连接,这需要下一个模块来解决。

第四,高质量评估的证据原则。可靠、有效的技术问题会导致根据上述进展变量进行衡量的任何尝试,甚至可能形成一个可由证据支持的合理框架。为了确保跨时间和背景的结果的可比性,需要采用相应的程序:检查使用不同格式收集的信息的一致性;将学生表现对应到进度变量;根据成就变量描述任务和评估者的结构要素;在质量控制指标的可靠性方面建立统一的标准。据此,威尔逊提出了建构模块 4——赖特地图。赖特地图的实质就是测量模型,代表了这种高质量证据的原则。威尔逊用 Rasch 建模的方法构建了说明性赖特地图。例如,在前述的围绕太阳系中地球运动构造图所设计的多项选择题,学生回答问题的水平分布图(见图 3-8)就是典型的赖特地图。

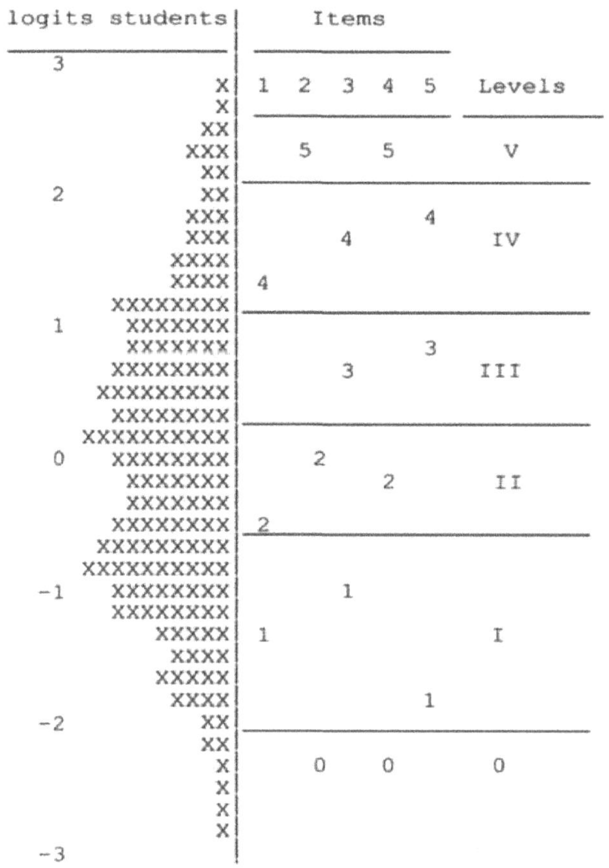

```
logits students|     Items
    3          |
            X  |  1  2  3  4  5
            X  |                   Levels
           XX  |  ─────────────────
          XXX  |        5     5       V
           XX  |
    2      XX  |
          XXX  |              4
          XXX  |        4             IV
         XXXX  |
         XXXX  |  4
    1 XXXXXXX  |  ─────────────────
        XXXXXXX|
       XXXXXXX |           3
      XXXXXXX  |     3                III
        XXXXXX |
       XXXXXXX |
    0  XXXXXXX |     2
        XXXXXXX|
         XXXXXX|           2          II
         XXXXX |
           XXX |  2
           XXX |  ─────────────────
           XXX |
   -1    XXXXX |     1
         XXXXX |  1                   I
          XXXX |
          XXXX |
           XXX |              1
   -2      XX  |  ─────────────────
            XX |
            X  |     0     0     0
            X  |
            X  |
            X  |
   -3          |
```

图 3-8 威尔逊构造的说明性赖特地图

由上可知,赖特地图至少有两个优点:报告学生表现的总分或百分比;允许老师解释一个学生的熟练掌握水平。虽然威尔逊的学习进阶评估系统为设计复杂表现性评价提供了非常好的模型基础,运用了学习进阶的构造图,而且为评价设计与教学实践建立了联系,但是将该模型应用于课堂形成性评估也存在着障碍:研究工具多面向大规模评估,且多开发纸笔测试,而学习进阶融合科学概念的理解和实践能力的培养,仅局限于纸笔测试将难以满足要求;研究工具和复杂的测量模型难以被一线教学实践者掌握。因此,是否能够在此模型的基础上,探索开发应用于课堂形成性表现性评价工具,则是一个需要解决的重要问题。为此,阿朗佐(Alonzo, A. C.)提出了以学习进阶开展形成性评价的研究,并发现学习进阶的使用可以有很大的潜力来支持教师的形成性评估实践。

(三)衡量学习进阶的形成性——表现性评估设计模型

阿朗佐借鉴并扩展了布莱克和威廉等人对学习进阶的考虑,论证了在科学学习中学习进阶可以指导教师开发形成性评价工具的假设[①]。形成性评估是"教师和学生在教学过程中提供反馈以调整正在进行的教学和学习,从而提高学生预期学习成果"[②]。对于教师而言,形成性评估的过程包括通过这些实践来引出和解释学生学习需求的证据,以便在适当的教学支持下做出回应。

教师在实践形成性评价的过程中遇到的挑战主要是两个方面:一是能否确定学生思维所处的位置。教师应该设计出合适的评估工具引出学生思维和推理的信息,而不仅仅是有关事实对与错的信息;对于解释学生想法,不应该是对与错的解释,而应该是对学生思维方向和思维过程的判断。二是能否根据学生思维所处的位置给予有效的反馈。教师应该根据评估信息进行有规划的教学,以回应学生的想法,或提供反馈以促进学生的理解,这也是研究表明形成性评价最困难的一步。"如果教师在学生无法掌握一个重要概念时不知道该怎么做",或者除了对正确/错误的评价之外,不能深入理解学生的想法,又或者除了提供正确答案之外,很难知道该做什么。那么,形成性信息几乎没有发挥作用,教师的反馈也往往不会成为促进学生学习的形式。

学习进阶之所以能够成为开发形成性评估工具的支持条件,在于其能够在改善教师在实践形成性评价时遇到的挑战:学习进阶帮助建构框架或者模型,用以推理学生的思维,关注学生思维的具体方面,也同时提供了解释和回应这些思维的结构;在"评估三角"中,学习进步可以作为认知的顶点,有助于设计高质量的评估工具。为此,阿朗佐提出了如何运用学习进阶来支持引出、解释和回应学生思维的复杂评估设计。阿朗佐的设计主体是学习进阶路线图,包括三个基本组成部分:目的

---

① ALONZO A C. An argument for formative assessment with science learning progressions[J]. Applied Measurement in Education, 2018, 31(2):104-112.
② MCMANUS S. Attributes of effective formative assessment[M]. Washington, DC: Council of Chief State School Officers, 2008:3.

地(学生在一段时间的教学结束后应该知道和能够做什么);当前位置(学生在教师引导下完成表现任务,这些有关知识和技能的表现被作为是确定当前位置的指标);连接当前位置和目的地的路线(图 3-9)。

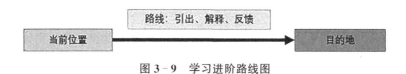

图 3-9 学习进阶路线图

在上述框架中,阿朗佐对能够支持形成性评估的学习进阶的概念进行了进一步澄清。她认为学习进阶应该描述学生思维的本质水平,而不是与科学家思想不一致的清单[1]。以这一认识为基础,阿朗佐认为学习进阶不仅仅是与目标理解比较存在的缺陷,而且是学生思维所具有的特征。有研究人员发现,从学科角度提出的问题可能对学生没有意义。因此,阿朗佐的这一观点代表了从学科角度向学生角度的转变。由于一些学科问题的难以理解以及未能认识到学生所具有的富有成效的想法,我们可能会错失真正从学习者所在地开始并与之互动的机会。

实际上,学习进阶可以帮助教师识别有效的地标,帮助学生从一个等级水平进入到下一个等级水平。从一定意义上说,学习进阶能够提供比单一教学目标更广泛的观点,并且可以帮助这种更大的图景最终指导教学。与此同时,阿朗佐对依赖于从学生错误概念的文献中获得的学习进展产生了质疑,她认为其中的问题可能是这些学生思维的本质是否能通过学生误解的进展来充分捕捉。因此,在确定学习进阶上,对比布莱克和威尔逊等人,阿朗佐有一个非常重要的观点,那就是学生的错误仅仅是学生思维图片的一个部分。"形成性学习"的基本特征,或通过形成性评估获得的课堂实践,是"从学习者现有的理解开始",要认真对待这个观念,不仅要考虑学生不理解的东西(他们的误解),还要考虑他们理解的东西,更重要的是,要思考这种思维的本质。因此,她对威尔逊以学生出现的思维错误作为建构构造图的形成路径和表现水平产生了怀疑。

事实上,对于科学学习进阶来说,阿朗佐克服"思维二分"的观点更能够体现学科思维特征。通过对学生思维更细致的描绘,能更准确地诊断和描绘学生在幼稚的想法和完全科学的理解之间的"思维景观"。通过这种对学生思维更细致的理解,以及这种思维可能随着时间的推移而发生变化的方式,适当的教学进步将对教师的形成性评估造成重大影响。

---

[1] ALONZO A C. An argument for formative assessment with science learning progressions[J]. Applied Measurement in Education,2018,31(2):104-112.

第二节 指向地理核心素养的表现性评价设计

本节依据前文中关于表现性评价的历史变迁、表现性评价的设计模型对表现性评价的价值、功能等做系统梳理,针对地理核心素养的具体特征和要求,设计出指向地理核心素养的表现性评价的设计与实施框架,以便于地理表现性评价在地理教学中的应用,改进地理学科的教与学,培养和提升学生的地理核心素养。

为了能够为指向地理核心素养的地理表现性评价的设计与实施奠定基础,同时回应本书第一章关于表现性评价在地理教学中应用的挑战,本节先介绍如何设计指向地理核心素养的表现目标,然后介绍如何设计真实情景中的表现任务和与目标任务相匹配的评分规则,最后再呈现整体设计与实施框架。

一、地理学习表现性评价设计的一般框架

本书中的地理核心素养是指《普通高中地理课程标准(2017年版2020年修订)》所明确提出的地理学科核心素养。需要在澄清地理核心素养内涵、特征及评估要求的基础上,设计指向地理核心素养表现性评价的实施框架。

(一)地理核心素养内涵、特征及其评估要求

1. 地理核心素养的内涵

学科核心素养是学科育人价值的集中体现,是学生通过学科学习而逐步形成的正确的价值观、必备品格和关键能力。地理学科核心素养主要包括人地协调观、综合思维、区域认知和地理实践力,这四种核心素养是相互联系的有机整体。

第一,人地协调观,人们对人类与地理环境之间关系所秉持的正确价值观被称为人地协调观。地理学研究地理表层人与自然的相互影响和反馈作用,对人地关系的认识是地理学研究的核心[1]。地理学使得从地方尺度到全球尺度研究人类活动及其相互关系、人类与环境之间的相互作用成为可能[2]。地理是21世纪全球公民的一门重要学科,关注特定地方和位置条件下人与环境之间的相互作用;关注带有较强地理特征的议题,如自然灾害、气候变化、能源供应、人口迁移、土地利用、城市化、贫困和身份认同等,使我们能认识到所面临的问题:可持续地生活在一个相互依存的世界意味着什么。人地协调观念体现于在实践中尊重和关爱地球,并做出合理决策。受过地理教育的公民能够理解人与人的关系,也能够理解个人对自然环境和他人的责任。地理教育能帮助青少年学会如何与所有生物(包括人类自己)和谐相处。[3]

---

[1] 张超,段玉山.地理教育展望[M].上海:华东师范大学出版社,2001:97.
[2] 中华人民共和国教育部.《普通高中地理课程标准(2017年版)》[S].北京:人民教育出版社,2018:3.
[3] 国际地理联合会地理教育委员会.地理教育国际宪章2016[EB/OL].(2016-12-10)[2017-12-22]. http://blog.sina.com.cn/s/blog_574d9bf80102wkkt.html.

第二，综合思维，指人们运用综合的观点和方法认识地理环境的思维方式和能力。① 人类生存的地理环境是一个综合体，在不同时空组合条件下，自然和人文要素相互作用，综合决定着地理环境的形成和发展。综合思维有助于学生把问题放在广阔丰富的时空背景下去思考，全面、系统、动态地分析和认识地理环境，以及它与人类活动的关系，不是孤立地看待事物形成因素之间的联系，而是系统地、整体地看待事物，并善于吸收各种观点和意见。

第三，区域认知，指人们运用空间—区域的观点认识地理环境的思维方式和能力。② 地理研究有关现象在地球上的位置、相互作用、空间分布和差别③，是一门以位置和区域为基础的学科。任何自然和人文地理事象都要落实到一定的地域空间。认识空间格局是了解人们怎样生活在地球表面和塑造地球表面的重要出发点。因此，地理学家使用"空间"作为框定地理问题和构成概念的重要修饰语，并认为地理学是一门空间科学，关注空间分布的现象、区域的空间范围、人们的空间行为等④。区域认知是人们认识地理环境复杂性的基本方法，是非常重要的地理视角，有助于人们从区域的角度分析和认知地理环境，以及它与人类的关系。

第四，地理实践力，指人们在考察、调查和实验等地理实践活动中所具备的意志品质和行动能力。实践性是地理学习的重要特征。地理学科本身就是在人类社会生产实践的基础上发生并不断发展的，反映了人类社会对地理环境的认识，与实践密切结合。地理学习需要通过让学生参加室内外的实践活动或者是野外的实践活动，使其亲身获得对地理现象的直接感知，获得初步的科学探究体验。因此，户外考察、实验、社会调查等是地理学重要的研究方法，也是地理课程重要的学习方式。"地理实践力"素养有助于提升学生的行动意识和行动能力，更好地在真实情境中观察、感悟、理解地理环境及其与人类活动的关系，增强社会责任感。

2. 地理学科核心素养的特征

结合地理学科核心素养的内涵以及地理的学科特性，地理学科核心素养在《普通高中地理课程标准（2017年版2020年修订）》的表达中表现出了如下特征：

第一，对地理学习结果的详细描述。地理核心素养是对地理育人成果，也就是学生通过地理学习能够获得和发展的地理学科素养的具体结果的详细描述。这些详细的结果，不仅有具体的概念内涵，也有对于学生发展的重要意义，集中体现在学生解决地理实际问题所应具备的关键能力和必备品格。

第二，呈现出四个水平的等级表达。地理核心素养以等级水平的方式进行表达。例如，以人地协调观为例的等级呈现方式如表3-4所示。

---

① 中华人民共和国教育部.《普通高中地理课程标准（2017年版）》[S].北京：人民教育出版社，2018：3.
② 中华人民共和国教育部.《普通高中地理课程标准（2017年版）》[S].北京：人民教育出版社，2018：3-4.
③ 阿瑟·格蒂斯，朱迪丝·格蒂斯，杰尔姆·D.费尔曼.地理学与生活[M].黄润华，韩慕康，孙颖，译.北京：后浪出版社，2005：51.
④ 阿瑟·格蒂斯，朱迪丝·格蒂斯，杰尔姆·D.费尔曼.地理学与生活[M].黄润华，韩慕康，孙颖，译.北京：后浪出版社，2005：51.

表3-4 人地协调观的水平等级

水平	人地协调观
水平1	能够结合简单、熟悉的地理事象,认识人类活动要在一定的地理环境中开展;能够简单辨识人们生产活动和生活习惯与地理环境之间的联系,说明人类对环境施加影响的方式及其带来的影响
水平2	能够结合给定的简单地理事象,理解人类影响地理环境的主要方式,阐述人类活动对地理环境的积极与消极影响;认识人类活动要遵循自然规律,与自然和谐相处,理解人地协调发展的重要性
水平3	能够结合给定的复杂地理事象,认识地理环境对人类活动的影响以及人类活动影响环境的方式和强度,理解自然资源和地理环境满足人类需要的潜力及有限性
水平4	能够通过对现实中人地关系地域系统的简要分析,理解区域中人口、资源、环境、发展之间的相互关系,理解人地关系是对立统一的;评价分析人地关系中存在的问题

第三,与内容要求相对独立的抽象表达。尽管地理核心素养的培养贯穿在地理课程的设计和实施中,在学科内容的选取上服务于地理核心素养的培育,但是在地理核心素养的表达上,每类课程中每个模块的内容要求是独立表达的,只是在具体的学业要求中提示了所需要的地理核心素养。

例如,在必修课程地理1的内容要求有,运用资料,描述地球所处的宇宙环境,说明太阳对地球的影响。这条内容要求中没有对所需要地理核心素养的具体表达,只是在【学业要求】中表达如下:

学习本模块之后,学生能够运用地理信息技术或其他地理工具,观察、识别、描述与地貌、大气、水、土壤、植被等有关的自然现象;具备一定的运用考察、实验、调查等方式进行科学探究的意识和能力(地理实践力)。能够运用地球科学的基础知识,说明一些自然现象之间的关系和变化过程(综合思维)。能够在一定程度上合理描述和解释特定区域的自然现象,并说明其对人类的影响(区域认知人地协调观)。

这样的表达需要教师在开发指向地理核心素养的表现性评价时,解决把地理核心素养和具体主题内容相结合的问题。

第四,地理核心素养之间存在有机联系。虽然课标用分类的方式描述了地理核心素养,但是各个地理核心素养之间的关系并不是割裂的,而是一个有机联系的整体。也就是说,在解决真实情境中的地理问题的过程中,需要整合运用多种地理核心素养来解决问题。

第五,对地理教学与评价的高度统摄性。作为地理课程的育人目标,地理核心素养对地理教学和评价发挥着不可动摇的统摄作用。把创新培育地理学科核心素养的学习方式作为重要理念,继续倡导在自然、社会等真实情境中开展自主学习、合作学习、探究学习,并建议充分利用地理信息技术,营造直观、实时、生动的地理教学环境。建立基于学科核心素养发展的学习评价体系,全面反映学生地理学科核心素养的发展状况。

3. 指向地理核心素养的表现性评价的评估要求

针对上述地理核心素养的内涵和特征,为设计开发指向地理核心素养的表现性评价提出了相应的要求。在《普通高中地理课程标准(2017年版2020年修订)》中,对如何评价地理核心素养提出了明确的要求:准确把握地理学科核心素养的水平划分,以学业质量标准为依据,形成性评价与终结性评价相结合的学习评价体系,科学测评学生的认知水平,以及价值判断力、思维能力、实践能力等的水平,全面反映地理学科核心素养的发展状况。

第一,能否精准评估以素养形式来表达的学习结果。指向地理核心素养的表现性评价,最需要具备的关键功能就是能够评出传统纸笔测试评不出的核心素养。从第一章中对地理课程目标从双基目标到三维目标,再到核心素养目标的梳理,表现性评价就是要实现对地理核心素养的评价。

第二,能否关注对学习过程——地理核心素养发展的评估。地理核心素养以不同等级水平的方式对学习过程进行了"进阶"式的描述,这说明在指向地理核心素养的表现性评价设计中,需要解决一个关键的问题:如何对应不同的等级来开发表现任务,从而获得学生达到此等级素养的证据,或者是所开发的表现任务能够衡量学生核心素养的不同等级。

第三,能否把地理学科知识内容与地理核心素养结合起来。对地理核心素养的培育和评估离不开具体的地理学科核心知识,但是具体学习内容要求与核心素养的相对独立呈现,需要表现性评价的开发者能够找到一条恰当的方式,让地理学科知识内容与地理核心素养相结合,让表现性评价超越公共基础而进入学科领域。

第四,能否贯彻教—学—评一致性的理念。地理核心素养对地理教学、评价和学习方式的高度统摄性,也需要相应的表现性设计框架能够以教、学、评的相互匹配为原则,并以规范和科学的技术来确保这一目标的实现。

事实上,在《普通高中地理课程标准(2017年版2020年修订)》中,已经提出了关注表现性评价的具体建议,也给出了相应案例,如"德国鲁尔区探索"的表现性评价案例。但是,案例中所给出的表现性评价缺乏建构理论的驱动,主要体现的是以任务为中心的设计,表现任务和评分规则的设计不能指向具体的核心素养,难以让教师领会表现性评价如何才能评出地理核心素养。

4. 指向地理核心素养的表现性评价设计框架选择

针对指向地理核心素养的评估需求,本书采用以建构为中心的设计取向,将威尔逊的衡量学习进阶的评价模型和阿朗佐基于学习进阶的形成性评价框架相结合,同时兼顾其他设计框架的优点,来满足对指向地理核心素养的表现性评价设计框架的建构需求。具体理由如下:

第一,地理核心素养本身就表达着学生的内在建构。以建构为中心开展表现性评价设计符合地理核心素养的特征。

第二,学习进阶所代表的发展观把评估的指向聚焦在了促进学生学习进程的发展上,而不是仅仅以某一个横截面来评估学生,这有助于落实课堂评估中促进地理核心素养发展的理念,也与表现性评价的重要评估效应——促进学习相吻合。

第三,评估系统中的"构造图"不仅连接了学习进阶与评估,而且也让表现性评价能够超越和突破公共层面,进入地理学科领域。

第四,学习进阶的概念以及结构与地理核心素养的概念以及地理核心素养本身的等级水平表达特征相匹配。

第五,地理核心素养包括区域认知、综合思维、地理实践力和人地协调观念,教师在一个评估项目中,有可能兼顾多种地理核心素养的评估,而且,这为教师评估学生的学习进阶提供了多维分类。因此,用多个构造图表达学习进展适合对地理核心素养的评估。

第六,威尔逊评估系统的第二个原则,即评估与教学框架相匹配,适合当前在"课程标准"已经明确的条件下,要求教学、评估均与课程标准相一致的改革方向,是基于标准的评估。

第七,"构造图"能够同时统摄表现任务和评分规则的设计,这符合以建构为中心的表现性评价设计的一般框架,既有概念框架也遵循评估规范,确保了评价系统内部的一致性,提高了评估工具的有效性、可靠性和可行性。

第八,威尔逊评估系统有明确的教师管理评估的要求,这就为教师在课堂教学中实施评估提供了参照。

因此,本书需要解决的下一个问题,就是以威尔逊的衡量学习进阶的评价设计模型和阿朗佐基于学习进阶的形成性评价框架相结合,同时兼顾其他评价设计框架的优点,来建构指向地理核心素养的表现性评价设计框架。

(二) 指向地理核心素养的表现性评价设计框架

指向地理核心素养的表现性评价(Geographical Key Competencies Performance Assessment,简称为 G-KCPA),就是运用表现性评价这一评估工具来评出地理核心素养,并将评估信息用于学生的学习和教师的教学,发挥促进学习和改进教学的形成性作用。因此,指向地理核心素养的表现性评价设计框架的作用在于确保应用于地理教学的表现性评价是有效、可靠和可行的,能够为教师的教和学生的学提供有关地理核心素养发展的准确信息。

本书设计的指向地理核心素养的表现性评价设计框架(见图 3-10),结合地理核心素养的具体要求,采取以建构为中心的设计取向,把概念框架与评估规范结合起来,建立建构、任务、表现之间有证据支持的逻辑联系。为确保概念框架能够准确并精细地描述评估结果,即地理核心素养,以此保证对学生的地理核心素养表现进行有效的解释。本书设计的概念框架以《普通高中地理课程标准(2017 年版 2020 年修订)》的地理核心素养和内容标准的表达为基石,采用阿朗佐设计框架中的学习进阶的概念内涵,吸收威尔逊设计框架中的"构造图"的表达方式,形成指向地理核心素养的"素养进阶—构造图",以此统摄有质量保证的表现目标、表现任务和评分规则设计。框架以关于地理核心素养的学习进阶证据为中心引发学生的核心素养表现,基于此开展解释和反馈,从而实现表现性评价的形成性应用。

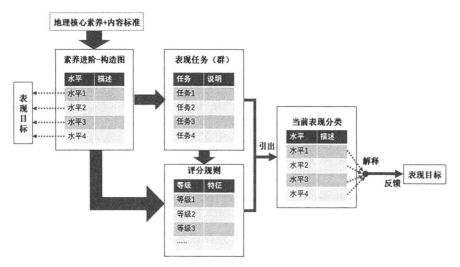

图 3-10　指向地理核心素养的表现性评价框架(G-KCPA)

1. G-KCPA 整体设计框架的特点和功能

第一,吸收阿朗佐基于学习进阶的形成性评价路线图框架(第二章中的图 2-12),以目的地、当前位置和两者之间路线为整体设计框架的主体逻辑架构,关键环节为引发—解释—反馈。

第二,借鉴威尔逊的衡量学习进阶的复杂评价模型(BEAR)(第二章中的图 2-7),以构造图—项目设计—结果空间—赖特地图为主体环节,为更适合一线教师理解和使用对该模型进行了一定的改造,将"构造图"更名为"素养进阶—构造图";项目设计分解为两个,即任务(群)设计和评分规则设计;"结果空间"和赖特地图合并更名为"当前表现分类"。遵循发展原则、教学与评估一致性原则、教师管理原则和高质量证据原则。

由此,上述框架的功能在于通过 G-KCPA 捕获学生的地理核心素养表现证据,使得证据信息在教学和学习的过程中流动,成为组织教学和开展学习的依据。同时,遵循评估规范,体现出表现目标、表现任务和评分规则的一致性框架。

2. G-KCPA 设计框架中要素的内涵与基本设计路径

第一,明确素养进阶—构造图是 G-KCPA 设计框架的"灵魂"。以学习进阶是对学生思维等发展状态的描述为概念基础,基于地理核心素养和内容要求,对学生在学科某一主题领域下所表现出来的地理核心素养水平进行精细的描述。基于地理核心素养水平结构特征,一般分为四个水平进行描述,水平 4 为最高等级。素养进阶—构造图能够为不同年级、不同发展方向的学生提供自己地理核心素养发展目标的精准表达，也为教师的教学提供更大范围的参照。素养进阶—构造图可以是体现单维地理核心素养的构造图，也可以是体现多维地理核心素养的构造图。

第二，确定表现目标。基于"素养进阶—构造图"并结合表现任务进行开发，旨在清晰描述学生在真实情境下解决地理问题所表现出来的地理核心素养水平。鉴于"素养进阶—构造图"有四个水平，因此最高水平就是此学科主题领域在普通高中学习阶段所应该达到的最高表现目标。但对于某一年级或者是选择地理学科为不同学业发展方向（高考或者是通过学业水平必修测试）的学生来说，则可以达成不同水平的表现目标。例如，要参加高考的学生，表现目标应该参照水平4来设计，而仅参加学业水平必修合格考试的学生，表现目标可以参照水平3或者是水平2来设计。表现目标还可以分为课时目标和单元目标。一个单元的表现目标可以完全对应所需要达成的最高水平来设计，而单元中的课时目标可以对应较低的水平来设计，然后整个课时完成则对应最高水平的表现目标实现。基于"素养进阶—构造图"的表现目标可以实现课程—年级—单元—课时目标的整体目标规划蓝图。

第三，设计表现任务（群）。表现任务就是引发学生能够表现出具体地理核心素养水平的任务。这一概念采用了ECD框架对表现任务的界定。但是，为了提高引发表现的精准性，采用威尔逊项目设计的理念，"素养进阶—构造图"的每一水平对应开发一个表现任务，学生完成这个水平下的任务就视为达成了这一水平的素养目标。这样围绕一个主题内容的地理核心素养进阶，就可以产生一个由不同水平表现任务所形成的任务群。这些任务群既可以是一个通过完成不同水平的小任务而形成的一个大任务；也可以是不同等级水平的小任务组合形成一个大任务。学生在完成任务的时候，为了准确衡量其素养水平，可以有选择任务的机会。表现任务可以围绕单维地理核心素养来设计，也可以围绕多维地理核心素养来设计。

第四，制定评分规则。评分规则用于对学生的地理核心素养表现进行准确的评分。评分规则在威尔逊的BAER设计框架的两个模块中均有体现。首先评分规则的设计应该属于项目设计模块。其次，在结果空间中，运用评分规则能够评出学生的地理核心素养的分级情况，然后对其进行分类，为后续的解释和反馈奠定基础。

第五，确定当前表现分类。当前表现分类是教师对由表现任务所引发的表现，经由评分规则的评估之后，所进行的一个分类，可以说是对学生群体和个人的地理核心素养表现的整体状态所形成的蓝图，可以用大概的百分比来表达，也可以用定性的描述来表达。更为重要的是，对结果的分类不能仅仅是对对与错的"二分分类"，而应该是对思维类型等的分类。当前表现分类在威尔逊的BAER设计框架中也体现在两个模块，一个是"结果空间"，另一个则是"赖特地图"。为了更利于一线教师使用，因此名称上更加直白，旨在引导教师在搜集学生表现证据之后进行分类、整理和表达等管理工作，以此为后续的解释和反馈提供高质量的证据。

第六，引出—解释—反馈。"引出—解释—反馈"是G-KCPA设计框架中，确保以证据为中心开展形成性评价的重要环节。这一环节让表现性评价能够引出高质量的证据,并确保将证据的使用导向教师的教和学生的学。"引出"是指通过完成表现任务引发或者唤起学生的真实表现,确定学生的当前位置;"解释"是指参照评分规则和"素养进阶—构造图"、表现目标,对学生当下的表现进行解释和分析;"反馈"是指采取举措对学生的表现进行有针对性的反馈,促进学生向着更高的素养目标发展。

3. G-KCPA 设计框架所遵循的原则

G-KCPA 设计框架也同样遵循 BAER 框架的原则,并在其基础上针对地理核心素养的评估要求,在内涵上进行了更加精细的界定。

第一,强调发展观,以促进地理核心素养的发展为理念,并在设计中采用学习进阶—构造图的概念框架来确保对地理核心素养的发展蓝图进行描述。

第二,确保教学与评估相一致,采用的评估与教学相一致,运用表现任务将教学与评估联系起来。

第三,指向教师管理,教师参与评估的管理,通过引发—解释和反馈提供有效的管理过程。

第四,立足于高质量的证据,对所获取的学生地理核心素养的表现水平信息进行分析和描绘,提高证据的质量,为形成性评估提供有规划的教学。

指向地理核心素养的表现性评价设计框架为确保应用于地理教学的表现性评价提供了一定程度的有效和可靠的技术保障。

但是,表现性评价如何应用于教学,还需要进行深度探讨。因为不同的应用方式,表现性评价中的表现目标、表现任务和评分规则会有一定的差异。因此,本章接下来的三节将重点探讨表现性评价应用于地理教学的具体路径。

二、指向地理核心素养的表现目标设计

本书在第一章呈现了表现目标的内涵,即表现目标的本质就是核心素养目标,是让内隐的包括关键能力和必备品格在内的核心素养通过具体的情境和任务(行为条件)表现出来,所表现出来的结果就是表现目标。因此,在课堂教学层面上落实核心素养的第一个关键环节就是构建表现目标。

据此,设计表现目标之初需要清晰地考虑表现性评价应该评什么。在众多推崇表现性评价的研究者和实践者中,对于表现性评价所能够评价的学生学习成果有着共同的一致认识。例如,良好的思维能力。基于学习思维开发的表现性评价主要评价:学习态度、获取和整合知识的思维、知识的扩展和提炼、有意识地使用知识的思维、思维习惯等[1],解决问题的能力。虽然传统的纸笔评估可以提供有关学生是否掌握事实知识的具体信息,但这些评估几乎没有提供关于解决问题能力等

---

[1] MARZANO R J, PICKERING D, MCTIGHE J. Assessing Student Outcomes: Performance Assessment Using the Dimensions of Learning Model [M]. Alexandria, VA: Association for Supervision and Curriculum Development, 1993:6.

其他关键能力,这需要表现性评价来完成①。沟通能力。学生需要能够在新的环境中发现、评估、综合和使用知识,并能够解决非常规问题,产生研究结果和解决方案。学生需要进行基于课堂的表现评估,展示他们设计和开展调查的能力,解决复杂的问题,并以各种方式进行交流。②

总之,在确定目标时,需要以深度学习为取向,关注学科中具有持久理解③、有情境脉络支持、与问题情境对接、能解决实际问题的"活"的结构化知识;关注批判性思维和复杂问题的解决;关注合作学习、有效交流、积极的学习心智等高阶和长远目标。④ 上述这些目标来自哪里?主要来自课程标准。例如,美国通用核心标准就包括:使用多种形式的证据进行扩展研究、沟通想法——以口头讨论或以多媒体格式;与他人合作定义或解决问题;规划、评估和改进解决方案策略;在科学、技术和工程环境中使用数学工具和模型等。⑤

借鉴威金斯的目标确定流程和安德森修订过的布卢姆的目标分类学来实现基于课程标准的评价目标设计。

(一)确定大概念,明确目标优先层次

威金斯认为,因为学生需要达成的目标比较多,因此确定优先次序是非常重要的。目标的优先次序应该是,处于优先位置的是大概念和核心任务,其次是需要掌握和完成的重要内容,第三是需要熟悉的知识。⑥

大概念就是学科的核心知识,"能够强有力地解释现象,提供了对科学的综合考察""大概念既是各种条理清晰的关系的核心,又是使事实更容易理解和有用的一个概念锚点"。⑦ 大概念总是在课程标准中内容标准的多个地方反复出现,并因为抽象而显示出强烈的解释效能,需要跟生活建立起实质性的联系。

核心任务是某领域中具有真实挑战性的迁移任务,是该领域中最重要的表现要求。核心任务与大概念的联系在于"核心任务及相关情境反映了大概念的迁

---

① OBERG C. Guiding Classroom Instruction Through Performance Assessment[J]. Journal of Case Studies in Accreditation and Assessment,2010(1):4.
② CONLEY D T,DARLING-HAMMOND L. Creating Systems of Assessment for Deeper Learning[R]. Stanford Center for Opportunity Policy in Education,2010:6.
③ CONLEY D T,DARLING-HAMMOND L. Creating Systems of Assessment for Deeper Learning[R]. Stanford Center for Opportunity Policy in Education,2010:6.
④ 佟柠. 如何开展指向核心素养的表现性评价[J].中学地理教学参考,2017(8):42.
⑤ CONLEY D T,DARLING-HAMMOND L. Creating Systems of Assessment for Deeper Learning[R]. Stanford Center for Opportunity Policy in Education,2010:6.
⑥ 格兰特·威金斯,杰伊·麦克泰格.追求理解的教学设计(第二版)[M].闫寒冰,宋雪莲,赖平,译.上海:华东师范大学出版社,2017:14-18.
⑦ 格兰特·威金斯,杰伊·麦克泰格.追求理解的教学设计(第二版)[M].闫寒冰,宋雪莲,赖平,译.上海:华东师范大学出版社,2013:14-18.

移",这正是"理解"的核心要义。①

因此,大概念和核心任务是设计目标时需要优先考虑的。威金斯以大概念和核心任务为第一优先教学目标的观点对表现性评价的目标设计和任务设计均具有重要的意义,可以让教师在开展评价目标设计时能够优先考虑表现性评价,而不是将自己的教学和评价落入琐碎离散知识的传递和仅仅依靠传统的测验,也为目标设计提供了可资借鉴的路径。

高中地理兼跨自然与人文两大领域,以人地协调发展为核心价值观,发展学生的空间思维能力、区域认知能力和地理实践能力,鼓励学生善于观察地理现象,探究地理原理,解决地理问题,培育全球视野和家国情怀,以适应并创造美好的未来生活。当前,地理学科最重要的学习结果就是 2017 年出版的"普通高中地理课程标准"所倡导的"地理学科核心素养"。从促进"人"的发展的角度,满足学生通过地理学习来改善生活、生产实践,满足求知渴望,愉悦身心和审美享受的需要,并以此作为地理学科育人价值的指向。上述这些就是地理学科中的大观念。

针对地理核心素养以水平等级来表达的特点,在设计表现目标时,也需要设计与不同的素养水平等级相一致的表现目标。

(二) 分解内容标准,明确认知范围与认知水平

分解内容标准就是从与所学内容对应的课程标准(学科核心素养、学业质量标准或内容标准)出发,厘清此内容到底让学生学会什么(学习结果)。课程标准中的内容标准表达了学科核心知识,同时也表达了学生的认知水平。例如"了解区域的含义"就是一条内容标准。其中包括一个名词"区域的含义",这是学科的具体知识内容,"了解"则是一个动词。

美国教师在分解内容标准时,关注到了知识的不同类型,即陈述性知识和程序性知识。例如,"认识到地区可以用文化、地理或政治术语来定义"是陈述性知识,"准确地解释和总结各种类型的地图,图表和图表中的信息。"是程序性知识[2]。

如何分解描述动词对于教师来说是一个难点。例如,在一项研究的调查中,英国的教师在确定教学目标时,参照"地理知识的广度""地理理解的深度"和"技能的发展"来考虑学生的进步,教师能够清晰地表达"地方规模的扩大"和"地理环境的多样性"的含义,也能识别出与地域调查一起使用的认知技能,例如"描述、解释、分析"。然而,12 位地理教师中有 8 位觉得很难表达提高学生"理解"的深度可能意

---

[1] 格兰特·威金斯,杰伊·麦克泰格. 追求理解的教学设计(第二版)[M]. 闫寒冰,宋雪莲,赖平,译. 上海:华东师范大学出版社,2013:14-18.

[2] MARZANO R J, PICKERING D, MCTIGHE J. Assessing Student Outcomes:Performance Assessment Using the Dimensions of Learning Model[M]. Alexandria, VA: Association for Supervision and Curriculum Development, 1993:17.

味着什么,对于指向理解的认知水平感到很困惑。[①]

运用布卢姆的目标分类学,分解内容标准在学习内容和认知水平上的要求,可以实现从课程标准到评价目标的具体化。分解课程标准需要思考三个问题,即学生究竟学什么?怎样学?以及学习之后对于学生的意义是什么?此外,分解内容标准还需要关注一些终身学习标准:例如,复杂的思维、信息处理标准、有效的沟通、合作/协作标准等。[②] 思考针对上述结果,需要学生经历什么样的学习过程,选取何种合适的学习方式,以支持学生像学科专家一样进行思考、行动和表现,开展探索、推理、形成论点,进行信息的获取、组织。

(三) 叙写评价目标,明晰学习表现

整合上述的学习结果与学习过程,罗列可测评的表现目标,用整合的方式叙写并呈现目标。评价目标的叙写以学生为行为主体,运用可观察、可测量的具体行为动词,在一定的行为条件下,指出学生达到目标的最低表现水准。叙写时还需要结合学情、教材以及当地地理课程资源。在设计和叙写评价目标的时候还需要注意以下一些要点:目标为教学和评估提供了明确的重点和实施框架;目标在教学和评估之前制定;目标反映有价值的重要的学习成果;目标描述可衡量学习结果;目标可指导评估活动。[③] 从以上要点中能够看到,目标应该发挥实现与教学、评估一致性的统摄作用。

三、真实情境中的表现任务设计

目标明确之后,需要编制与目标相匹配的表现性任务,以检测目标是否达成。表现任务需要学生的知识或技能的演示。[④] 为什么需要用"做"和"表现"来实现对学生是否达成学习结果的评估?威金斯认为,"在真实的环境中面对现实问题时运用概念"才能真正衡量出学生是否已经掌握了概念。[⑤] 表现任务可以采取多种形式,包括书面和口头示范和活动,可由团队或个人完成,而其与其他扩展的反应活动区分开来的一个因素是,它们要求学生展示知识在特定背景下的应用[⑥]。因此,

---

① TIKNAZ Y, SUTTON A. Exploring the Role of Assessment Tasks to Promote Formative Assessment in Key Stage 3 Geography: Evidence from Twelve Teachers[J]. Assessment in Education: Principles, Policy and Practice, 2006, 13(1):327-343.
② MARZANO R J, PICKERING D, MCTIGHE J. Assessing Student Outcomes: Performance Assessment Using the Dimensions of Learning Model[M]. Alexandria, VA: Association for Supervision and Curriculum Development, 1993:25.
③ MOSKAL B M. Recommendations for developing classroom performance assessments and scoring rubrics[J]. Practical Assessment, 2003, 8(14):1-5.
④ PERLMAN C. An introduction to performance assessment scoring rubrics [M]//C. Boston. Understanding Scoring Rubrics. University of Maryland, MD, 2002:6.
⑤ 格兰特·威金斯,杰伊·麦克泰格.追求理解的教学设计[M].闫寒冰,宋雪莲,赖平,译.上海:华东师范大学出版社,2013:20-23.
⑥ WIGGINS G. Assessing Student Performances[M]. San Francisco:Jossey Bass Publishers.1993:1.

表现任务呈现给学生一个问题，设定一个具有挑战性和可能性的真实世界目标。换言之，表现性任务就是为引发和判断学生在特定目标上的达成情况而设计的，是情境、知识与任务的整合，即学生在什么样的情境中需要运用什么知识和技能来解决什么问题？完成什么样的任务？以证明自己的所知所能。

（一）基于目标设计情境、知识与任务融合的表现任务

基于目标设计情境、知识与任务融合的表现任务，就是提供证据来表明学生如何结合实际情况来运用知识。良好的表现任务，应是真实情境、知识、任务三者的有机整合。情境是知识的条件化，知识就是隐含在情境中需要学生学习的内容，任务就是运用结构化的知识解决情境中的问题。没有真实情境的任务，那无异于纸笔测试，难以获得更多的有意义的证据；没有知识基础的任务，那就等同于日常行为，无须学习。[①]

表现性任务设计的核心是让情境、知识与任务完美整合，从而引发学生展现深度学习的能力。把握好三者之间的关系，是设计好表现性任务的关键。表现任务设计的一般流程是：基于目标确定任务的类型；估算任务完成需要的时间；创设任务完成的环境；基于学生的学情来分解总任务为子任务；设计帮助学生完成任务的支架；对任务进行研讨和论证；任务要具有一定的挑战性，能够区分出学生实际真实的学习情况；撰写任务指导语。

（二）设计具有地理学科特色的表现任务

表现任务的设计需要考虑地理学科的特异性，地理学科中有大量的需要运用任务来完成的学习结果，比方说绘制各种示意图来展示自己对地理原理的理解，运用地图和图表等解释地理现象，开展地理实验来验证一些现象，通过探究解决一些实际问题等。这些内容标准本身就是学科最核心的表现任务，需要结合一定的情境来开展更加具有吸引力的任务设计。另外，通过对地理核心概念和原理的分析，以及学生在学习这些概念和原理的过程中所体现出来的主要学习特征，可以将地理学科的表现任务分成如下几类：模型建构类、野外考察类、决策类、复杂问题探究类等。在将以上类型的表现任务设计为学生可进入、有吸引力、挑战性以及学生参与度高的任务时，需要采取一些特殊的支架以帮助学生能够通过这些方法和工具更好地进入任务和完成任务。

（1）创设真实情境。地理学科研究的主要是地球表面上的自然现象以及人类活动，因此地理表现任务大多本身就是真实情境中的任务。

（2）提供观察工具。观察各种地理现象，从中获得信息并研究其背后的原理，提炼和形成关于地理事象的规律性认识，是地理学习的重要途径。

（3）提供思考工具的支持。综合思维是地理学科的重要素养，在完成很多地理表现任务的过程中，需要运用综合思维，特别是在人文地理中的关于区位分析的部

---

① 佟柠.指向核心素养的高中地理表现性评价设计[J].中学地理教学参考,2017(9):47.

分,则是需要学生通过综合思维能力,比方说考虑自然因素(气候、水文、地形、土壤)、人文因素(市场、政策、交通等)来解决关于农业或者工业的各种与区位分析有关的问题。因此,学生能够把各个要素联系起来,从单点思维到多点思维,再到拓展思维,是学生思维能力提升的关键,也将直接影响着各类表现任务的完成质量。在任务设计的过程中,多提供反思和衡量自己思维状态的机会和工具将有助于综合思维能力的提高。

(4)提供沟通协作的支持。一些比较复杂的地理表现任务不仅仅需要对任务进行分解,而且需要团队合作来完成。因此,提供协作支持是非常有必要的。一些建构主义学习理论也认为,知识是协商获得的。让学生体验协作和沟通将是在任务完成过程中非常重要的体验,也是深度学习所需要测量的重要目标。设计表现任务需要注意的要点是:选定的表现应该反映出有价值的活动,并与日常劳动相仿,使学生有机会展示他们的技能和知识以回应"真实"情况。如项目报告和演示文稿,收集、分析和使用数据以做出决定并证明其合理性;表现任务的完成应该提供宝贵的学习经验;目标与任务可衡量的结果保持一致;任务不检查无关或无意的变量;表现性评价应公平无偏见[①]。

表现任务设计的具体操作流程可以参考以下设计流程(见表3-5)。

表3-5 表现任务的设计流程

步骤1	澄清希望学生发展的知识和技能等有价值的学习结果。
问题	(1)希望学生形成哪些概念和原则? (2)希望学生发展哪些重要的认知技能? (3)希望学生发展哪些重要的社交和情感技能? (4)希望学生发展哪些元认知技能? (5)希望学生解决哪些问题? ……
步骤2	设计一个表现任务,要求学生展示上述的技能和知识。
问题	(1)期望的技能或成就及其他复杂的认知、社交和情感技能等与任务有什么关系? (2)任务的适当长度或复杂性是不是与目标相匹配?学生需要多少时间来发展或获得技能或成就? (3)所期望的技能和成就对学生来说是可以教导和实现的吗? (4)任务是不是可以嵌入到课程中来与教学和学习紧密结合?代表教学实际目标的任务是不是被优先考虑? (5)期望的技能或成就的内在重要性是什么?有没有被突出? (6)如果任务过大,如何分解为小任务和小作品来逐步呈现? ……

---

① MOSKAL B M. Recommendations for developing classroom performance assessments and scoring rubrics[J]. Practical Assessment,2003,8(14):1-5.

(续表)

步骤3	设计明确的评分规则。
问题	(1)表现任务中的总任务和子任务是不是都有评分规则？ (2)评分规则的维度和等级分数是不是明确定义了学生表现的范围？ (3)评分规则是不是便于在不同的课堂情境或者是现实环境中使用，也就是简洁与有效能否结合？ (4)评分规则能不能体现最重要的作品或表现的属性，并为学生提供高质量工作的例子？ (5)评分规则是否能为学生提供即时的反馈？ ……
步骤4	设计评估清单，将上述内容整合成为一个评估工具。
问题	(1)为了方便将目标、任务、评分规则进行整合，是否设计了一个简明的评估清单，将上述内容一起呈现给学生，并清晰表现出其中的一致性？ (2)评估清单的设计是不是有利于学生把自己的思考和阶段性任务完成情况以及作品记录在清单上？ (3)清单是不是为学生提供了反馈的机会？ (4)清单是不是有利于教师和学生一目了然地知晓自己的学习状态以及改进的重点在哪里？ ……

在构建任务的过程中，还需要注意一些原则。例如，合作开发有助于提高任务质量，要保证表现任务的公平和没有偏见，保证任务在有吸引力、挑战性以及可实现方面的平衡。这意味着任务在难度、简单度、复杂度等方面是适切的。更为重要的是，所开发的任务具有最大限度的自我维持性，也就是说，任务为学生提供了清晰的步骤指导和记录空间。这样离开了教师的指导，学生依然知道应该怎样做，并且能够在完成任务的过程中持续记录自己的表现。为了实现这一点，可以开发一个评估清单，这将在随后具体的案例开发中呈现。

四、与目标任务匹配的评分规则设计

评估有效表现的关键在于提前设定标准和尺度，若缺乏标准，表现任务就变成任务或教学活动。评分规则是评价内容在许多情况下符合要求的表现标准[1]。表现任务的功能在于把学生内在的实际建构水平"可视化"，而最终实现准确评估的则在于评分规则。评分规则是对这种真实"学力"的一种诠释，解释学生在多大程度上获得了成功。从某种意义上看，学生的这种成功更要能够摆脱任务本身的一些局限性。例如，如果要测量学生的地理调查能力，那么无论在调查何种主题的任

---

[1] 拉齐尔.多元智能与量规评价[M].白芸,杨东,魏奇,译.北京:教育科学出版社,2005:29.

务中,学生都应该能够表现出调查所需要的认知技能和合作交流能力等等。因此一个人的学习成果,不能仅仅在一个任务中展现出来了,而在另一个任务中展现不出来。在这时,要对"地理调查能力"评估的真实性做出判断则依赖于评分规则设计得科学合理,能够测量出学生地理调查能力的不同水平。

评分规则是一种评分指导方针,通过评分或通过执行任务来判断表现和描述不同表现水平的特点。从一定意义上来说,评分规则是对表现目标在学习过程或学习结果中的表现进一步澄清和细化,从而让教师和学生都能够清楚距离目标有多远,而不是对学习的成果感到"疑惑"[1]。评分规则就是对什么才是"足够好"的清晰呈现。评分指标对于学习和评估非常有用,因为它们可以针对与各种表现任务相关的知识,技能和主题来创建。它们包含定性描述绩效标准的内容,这些描述在形成性和总结性评估过程中都能很好地发挥作用。[2]

评分标准通常有三部分:表现标准、表现水平、标准等级。评分规则或量表通常表现为一张由纵轴和横轴组成的表格。垂直轴包含描述作品或表现特征的标准。水平轴表明表现的胜任力。表现定义的级别出现在垂直轴和水平轴互相切割的地方。

评分规则是教学评融合的重要桥梁,评价规则的使用增加了一些传统教学内容驱动所没有的环节:指导学生了解表现性评价的目标和任务、不断鼓励学生积极表现、学生参与制定评分规则并学习好的样例、教师或者学生有机会搜集各种学习证据、学生有机会交流反馈学习的结果、学生有机会可以对自己的学习进行评估、学生有自我调节和改进完善的机会、教师有可以依据学习证据调整教学策略的空间等。把表现性评价准则应用于评价学生表现的实践,会使那些主观的、非正式的课堂观察最终成为客观又可信的课堂评价[3]。

清晰的表现性准则有助于明晰教学目标,或者说有些准则本身就是教学目标。高质量的表现性准则能够帮助教师明确教学的期望是什么?我们的评价标准是什么?什么是良好的表现?我想完成什么任务?什么样的反馈能在下次提高学生的成绩?我的学生能力处于哪种水平,如何进行下一步的教学?我的教学有效吗?[4]

评分规则评价学生在有意义的、"现实世界"的情境中应用所学的知识,并进行适当的推理。评分规则使学生能够在表现之前就知道什么才是好的表现,而不是

---

[1] 朱迪丝·阿特. 课堂教学评分规则——用表现性评价准则提高学生成绩[M]. 国家基础教育课程改革"促进教师发展与学生成长的评价研究"项目组,译. 北京:中国轻工业出版社,2005:13.
[2] KAN A. An Alternative Method in the New Educational Program from the Point of Performance-based Assessment: Rubric Scoring Scales[J]. Educational Sciences: Theory and Practice, 2007, 7(1):144-152.
[3] 佟竹. 表现性评分准则的设计[J]. 当代教育科学,2015(12):19.
[4] 朱迪丝·阿特. 课堂教学评分规则——用表现性评价准则提高学生成绩[M]. 国家基础教育课程改革"促进教师发展与学生成长的评价研究"项目组,译. 北京:中国轻工业出版社,2005:13.

猜测教师应该怎样去评价他们的表现，并促进学生自我决定与负责[1]。但是，设计评分规则确实是一个难题。"挑选"什么级别的描述表达"真正"的意思具有挑战性。而且，教师发现很难将评估标准翻译成学生能够理解的语言。设计评分规则需要将这些水平描述成学生友好的语言，使他们更容易理解，并在简化的同时保留它们的含义[2]。

（一）评分规则的类型与一般设计流程

评分规则分为以下几种类型，一是从评分规则内部的结构上来看，可以分为要素型、程序型和特征型。要素型是对学生的作品中包含多少要素进行评价；程序型是对学生在完成一项技能或者是活动的过程中遵循的流程和必须完成的环节进行评价；特征型是对学生完成的作品所具备的主要特征进行评价。二是从用途上分类，一些评分规则是为了教师在课堂教学上迅速获得学生作品或者是活动的阶段性信息所研制，是作为学习支架的重要组成部分，这类评分规则就需要在设计的时候，把评价目标的数量设计得较少，抓住主要特征，内容简介明了，评分快捷和便于统计，这样能够方便教师和学生使用；另一些评分规则则是在项目完成之后进行评价，结构比较完整，能够系统诊断出学生的学习细节，因此就需要设计得比较完善，能够评价出学生在认知领域、个人领域和人际领域的各种信息。评分规则的类型选择直接影响着评分规则的开发和设计。

评分规则设计的流程一般是：检查表现和学习目标的性质，并决定使用哪种类型的评分规则；以可理解和清晰的语言确定表现标准及其可观察特征；确定表现水平和特点，这些要求匹配表现水平和表现的可观察特性；描述表现的最高和最低水平，然后确定中级表现；对于描述性能最高和最低水平的分析标准，分别使用每个属性的描述符，然后分别为每个属性编写所有中间级别的表现描述；最后，收集学生作品的样本[3]。

（二）地理评分规则设计的流程和技巧

为设计高质量的地理评分规则，可以采取自我问答的方式来澄清每个要素的设计要领。具体设计流程如表 3-6 所示。

---

[1] 朱迪丝·阿特.课堂教学评分规则——用表现性评价准则提高学生成绩[M].国家基础教育课程改革"促进教师发展与学生成长的评价研究"项目组，译.北京：中国轻工业出版社，2005：13.

[2] TIKNAZ Y，SUTTON A. Exploring the Role of Assessment Tasks to Promote Formative Assessment in Key Stage 3 Geography：Evidence from Twelve Teachers[J]. Assessment in Education：Principles，Policy and Practice，2006，13(1)：327-343.

[3] KAN A. An Alternative Method in the New Educational Program from the Point of Performance-based Assessment：Rubric Scoring Scales[J]. Educational Sciences：Theory and Practice，2007，7(1)：144-152.

表 3-6　与目标任务匹配的评分规则设计流程

步骤 1	要被评价的表现结果有哪些?
问题	学生应该知道、理解或者展示出哪些你想要的测量方面？例如,地理实践力、区域认知能力、综合思维能力和人地协调观念等,或是社交和情感技能、元认知技能……
步骤 2	地理课程标准哪些标准与这些表现结果一致？设计初步的评分规则框架。
问题	课程标准中关于所测量的核心素养的具体内涵是什么,有什么等级水平说明,在未来的评分规则设计上给予什么启发和奠定了什么基础……
步骤 3	评分规则如何匹配表现任务？
问题	评分规则如何设计才能评出学生在具体任务中的表现……
步骤 4	如何设计完整的评分规则？
问题	如何结合课程标准中关于核心素养等的要求,以及内容标准的具体内容,结合任务选择合适的评分规则类型,设计完整的评分规则,使得规则能够完整捕捉学生的学业信息,测量出学生真实的学业状况……
步骤 5	如何对未来评分方式提出预想和假设？
问题	对学生即将产出的作品如何评分,才能确保评分的真实和客观……
步骤 6	如何对评分规则进行再次完善？
问题	针对上述过程,在整个学生的作品完成之后,可以根据学生的作品实际情况对评分规则进行何种微调,以使得所有的学生都能被评估,并被客观评估到……

在依照上述步骤设计地理评分规则的同时,还需要注意以下一些方面:

(1)考虑评价用途。考虑评分规则的运用环境,是在任务完成现场中使用还是在任务完成之后使用:在任务完成现场,如在课堂教学中使用或野外考察过程中使用的评分规则,需要马上使用并做出比较快捷的反应和评估的结果;在任务完成之后,针对学生作品进行评价的评分规则,因为有着比较长的评估时间,能够给出比较详细的报告,供学生自己有针对性地思考,所以可以设计比较系统和整体性的评分规则。

(2)建立评价框架。对评估的主要对象进行判断是对维度、要素、过程、结构的评估,并从中建构设计的框架。评分规则具有简明和易使用的特点,需要在复杂性和简约性之间找到一个平衡。也就是说,过于简单,可能未必能衡量出更多的信息,造成信息缺失;而过于复杂,则可能导致评分人对评分规则理解难度加大,不能较为快捷和客观地做出判断。

(3)充盈评价内涵。围绕需要评估的主要内容,主要表现为详细描述特征,对所评价的内涵进行丰盈,能够让使用者比较快捷地从中判断被评价对象的表现所处的水平,并能比较快捷和准确地赋分和评定等级。

(4)选择赋分特征。在明晰了主要表现的等级水平之后,就可以对评分规则中的具体评分维度进行赋分了,并在赋分时考虑怎样赋分会比较科学和好用。

(5)试验调试调整。形成评分规则的初稿之后,对其进行初步使用试验,然后进行调整;使用调整:在教学实践中进行使用,然后再进行完善;判断是不是好用;好用的标准:在评价时没有太多的争议;每个词的含义都能够被使用者清晰理解和应用;结构简明;要素清晰;表达简洁;赋分合理,有助于及时做出判断,并尽量克服主观性;调整之后的评分规则让地理教师进行试验,写出评价感受,看看不同的人评出的结果如何,是不是能够比较客观地反映出实际的素养情况。

开发评分规则的建议包括:评分标准中提出的标准应该与任务的要求和既定的目标明确一致。可以编制一份清单,说明任务要素如何映射到目标中。评分标准中规定的标准应以可观察到的行为或作品特征来表示。例如,考察推理时要求学生以书面或口头形式解释他们的推理。评分标准应着重于评估推理过程的书面或口头表达。评分标准应该用专业和明确的语言书写,让学生理解。使用评分标准的一个好处是,它们可以在学生完成评估活动之前或过程中为学生提供清晰的描述,如果评分标准中使用的语言对于特定学生来说过于复杂,那么这种好处就会丧失。学生应该能够理解评分标准。分数水平之间的分隔应该清楚。用于评分标准的量表应反映出成绩水平之间的明显差异。标准的陈述应该公平并且没有偏见。

总之,好的评分规则应该体现表现或者成果的本质,尽量覆盖合格表现的所有特征、维度和清晰的等级说明,易被教师和学生使用,以及对所有学生的评价尽可能公平、可信。

此外,在实际的设计过程中,评价方案的设计也并不完全是一个线性的过程,而是不断对话和逐步深化的过程。设计评价目标是表现性评价的起点。但是,这并不意味着其他的内容对评价目标不产生影响。通过对评价量规的选择和设计,可以对评价目标进行更加清晰化的表达,通过对表现任务的设计,可以让评价目标更能够呈现出可观察和可测量的具体表现。因此在设计的过程中,三者是可以不断相互影响、彼此校准的。尽管表现性评价的基本框架流程是相对稳定的,但是在用于不同类型的评价中,也就是应用于形成性评价和终结性评价中时,不同的要素发挥的作用不同,因此也就具备不同的功能,并在应用的环节上会有一定区别。这样就会形成不同的模型,包括应用于形成性评价的模型和应用于终结性评价的模型。

值得注意的是,为了进行更好的表现性评价,还需要引导学生进行自我评价与自我反思,这也是发挥评分规则作用的途径。

第四章 地理学习表现性评价的实施

在第三章论述了地理学习表现性评价的一般设计框架的基础上,本章将进一步探讨如何将地理表现性评价在教学中加以实施。绪论中,本书探讨了评价与教学的关系,发现在传统视角下,教学与评价处于割裂状态,是分离的。教学是教学,评价是评价,评价难以服务教学。然而,在教—学—评一致性的视角下,教学和评价在共同目标的引领下被整合了起来,就具体的整合关系而言,存在两种模式,一是"嵌入式",二是"合一式"。因此,本章将研究地理学习表现性评价的两种实施模式,即"嵌入式"表现性评价和"合一式"表现性评价,分别探讨两种实施模式的基本内涵、应用条件、结构特征与实施流程,从而为表现性评价应用于地理教学提供实施路径。

第一节 实施模式一:"嵌入式"表现性评价

一般而言,教学是预先设定目标的活动,要了解学生在教学之后是否产生如教学目标所期望的改变,就需要学习评价。要围绕着学生的学习进行教学,教师也必须能够结合学生既有的知识创造有意义的学习任务,并且搭建学习支架来鼓励学生主动地学习且持续不断地进行评价。表现性评价旨在促进教学和评价更好地结合。如绪论中所阐述的,把评价作为教学活动的一部分的理念,已为大多数研究者所接受。"嵌入式"表现性评价将表现性评价视为课堂教学活动的组成部分或一个环节,如果将"嵌入式"表现性评价应用于地理教学之中,其就应当是地理课堂教学活动中的一个环节或组成部分。那么,具体来说,"嵌入式"表现性评价在地理教学中应用的主要内涵、基本条件和结构特征是什么呢?

一、"嵌入式"表现性评价的基本内涵

在地理教学中,若把教师完成一条内容标准作为一个基本教学单位,"嵌入式"表现性评价就是指在学生学习一条内容标准的时候,表现性评价会成为教学活动中的一个组成部分(见图4-1)。因此,嵌入在教学过程中的表现性评价也就具备了以下内涵。

```
教学活动 | 嵌入表现任务1 | 教学活动 | 嵌入表现任务2 | 教学活动
```
教学流程

图 4-1 表现性评价嵌入教学过程的示意图

（一）嵌入教学流程的是一个或多个表现任务

教学目标中的一部分目标作为表现性评价中的表现目标。基于表现目标，一个或者多个与之匹配的表现任务，以及与目标任务匹配的评分规则被嵌入在教学过程中。

（二）开放的表现任务完成和评分的过程被镶嵌在教学过程中

学生完成任务的过程以及评分的过程是嵌入在教学过程中的。师生对于要完成什么任务，完成任务的标准都非常清楚，而且整个过程完全是开放和透明的，师生均能从这个过程中获取任务完成情况的各种信息。

（三）评估的结果会被即时应用于下一步的教学环节中

学生完成任务和评分的信息向所有人开放，并且会作为学习的阶段性成果的证据而被应用于下一步的教学和学习环节中去。例如，应用于对学生的反馈，或者是应用于下一步的教学决策和改进。

二、"嵌入式"表现性评价的前提条件

基于"嵌入式"表现性评价的基本内涵，在教学中"嵌入式"表现性评价有其应用的特殊前提条件。从教学目标、评价目的和表现性评价的功能等方面来看，"嵌入式"表现性评价在以下前提条件下可以使用。

（一）教学目标中只有部分目标需要运用表现性评价，而这些目标往往指向高阶思维或特殊技能

表现性评价的有效应用不仅取决于评价本身的设计，还取决于评价实践如何与有效教学目标相结合[1]。指向地理核心素养的教学目标，从地理基础知识的获取转向到关键能力的养成，进而到地理观念的培养[2]，尤其是关注高层次的批判思考与问题的解决能力[3]。

表现性评价旨在使用复杂的任务，要求学生理解问题，准确运用他们的知识和

---

[1] DARLING-HAMMOND L. Performance-based assessment and educational equity [J]. Harvard Educational Review，1994，64(1)：5-31.
[2] WINTER C. Geography and education II：Policy reform，humanities and the future of school geography in England[J]. Progress in Human Geography，2012，36(2)：254-62.
[3] HAUBRICH H. Reflections on geography standards in Germany [J]. International Research in Geographical and Environmental Education，2005，14(1)：72-6.

技能来制定任务的解决方案,并交流他们的问题解决流程和解决方案。例如,科学探究任务可能评估学生"识别、定义和解决科学问题以及以适当的科学方式交流所用策略"的能力①。因此,在地理教学目标中,那些指向高阶思维或者是学科特殊技能的目标,需要运用表现性评价进行评价。

这也就意味着,对于一条内容标准的教学而言,需要表现性评价来实现的教学目标仅仅是整个教学目标的一部分,所以表现性评价不需要承担整个教学过程,而只是作为其中一个部分即可。

(二) 需要运用表现任务来同时激发学习者的学习结果产出与学习过程的呈现

表现任务要求学生对复杂的情境做出反应。② 因此,嵌入教学的表现任务,需要能够激发学习者的学习过程的展现和学习结果的产出,从而为学习者提供即时反馈。

首先,表现任务要能够激发学习者产出学习结果。因为只有通过选择或者创造可观察的产出来厘清学习目标,才能确保对学习结果的直接衡量③。因此,表现任务是真实性的,以学习者为中心,要求学习者应用他们所学到的知识和技能或参与过程或创建作品。

其次,表现任务要能够激发学习者展现学习过程。因为,表现任务重点指向的是分析学生解决任务背后的问题解决过程,通过借助于特定的评价任务引发的某种外在的表现,判断学生建构的各方面特征或不同水平,在任务特征—行为表现—建构水平之间建立了内在联系,从而实现了对学生真实学业水平的评价④。

正如嵌入式表现性评价的代表性人物斯蒂金斯所认为的,表现性评价的目的在于评价知识、理解化为行动的能力,让学生经由计划、建构及表达最初的反应来评定学习结果,是评估学习者能否善用有用的知识与技能解决新异问题的一种方式。

为了能够从学生的表现中发现学生表现不良的原因,评价者就更需要从任务完成所需要的知识、技能、思维方式与过程等方面入手,理解学生解决任务的内在过程,以实现这些目标。⑤

总之,如果教师需要同时了解有关学生真实的学习结果和学习过程,想要避免

---

① Wisconsin Department of Public Instruction. Wisconsin Student Assessment System:Performance assessment sampler[R]. Madison,WI:Wisconsin Department of Public Instruction,1995.
② BRADEN J P. Performance assessment and diversity[J]. School Psychology Quarterly,1999,14(3):304-326.
③ STIGGINS R J. Design and Development of Performance Assessments[J]. Educational Measurement Issues & Practice,2010,6(3):33-42.
④ 杨向东."真实性评价"之辨[J]. 全球教育展望,2015(5):46.
⑤ CRONBACH L J. Construct validation after thirty years[M]//LINN R L. Intelligence:Measurement,Theory,and Public Policy. Chicago:University of Illinois Press,1989:147-171.

不了解学习过程而造成教学误判的情况,那么就需要在教学中嵌入表现性评价。

(三)学习者需要即时反馈,在师生互动中推动高阶思维的发展

在学校教育环境下的地理学习活动必然离不开教学活动的支持,因为教学的目的是帮助学习[①]。而促进学习最重要的环节就是反馈。而且,有关研究表明,反馈越及时,对于学习的帮助就越大。因此,学习者往往需要即时反馈,以获得如何让学习进步的有效信息。

嵌入式表现性评价一个很大的优势就在于能够为学习者提供即时的反馈,推动学习者高阶思维的发展。斯蒂金斯提供了师生依据评分规则展开互动、推进教学向着高阶性学习迈进的具体案例。

(四)教师需要获得即时学习证据,为学生提供高质量的反馈,并决定下一步教学策略

评价作为一种证据被用来证明学生的学习目标是否达成。表现性评价要求以学习的结果或者学习目标的实际表现作为主要的证据来源。通过表现性评价,教师可以根据学生在课堂中的信息来评价学生是如何学习的,学到了什么以及在现实情境中能做什么。

在嵌入教学的表现性评价实施的过程中,学生展现认知过程、技能水平和关键能力等,教师则利用观察及专业判断来评量学生的学习进展[②]。因此,教师如果需要获得即时学习证据,为学生提供高质量的反馈,以决定下一步教学策略,就要使用"嵌入式"表现性评价。

三、"嵌入式"表现性评价的结构及特征

为了进一步明晰"嵌入式"表现性评价在地理教学中应用的结构及特征,本研究搜集了一些"嵌入式"表现性评价应用于地理教学的具体案例,从中详细分析表现目标的特征、表现任务的规模、评分规则的特点,以及与之配套的教学策略,为设计和实施这类表现性评价提供基础。

本部分所分析的案例主要是从网上搜集的斯坦福评价、学习和公平中心的地理表现性评价案例。

2009年,瑞·皮切诺(Ray Pecheone)教授在斯坦福大学成立了斯坦福评价、学习和公平中心。该中心是表现性评价开发领域的国际权威机构。研究者本人通过网络系统搜集了该机构所开发的215个高中表现性评价案例,并从中选择了与地理学科密切相关的典型案例作为分析对象,试图对这些案例的基本要素、任务结构、教学过程等进行分析,提炼出"嵌入式"表现性评价的结构特征。

---

① R·M·加涅,W·W·韦杰,K·C·戈勒斯,J·M·凯勒.教学设计原理(第五版)[M].王小明,庞维国,陈保华,汪亚利,译.上海:华东师范大学出版社,2018:3.

② STIGGINS R J. Design and Development of Performance Assessments[J]. Educational Measurement Issues & Practice,2010,6(3):33-42.

案例1：城市化影响：积极还是消极？

在这一案例中，整体的教学时长为910分钟，大约16小时。其教学过程嵌入了多个表现任务。现分析其中两个嵌入式表现任务。

"嵌入式"表现性评价1：有关城市化基本概念和相关概念的学习

促进对有关概念的深度理解也是表现性评价所注重的教学目标。下面呈现这个表现任务的基本流程。

课程标准：

L.9-10.6：能准确掌握和运用一般学术和特定领域的词汇和短语，足以胜任大学和职业准备阶段的读、写、说、听；在考虑一个对理解或表达很重要的单词或短语时，表现出独立收集词汇知识的能力。

L.9-10.5：表现出对比喻语言、词的关系和词义的细微差别的理解。

L.9-10.4：根据9—10年级的阅读内容，确定或澄清生词和多义短语的意思，灵活地从一系列策略中进行选择。

SL.9-10.1：与不同的伙伴就9—10年级的主题、文本和问题，发起并有效地参与一系列协作讨论（一对一、小组讨论和教师主导讨论），以他人的观点为基础，清晰而有说服力地表达自己的观点。

RH.9-10.4：确定在课文中使用的单词和短语的含义，包括描述历史/社会研究的政治、社会或经济方面的词汇。

2.3：世界的本质是相互联系的，包括人类与地方的联系。

2.2：解释和说明影响人、地方和环境相互作用的地理变量。

任务目的：这个小任务的目的是让学生利用上下文线索来理解和使用他们在整个模块的文本、地理工具和视频中遇到的基本词汇/概念。

任务目标：掌握并准确使用学术和专业术语的能力。

表现目标：学生能够以书面形式解释相关的城市化术语，使用城市、人口、城市化等专业术语词汇。

评估标准：

学生能否参与伙伴对话；准确完成每个词汇信息圈，包括定义、图片、原句、列表或相关单词。

任务实施：

任务准备：为每个学生制作一份或多份空白的、每页四份的词汇信息表格；每对词汇卡复印一份。词汇卡上的词汇如下：工业革命和工业化、特大城市、国内生产总值、贫民窟、迁移、侵犯、减轻、碳足迹。

首先告诉学生，在阅读、检查和查看本模块中包含的文本、地理工具和视频之前，他们将学习必要的词汇。今天他们将和一个伙伴一起学习这些单词。

为每位学生提供一份空白的词汇表信息圈。用"工业革命"这个词来模拟学生的词汇信息循环过程，要求学生按照你的模式完成页面上的第一个循环。告诉学生，他们将得到两个不同的句子，并使用与两个句子中黑体字相同的词汇。所有的句子都是他们将在本模块中阅读、检查或查看的。计划包含术语"工业革命"的两句话。使用文档相机,在空白词汇表信息圈的中心写上"工业革命"。

将这两句话大声读给学生听,然后做一个思考的模型,继续填入词汇信息圈:

定义:第一句让我知道工业革命是在过去,因为其中有短语"回溯",第二句说它是在"大约200年前",所以我知道它是历史上的一个事件或一个时期。这两个句子都是关于人们为了在工厂工作而搬到城市。我想我会把它定义为"历史上人们搬到城市在工厂工作的一个时期。"

图画:我想我要画一个人从农村搬到一个有工厂的城市。我先画一个简笔画,然后画一个箭头指向一个城市的工厂。句子:现在我需要写一个原话来证明我理解这个词。工业革命使许多人来到城市在工厂工作。

相关词汇:现在我需要思考与"工业革命"相关的词汇。这将帮助我连接重要的词汇和概念,并将给我一组额外的学术词汇,我可以在整个模块的讨论和写作中使用。我将在这两个句子中寻找可能的单词,同时思考我知道的其他连接词。从这些句子中,我想把城市化、工业化、就业和工厂写下来。我还想添加历史记录。

要求学生为完成指定的任务一起工作,或与我的"伙伴""见面"。告诉学生,他们现在将从事与你刚才与他们的伙伴建模相同的过程,完成与城市化及其对人和环境的影响有关的其他重要词汇的词汇信息圈。

为每对学生提供一份词汇信息卡的副本,并允许小组开始学习词汇,填写他们的空白词汇信息圈。最后与全班同学一起复习对学生来说有问题的词汇。

满足学生的需求:

把词汇卡拆开,给每个学生一张。要求学生配对,找出与另一个句子中粗体字相同的人。在学生完成第一个学期的词汇信息圈后,让他们交换一套新的卡片。

用计时器在词汇信息圈中给学生计时,每个词汇大约5分钟。

在房间周围设置站点,每个站点都有一对词汇信息卡。让学生用定时器(5分钟)在每一站轮流完成一个词汇信息圈。允许学生在起草完定义后,在完成词汇信息圈剩下的三个象限之前,通过查找来确认自己的定义。把这门课分成两半,要求一组学生做一半的作业,另一组做另一半的作业。让每对学生组成一个小组,互相分享他们的理解。

从上述嵌入的表现任务能够看出,对地理基本概念和词汇的教学,充分融入了表现性评价的基本要素,而且教学的过程非常细致,对于学生究竟应该把概念掌握到什么程度,有着非常细致的示例性说明。学生在活动中完成对基本概念词汇的掌握,而不是通过单一的阅读或者复述。这与仅仅通过教材上对概念的描述来掌握基本概念和词汇的做法是大不相同的。

"嵌入式"表现性评价2:"确定视频中心思想的能力"

在这个媒体发达的时代,人们总是会面对各种各样的视频信息,能够从视频中迅速捕捉到中心思想是一个非常重要的素养。而且,这个能力既是地理学科中非常重要的核心素养,也是一个人非常重要的基础素养。在我国的日常地理教学中,也经常会让学生观看一小段视频,然后再问学生一些关于视频中所涉及的主要内容的问题。因此,选择了"确定视频中心思想"这一嵌入式表现任务,从中发掘如何让"常见"的观看也能成为表现任务。下面呈现这部分小表现任务的实施过程和教学策略:

课程标准:

L.9-10.6:能准确掌握和运用一般学术和特定领域的词汇和短语,足以胜任大学和职业准备阶段的读、写、说、听;在考虑一个对理解或表达很重要的单词或短语时,表现出独立收集词汇知识的能力。

SL.9-10.1:与不同的伙伴就9—10年级的主题、文本和问题,发起并有效地参与一系列协作讨论(一对一、小组讨论和教师主导讨论),以他人的观点为基础,清晰而有说服力地表达自己的观点。

rh.9-10.2:确定主要或次要来源的中心思想或信息;提供一个包含了准确的总结、关键事件或想法如何发展的过程文本。

2.3:世界的本质是相互联系的,它是人类与地理环境的相互联系。

2.2:解释和说明影响人、地方和环境相互作用的地理变量。

任务时间:20分钟

任务目标:确定视频中心思想的能力。

任务描述:"现在我明白了城市化的解释"。学生能够通过使用内容词汇(城市化、人口、城市等),以书面形式总结当前城市化问题和趋势。

评分标准:利用视频中的实质性证据完成"图形组织者"参与伙伴对话并准确地写出10-15个单词的主要含义。

教学策略:

通过一个简短的(3分钟)视频剪辑,总结城市化对人类和环境的积极和消极影响。

准备这个小任务:提前看视频;预习想要预习的关键词汇;为每位学生制作一份图文资料;为每位学生制作一份录影本;为每个学生制作一份关于合作对话的文本。分配学生伙伴或选择"在"城市与我见面来寻找伙伴。

首先告诉学生,他们将观看一个关于城市化的3分钟短片。

学生们将观看视频两次,一次只是为了对其有个大致的了解,另一次则是通过一个图形组织者,帮助他们研究城市化及其影响。

向学生展示"现在我明白了:城市化的解释"视频。

为每位学生提供一份"现在我明白了:城市化的解释"图片集,以及一份视频记录。

与学生一起复习问题,让学生在第二次观看视频时听问题的答案。学生不应担心能否写出完整的句子,而应简单地以项目符号的形式记下信息。

让学生再看一遍视频。

告诉学生,在本模块的整个课程中,他们将阅读、检查和查看资源(文本、地理工具和视频),并围绕这些资源进行伙伴和小组对话。

提供学生一份关于课文的合作对话。

告诉学生"文本"指的是他们正在使用的任何资源,无论是打印文本、地理工具还是视频。告诉学生,你希望看到他们提到的这些资源,听到这些句子的开头,不仅是今天,而且是在他们参与有关资源合作的对话时。

告诉学生们,今天他们将集中在以下三个方面:

支持你对文章的思考;建立在别人对文章的看法上;

挑战别人对文章的看法。

让学生复习这三个类别,选择一个他们以前没用过或不经常用的句子开头,然后用星号标出,并承诺在今天的对话中尝试使用它。

让学生与搭档一起检查他们的笔记,并补充他们没有注意到的内容。

最后,要求学生独立写出要点(10—15个单词,一句话),总结陈述者为视频在底部的图形组织者。

满足学生的需求:

要求学生圈出他们(或他们的小组,或班级)在列表组标记的小任务中包含在头脑风暴列表中的文字记录中的单词。

让学生在观看视频时不提供任何文字。

当学生在第二次观看时记下信息后,向他们播放第三次视频,让他们补充他们错过的内容。

让学生与同伴合作,共同写出要点。

上述这个表现任务提供了一个如何从视频中提炼中心思想的样例式任务,学生观看了3次视频,最终为视频提供了一句话,作为这个视频的中心思想。这是一个很小的嵌入式任务,但是却对学生的关键能力发展起到重要作用,成为整个教学的重要组成部分。

案例2:三个宗教一座圣城——嵌入"创建中心思想"的表现任务

三个宗教一座圣城是一个教学时长为655分钟的教学案例,其中也嵌入了一些表现任务,作为整个教学过程中的重要环节。现在选择其中一个嵌入式表现任务——"创建中心思想",因为从各种文本中提取信息,并且概括出中心思想,既是地理教学中最常见的内容,也是学生解决地理问题非常重要的关键能力。

从这个嵌入在教学中的表现任务来看(见图4-2),该任务具备四个基本的要素:技能说明、作品提示、标准要求和教学策略。也就是说,在30分钟的时间内,学生非常清楚自己要做什么事情,要呈现出什么作品,这个作品有什么具体的标准。而且在操作的策略上,该案例具有非常显著的表现性评价特征。例如,学生两人一组交流样本段落所具有的特征,然后学生参与开发一个简单的"核查表",也就是写出一段更符合标准的段落来说明需要做哪些事情,接着在单独完成任务之后,有互动交流,特别是围绕"核查表"进行评价交流。这样一个微观的表现任务,非常有利于在课堂教学中实施,而且满足了应用表现性评价来促进学生相关素养发展的目的。

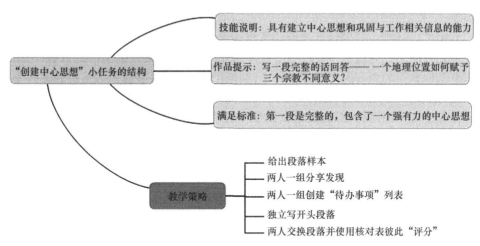

图 4-2 "创建中心思想"表现任务嵌入教学流程框架

通过对上述两个"嵌入式"表现性评价的分析,我们能够总结出"嵌入式"表现性评价的基本结构。如表 4-1 所示。

表 4-1 表现性评价嵌入教学的基本结构及其特征

维度	说　明
所需时间	设计完成任务所需要的时间(一般不超过 1 课时)
目标说明	说明学生在完成这一任务的过程中所需要运用的知识、技能等
作品提示	说明学生必须完成的作品以及具体表现
评分指南	说明学生所完成的任务必须具备哪些标准才算达到目标
教学策略	说明任务的目标是什么 说明为完成任务教师需要准备的材料和物品 说明教学流程和指导学生开展的学习活动

据此,"嵌入式"表现性评价的主要特征包括以下几个方面:

第一,聚焦性,即关注处于学科基础地位的关键能力。"嵌入式"表现性评价的表现目标聚焦于处于学科基础地位的关键能力。其所关注的问题是地理学科的核心问题,所关注的素养是地理学科的核心素养,包括地理学科的基础知识和技能、地理学科解决问题所需要的过程和方法,而学生所完成的作品也体现着地理学科的价值观念。而且,这些地理核心素养的落实得到了保障。首先,每一个任务都是围绕一个地理关键问题或者是具有标志性的作品展开的。其次,每一个问题或者是需要完成的作品都以最基础的能力的完成为支撑，例如地理专业术语或概念词汇的学习，从视频、图表、文本中提取信息的能力，提供思考和撰写报告的支持等等。

第二，一致性，即表现性评价任务与课程标准相契合，任务与课程标准相一致。在上述案例中任务设计不仅仅基于地理内容标准，还涉及其他学科的标准，包括如何把其他学科的内容融入地理学科中，如何把语言文字、语言艺术与技能融入学科中；其他学科科学、历史、社会等不同领域的具体阅读和写作要求做了详细的分析；合作与交流中的语言使用；提供支持学生合作能力发展的小组，包括自由小组、任务分配的小组和分工明确的小组，以及根据个人需要的随机的分组，在分组阅读、完成任务的过程中，提供交流的支架。

第三，可行性，即具备详细的各类操作说明。在任务准备阶段，都有非常详细的任务说明，以及学生参与和完成任务需要具备哪些技能，引导学生理解评分规则，而且任务准备阶段的教学策略非常具有"活动性"，也就是通过各种各样的活动来促进学生做好进入任务的各项准备工作。在任务实施过程中，教学的过程也非常细致，对于学生究竟应该把概念掌握到什么程度，有着非常细致的示例性说明。任务有相配套的一些评价标准。等级制、分维度，每个维度就是指向学生产出作品的标准，与课程标准与学生关键能力相匹配；确保学生能够理解评分规则。

第四，学科性，即任务完成体现学科典型的学习方式。任务的设计非常鲜明地体现了地理学科的特征，具体表现在课程标准中的内容标准表达了学科核心知识，同时也表达了学生的认知水平。例如"了解区域的含义"就是一条内容标准。其中包括一个名词"区域的含义"，这是学科的具体知识内容，"了解"则是一个动词。美国教师在分解内容标准时，关注到了知识的不同类型，即陈述性知识和程序性知识。例如，"认识到地区可以用文化、地理或政治术语来定义"是陈述性知识，"准确地解释和总结各种类型的地图、图表和图表中的信息"是程序性知识[①]。

第五，时机性，即恰当地嵌入教学活动。时间的安排根据学习所需要的具体时间来确定，对教师设计任务提出很高的要求。教学过程中往往嵌套着非常多的小任务，这些小任务在实施的过程中，有着很多的支持，如：对任务目标的详细描述，对学生要完成任务应该做什么的具体要求，也有需要完成的阶段任务或者是对产出所做出的具体评价标准，特别是在教学策略上，创设非常多的活动，让学生不断表现，从而展现其所知所能。总体而言，所嵌入的任务在认知水平的难度上，是由简单到复杂，由容易到困难的。而且，所嵌入的任务也需要即时提供各种反馈信息，因此教师对于何时嵌入什么样的表现任务，需要把握好时机！

---

① MARZANO R J, PICKERING D, MCTIGHE J. Assessing Student Outcomes：Performance Assessment Using the Dimensions of Learning Model[M]. Alexandria, VA：Association for Supervision and Curriculum Development，1993：17.

四、"嵌入式"表现性评价的实施流程

通过对"嵌入式"表现性评价的结构与特征进行分析,结合地理教育而言,表现性评价嵌入教学的实施流程包括如下步骤:①设计表现目标以体现建构－任务－表现之间的关系;②让表现任务所隐含的认知过程与学习过程相匹配;③将表现任务嵌入在教学中的某一环节;④运用评分规则进行专业判断;⑤运用恰当的反馈机制为学生和教师提供信息;⑥学生调整学习;⑦教师改进教学。图4-3为"嵌入式"表现性评价的设计流程。

首先,明确所需要教学的内容标准,澄清完成这条内容标准所需要的地理学科核心素养,也就是地理心理建构的结构和内容,据此确定具体的表现目标。在设计和叙写评价目标的时候还需要注意以下一些要点:目标为教学和评价提供了明确的重点和实施依据;目标在教学和评价之前制定;目标反映有价值的重要的学习成果;目标描述可衡量的学习结果;目标可指导评价活动[①]。然后,探索地理经典任务中的认知过程,设计地理表现任务所需要的认知策略,为设计微观层面的具体任务奠定基础。最后,再设计与之相匹配的评分规则。以图4-3所示为例,要反映学生在课堂学习的过程中人地协调的观念是否有所转变,就需要表现性评价来支持,因此围绕这一目标,设计了一个小型的表现任务,让学生用出声表达和写作表达来呈现自己的人地协调观念。

其次,明确地理学习的基本过程,找到运用表现性评价来优化地理学习过程的关键环节,从而为表现性评价嵌入于地理教学的设计提供依据。表现性评价嵌入教学的类型则是在整个教学的过程中嵌入一个或者多个小表现任务,成为教学的重要组成部分。表现任务所嵌入的教学流程的位置取决于表现任务需要发挥的作用,主要可以包括以下三种嵌入的方式:

(1) 在教学的导入环节后嵌入。这里嵌入的位置,相当于教师所说的导入新课阶段。这样的表现任务能发挥激发学生学习动机、让表现任务发挥促进学生学习新知识的作用。因此在教学策略上,需要创设情境,引入任务。任务难度不宜过大。

(2) 在教学进行了一段时间之后嵌入。这时学生已经对所学的内容有了一定的了解,具备了一些基础知识和技能,因此,表现任务可以发挥让学生应用知识和技能来解决实际问题的作用。任务难度可以较大,鼓励学生进入深层次学习。

(3) 在教学即将结束的阶段嵌入。这时表现任务所发挥的作用可以是检验学生学习的效果,看学生是否经过教学和学习发生了朝向目标发展的转变,并可以检测出转变的程度。

---

① 佟柠.指向问题解决的学习环境设计——以地理为例[J].基础教育课程,2015(12):4.

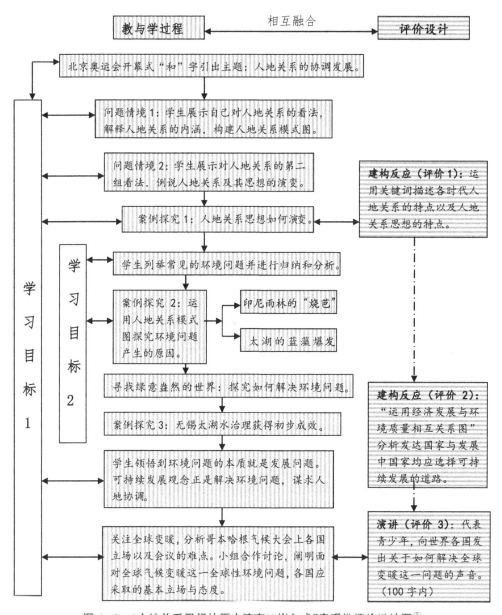

图4-3 《人地关系思想的历史演变》"嵌入式"表现性评价设计图[1]

无论表现任务嵌入在教学的哪个环节,教学都需要为之做铺垫,任务完成过程中或之后要收集学习证据,教师也需要提供即时反馈。

---

[1] MOSKAL B M. Recommendations for Developing Classroom Performance Assessments and Scoring Rubrics[J]. ERIC Clearinghouse on Assessment and Evaluation, 2003:1.

第二节 实施模式二:"合一式"表现性评价

"合一式"表现性评价将表现性评价视为一种课堂教学活动,如果将"合一式"表现性评价应用于地理教学之中,其就应当是一种地理课堂教学活动。那么,具体来说,"合一式"表现性评价在地理教学中应用的内涵、结构及其特征是什么呢?

一、"合一式"表现性评价的基本内涵

如前文所述,如果以教师完成一条内容标准为一个基本教学单位,那么"合一式"表现性评价就是指教师在完成一条或者是多条内容标准时,其教学过程就是表现性评价的实施过程(见图4-4)。

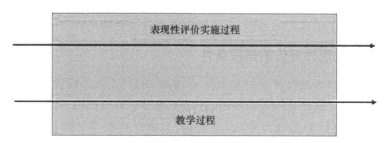

图4-4 表现性评价与教学过程合二为一

因此,与"嵌入式"表现性评价相比较,虽然在表现目标、表现任务和评分规则等要素方面基本相同,但却在与教学活动之间的相互关系方面存着差异,也发挥着不同的特征和功能,也因此赋予了"合一式"表现性评价不同的内涵。

(一)"合一式"表现性评价的实施过程就是教学过程

"合一式"表现性评价的核心,就是把教学活动转化为表现性评价的实施过程,或者是把表现性评价的实施转化为教学过程。

(二)表现目标与教学目标合一以支持大单元、大主题的教学

"合一式"表现性评价的表现目标和教学目标是合一的,而且改变原来"教教材",即一个一个知识点、一节一节课分散处理的教学传统,更能支持大单元、大主题或大任务的整体教学设计[①]。

(三)表现任务更加真实复杂,可能需要调动多种地理核心素养去完成

"合一式"表现性评价所需要完成的表现任务更加真实和复杂。正如"合一式"表现性评价的代表人物威金斯对表现任务的复杂性所界定的那样,任务调动了学

---

① 周文叶.表现性评价的理解与实施[J].江苏教育研究,2019(2):7-11.

生更加长久的思考,调动了更多的知识、技能以及关键能力,解决问题的路径并不是清晰可见的,学生需要更多地依靠自己努力,采取多样化的学习方式,而不是教师在每一个知识点上的指导。

（四）学习结果需要一个综合性更强的作品来呈现

学生完成任务后呈现出来的学习结果往往依托一个综合性更强的作品来表达。作品的形式和内涵会是多样的,直接体现着学生对问题的思考深度和对评价内容的熟练程度。

（五）评分更加复杂,评价结果可以用于形成性,也可以用于总结性的目的

"合一式"表现性评价的评分过程会更加复杂,无论是试图对完成任务的过程评分,还是对最终的作品评分,都需要更加复杂的评分标准和更加复杂的评分过程,耗时更长,难以给出即时评价和反馈。其所产出的评价结果,是系统性和综合性的,能够实现对学生多个维度地理核心素养或者是关键能力等的评价,因此,评价结果既可以用于形成性的目的,也可以应用于总结性的目的。

二、"合一式"表现性评价的前提条件

基于"合一式"表现性评价的基本内涵,从教学目标、评估目的和表现性评价的功能等方面来看,"合一式"表现性评价在以下情形中可以使用。

（一）需要设计和实现大单元、大主题、大概念的教学目标

威金斯认为表现性评价的目标应当是值得学生持久理解的,首先它是一种"大观念",具有超越课程内容的持久价值;其次居于课程的核心位置;第三,它能够为学生学习提供活力[①]。"合一式"表现性评价旨在达成某个或多个主题的单元目标或主题目标,这种目标以提高学生的高级认知能力和高阶思维能力为导向。

（二）需要运用真实、复杂的表现任务来评估多种地理核心素养或关键能力的熟练程度

与"嵌入式"表现性评价相比较,"合一式"表现性评价能够评估和发展的地理核心素养的种类会更多。事实上,在解决真实情境中的地理问题的过程中,同时调动多种地理核心素养,才是一种更加真实的学习状态,也才能呈现出更加真实的学习结果。因此,在教学的某一阶段,当教师需要了解学生地理核心素养更加真实的状态与水平时,就需要运用一些更加真实和复杂的表现任务,这时就可以采用"合一式"表现性评价。

三、"合一式"表现性评价的结构及特征

为了进一步明晰"合一式"表现性评价在地理教学中应用的结构及特征,本书

---

① 威金斯·格兰特,等.理解力培养与课程设计:一种教学和评价的新实践[M].么加利,译.北京:中国轻工业出版社,2003:42.

搜集了一些表现性评价嵌入应用于地理教学的具体案例,从中详细分析表现目标的特征、表现任务的规模、评分规则的特点,以及与之配套的教学策略,为设计和实施这类表现性评价提供基础。

本部分所分析的案例主要包括网络上公布的斯坦福评价、学习和公平中心的地理表现性评价案例,以及正式发表的美国、英国、澳大利亚等国家的地理表现性评价案例。案例选择的依据有以下几个方面:案例覆盖了人文地理、自然地理、区域地理等地理学科的主要学科范围;案例在学生表现和产出作品上具有一定的差异性,包括模型、绘图、论文、手册、报告、表演等;在案例完成的时间长度上,有历时长达几周的大任务,也有几天的相对较小的任务;案例表现任务的结构上也有差异,同时也考虑到了地理学科或地理与其他学科的综合性,以及年级的跨度覆盖等,以期能尽可能从这些把表现性评价作为教学活动的案例中,分析出"合一式"表现性评价的结构及其特征。本部分所分析的具体案例列表如表 4-2 所示。

表 4-2 "合一式"表现性评价的分析案例列表

序号	名 称	课程(科目)	年级	时间
1	地球自转、地球形状、地球公转、地球/环境科学类的云层和天气	STEM 课程(地理)	12	
2	三个宗教一座圣城	历史/社会科学(地理/世界历史)	6-8	2-3 周
3	新罕布什尔州地理特征手册	地理(历史/社会)	K-5	3-5 天
4	新英格兰:大西洋中部还是南部?	地理(历史/社会)	K-5	1-2 天
5	美国方言地图分析报告	地理	大学预科	1 周
6	运用 GIS 绘制校园地图	地理	大学预科	4 周

本部分所分析的具体案例基本信息描述如下:

1."地球运动"表现性评价案例概述:

STEM 课程的地球/环境科学课上,每个参与的学生都有四项表现任务,涉及地球自转、地球形状、地球公转、地球/环境科学类的云层和天气等四个主题[①]。

2."三个宗教一个圣城"表现性评价案例概述:

在本单元中,学生将学习三种宗教的基本知识:伊斯兰教、犹太教和基督教,并通过了解每种宗教如何在一个特定的地理位置上发挥重要作用,将它们与地理联系起来。学生撰写一篇文章,论述耶路撒冷对于三个宗教的重要意义。

---

① ERNST J V, GLENNIE E. Redesigned high schools for transformed STEM learning: Performance assessment pilot outcome[J]. Journal of STEM Education: Innovations and Research, 2015, 16(4): 27-35.

3. "新罕布什尔州地理特征手册"表现性评价案例概述：

学生们将制作一本小册子，通过介绍新罕布什尔州的地理特征吸引人们前往。此外学生还要规划一家四口的新罕布什尔州之旅。

4. "新英格兰：大西洋中部还是南部？"表现性评价案例概述：

每个学生都需要通过建立决策模型来选择一个新的定居地：新英格兰、大西洋中部或南部。学生们还会给其他同学写一封信，劝说他们和自己选择相同的定居地，任务将在一系列的仿真活动中进行。

5. 美国方言地图分析报告案例概述：

学生的角色是一位语言学家，需要准备一份报告，解释哪张地图更准确地反映了美国西部的语言及为什么。①

6. 运用GIS绘制校园地图案例概述：

在本单元中，学生学习运用地理信息系统（GIS）绘制一幅校园地图。

与"嵌入式"表现性评价的分析结构不同，由于"合一式"表现性评价的案例普遍更长、更复杂，因此，本部分主要从表现目标、表现任务、评分规则、整体结构等方面，对6个案例进行对比分析，并对案例中的部分内容辅以说明，以此提炼出"合一式"表现性评价的特征。

（一）立足大观念、大主题的表现目标，旨在促进学生建构、对概念的深度理解和高水平的认知

从上述案例名称及其概述不难发现，"合一式"表现性评价所评估的往往是与课程标准有着密切联系的大观念、大主题的表现目标。

例如，STEM课程中有关地球运动的案例来自美国北卡罗来纳州的四所STEM高中进行的表现性评价实施。在这个试点研究中，根据学区行政当局的发展愿景，以及满足国家科学标准的需要，选择地球/环境科学作为教学和评价内容，共有76名学生参与了试点研究。在地球/环境科学课上，每个参与的学生都有四项表现任务，涉及地球自转、地球形状、地球公转、地球/环境科学类的云层和天气等四个主题。一名技术和工程教师与一组科学教育工作者合作实施了此项目。②

案例开发者在陈述案例设计的背景时，把促进学生建构、发展更高级的认知能力和促进课程标准的达成作为项目开发的主要目标。STEM课程中地理案例的开发者认为，表现性评价是评估学生学习水平的有效方法，其关注更高级的认知能力，这些能力的整合展示了对多个学科的理解。项目开发者认为基于标准的评估

---

① CHUN M C. Taking Teaching to Performance Task: Linking Pedagogical and Assessment Practices[J]. The Magazine of Higher Learning, 2010, 42(2): 22-29.

② ERNST J V, GLENNIE E. Redesigned high schools for transformed STEM learning: Performance assessment pilot outcome[J]. Journal of STEM Education: Innovations and Research, 2015, 16(4): 27-35.

是重要背景,在下一代科学标准(Next Generation Science Standards,简称 NGSS)中包括八项科学和工程实践,其中一项叫作构造解释和设计解决方案。使用表现性评价可以实现以下目标:"让学生展示自己对科学概念的理解,以及通过科学概念发展自己对现象的解释能力,无论是基于学生自己的观察或模型开发,让学生参与到这个可以发生概念转变的重要过程"①。

(二) 表现任务是开放和复杂的,与学习过程、教学过程融合,显示出了学生对概念和内容理解的变化

表现性评价任务是为了检测学生在特定目标上的达成情况而设计的作业,旨在引发学生的表现行为,从而收集学生表现的证据,作为评价学生学习情况的依据,同时,重视问题解决、理解、批判性思维、推理和元认知过程②。因此,地理教学中的"合一式"表现性评价任务还体现为与学习过程的融合。

例如,北卡罗来纳的地球/环境科学研究的课程标准与地理课程蓝图是一致的,开发者在当今的问责制时代,表现性评价为基于标准的课程与学生掌握之间提供了清晰的联结。在技术和工程教育中形成的表现性评价的方案(包括框架、规则以及技术)能够无缝地集成到 STEM 课程的其他部分。所设计的表现性评价方案明确针对学生的研究和调查、探索和反思,并利用技术和工程教师的专业知识来开发表现任务。弗雷达和科普林认为其具有两个必不可少的特征:①表现任务的结构是开放式的;②"表现的组成部分"与课程目标一致③。该案例展示了表现性评价与教学合一的实施流程(见图 4-5)。

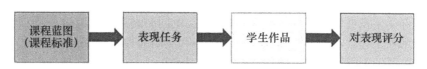

图 4-5　地球科学表现性评价的实施流程④

从表现任务在整个设计—教学—实施中的位置可以发现,表现任务成为学生学习活动的主要内容,或者说表现任务就是学习活动。在完成上述表现任务的过

---

① ERNST J V, GLENNIE E. Redesigned high schools for transformed STEM learning: Performance assessment pilot outcome[J]. Journal of STEM Education: Innovations and Research, 2015, 16(4):27-35.
② 周文叶. 中小学表现性评价的理论与技术[M]. 上海:华东师范大学出版社,2014:84-85.
③ ERNST J V, GLENNIE E. Redesigned high schools for transformed STEM learning: Performance assessment pilot outcome[J]. Journal of STEM Education: Innovations and Research, 2015, 16(4):27-35.
④ ERNST J V, GLENNIE E. Redesigned high schools for transformed STEM learning: Performance assessment pilot outcome[J]. Journal of STEM Education: Innovations and Research, 2015, 16(4):27-35.

程中,学生被要求经历四种类型的活动:研究、头脑风暴、探索和反思。教学也是围绕着表现任务的完成展开。

再比如,表4-3呈现了围绕地球自转主题,为了达成课程标准的具体要求,学生在60分钟内需要完成的5项具体活动①。

表4-3 地球自转表现任务要求清单②

地球/空间科学蓝图:解释地球的自转和围绕太阳的公转如何影响地球自身的形状以及与季节和潮汐之间的关系。
活动:地球自转(大约60分钟)
1. 研究地球自转的方式和原因。在你的笔记本上绘制地球与赤道的关系图、主要方向、自转方向、北回归线、南回归线、旋转轴和它的当前角度。
2. 研究如何根据太阳投射的物体的阴影来确定方位。在你的笔记本上记录一天的时间和阴影所指示的方位。
3. 在阳光明媚的日子里,到户外去观察你家的影子。画出你的家、它的阴影和附近的街道,并将日期和时间记录在你的笔记本上。
4. 借助由物体的阴影所提供的指示,找出并解释你家前门的方位,并记录在你的笔记本上。
5. 研究牛顿万有引力定律,注意距离因子。解释潮汐是如何受地球自转影响的,并记录在你的笔记本上。

项目设计者将表现性评价方案集成到STEM学科的地理学科中,课程结构和方法允许学生积极体验跨越传统学科的学习,也同时利用了具有这些类型评估经验的技术和工程教师的专业知识。由于内容和应用的性质和支持,技术和工程教师具有广泛的跨学科经验。例如,学生们在完成任务的过程中要把他们的发现记录在笔记本上,这就是从工程技术学习的过程中借鉴过来的。

由上可知,在地理教学中使用"合一式"表现性评价,有利于促进学生的学习和调整教学的效果,随着表现任务变得越来越复杂,也有利于提高学生的熟练程度。为了支持将表现性评价纳入常规课堂实践,研究者假定只有在达到可证明的熟练程度时,才能实现基于表现的能力和概念知识的认知。该项目表明基于表现评估的学习方法是技术和工程教育的一个标志,可以在其他STEM课程中实现,能够产生具有较高的认知能力和多学科能力的结果。在科学领域,基于表现的评估是

---

① ERNST J V, GLENNIE E. Redesigned high schools for transformed STEM learning: Performance assessment pilot outcome[J]. Journal of STEM Education: Innovations and Research, 2015, 16(4): 27-35.

② ERNST J V, GLENNIE E. Redesigned high schools for transformed STEM learning: Performance assessment pilot outcome[J]. Journal of STEM Education: Innovations and Research, 2015, 16(4): 27-35.

一种可靠的方法,可以在所有能力水平上显示学生对概念和内容理解的变化①。

此外,在表现性评价任务设计过程中,学生所经历的学习过程或者是评估过程中存在一个明显的事实——充满复杂的过程。任务情境反映了现实世界挑战的复杂性和模糊性,可能没有非对即错的答案,解决方案可能不明显或不明确,信息可能相互冲突或局部存在,以及可能出现竞争的框架或立场。因此,表现性评价任务要求尽可能创造真实的评估与学习的情境。在此过程中,学习活动与表现任务合一,体现在一些复杂的任务完成上,可以被认为是完成任务的过程和学习开展的过程合一。将表现任务连接教学与评估的案例在英国也得到了使用,例如,在威斯敏斯特学院根据威金斯的方法所开发一个地理相关的案例(案例内容有删减)中,表现任务和学习活动合二为一。

情景:根据"美国地区英语词典"的词汇数据显示,某种方言从加利福尼亚州扩展到密西西比河地区。另外还有某一单独的方言区域与美国中部地区分开。

文件:北美英语方言界限地图集、拉波夫论西方方言区域特征等。

任务:准备一份报告,解释你认为哪张地图更准确地反映了美国西部的语言及为什么。②

在任务实施的过程中,教师观察学生的学习变化,认为学生花了不少时间阅读信息,思考他们将要写的内容。学生普遍喜欢表现任务,"我比正常的活动更努力地完成表现任务,但我喜欢这个挑战!"当教师被问及为什么认为学生似乎很感兴趣时,教师假设学生在想:"这是我可能真正拥有的东西,这对于学期论文来说很重要"③。教师也承认,在这个表现任务实施的过程中,教学实践和评估方法之间的典型裂痕已经被最小化:任务弥合了差距,"学生们学习并完成表现任务"④,一举将所有这些东西都集中在一起。

(三) 体现作品特征或认知过程的复杂评分规则,成为支持学生完成任务或者评估学生表现的重要工具

表现性评价由于任务的情境性、开放性和复杂性,往往具有多种答案,学生的表现水平也具有更多层次。因此,教师对其进行评价必然不仅包含必要的主观判断⑤,还将评分规则作为促进学生学习的脚手架来支持学习任务的完成。

---

① ERNST J V, GLENNIE E. Redesigned high schools for transformed STEM learning: Performance assessment pilot outcome[J]. Journal of STEM Education: Innovations and Research, 2015, 16(4): 27 - 35.
② CHUN M C. Taking Teaching to (Performance) Task: Linking Pedagogical and Assessment Practices [J]. The Magazine of Higher Learning, 2010, 42(2): 22 - 29.
③ CHUN M C. Taking Teaching to (Performance) Task: Linking Pedagogical and Assessment Practices [J]. The Magazine of Higher Learning, 2010, 42(2): 22 - 29.
④ CHUN M C. Taking Teaching to (Performance) Task: Linking Pedagogical and Assessment Practices [J]. The Magazine of Higher Learning, 2010, 42(2): 22 - 29.
⑤ 周文叶. 中小学表现性评价的理论与技术[M]. 上海: 华东师范大学出版社, 2014: 111.

例如,在 STEM 案例中学生完成"绘制地球与赤道的关系图、自转方向、北回归线、南回归线、旋转轴和它的当前角度"的任务时,在笔记本上记录了他们的发现和具体作品,研究小组用基于表现的评分规则(见表 4-4)对学生的工作进行了打分,并且通过反思环节让学生画出更好的作品。技术和工程老师以一种类似于工程设计过程的方式指导了科学教师,并解释了如何运用工程师的笔记本来记录设计过程中的步骤,科学教师将技术和工程原理应用于地球/环境科学的表现任务。

表 4-4 地球自转示意图评分规则[1]

维度水平	1. 开始达到标准	2. 几乎达到标准	3. 达到标准	4. 超过标准
1. 地球自转图示	图未绘制或与地球自转无关。	能识别出地球,但赤道、自转方向、回归线、自转轴、自转轴角度中的一项或多项不正确。	绘制出地球的赤道、主方向、自转方向、北回归线、南回归线、旋转轴和它的角度。	绘制出地球的赤道、主方向、旋转方向、北回归线、南回归线、旋转轴和它的角度。地球自转的其他特征被解释了。
2. 由阴影指示的主要方向	答案没有记录,也没有与太阳的方向有关。	中午的观察显示,美国北部的阴影是在美国北部,但没有显示观察时间。	正午的观察显示,在美国观察的时间里,阴影正朝北。	答案显示,正午时分的阴影是美国北部的,根据地球的旋转图提供解释。
3. 阴影绘制	没有绘图,也不与学生的家有关。	学生的家、它的影子和附近的街道都被画上了。然而,时间和日期没有被记录。	学生的家、它的影子和附近的街道都被画上了。时间和日期被记录下来。	学生的家、它的影子和附近的街道都被画上了。额外的事物也被画下来了。时间和日期被记录下来。
4. 潮汐和地球自转	没有提供解释。	潮汐如何受到地球自转的影响的解释难以令人信服。	解释是合理的,包括对牛顿万有引力定律的正确解释。	用牛顿万有引力定律明确地解释了潮汐是如何受地球自转影响的。

除了通过作品的特征来设计评分规则之外,"合一式"表现性评价的评分规则还可以通过对学生完成任务的认知过程来进行评分,如表 4-5 所示。

---

[1] ERNST J V, GLENNIE E. Redesigned high schools for transformed STEM learning: Performance assessment pilot outcome[J]. Journal of STEM Education: Innovations and Research, 2015, 16(4): 27-35.

表 4-5 "新英格兰、大西洋中部,还是南部——该去哪?"评分规则
(年级水平:4-5)

任务	初级(1-4分)	掌握(5-8分)	精通(9-10分)
使用决策模型来描述早期美国人如何选择在哪里定居	我的决策模型显示我考虑过定居者可能做出的选择,但不够清楚或有错误。	我的决策模型显示了可能影响我在美国定居的因素。模型正确,但可能包含小错误。	我的决策模型显示了早期美国定居者实际上必须考虑的因素。模型正确。
描述导致美国殖民化的经济事件和条件	我的作品涉及了美国不同地方的经济情况,但没有考虑人们面临的选择。	我的作品谈到美国早期定居者在经济问题上必须面对的选择,并包含了不同地方的经济情况。	我的作品评估了早期美国定居者在经济问题上不得不面对的困难选择。
描述早期美国定居者如何与他们的环境互动	我的作品涉及了美国不同地方的环境,但没有考虑人们所面临的选择。我的信中有来自阅读文本的信息,但没有说明为什么我选择一个特定的地区。	我的作品认识到了早期美国定居者必须面对如何在那片土地上定居的选择。我的信描述了我选择在特定殖民地区定居的原因,且提到了其他可用的选择。	我的作品评估了早期美国定居者在决定定居土地方面所面临的困难选择。我的信分析了在不同殖民地区定居的成本和收益。
从不同的角度描述美国的殖民地生活	我的作品没有表明美国历史中不同观点的重要性;它主要来自我自己的现代观点。	我的作品准确地展示了一种历史观点。	我的作品展示了不同背景的人所面临的不同选择,并仔细考虑了他们的观点。

依据上述"新英格兰、大西洋中部,还是南部:该去哪?"案例的评分规则依据所需要完成任务的逻辑顺序进行设计,如详细使用决策模型来描述早期美国人如何选择在哪里定居?描述导致美国殖民化的经济事件和条件;描述早期美国定居者如何与他们的环境互动;从不同的角度描述美国的殖民地生活;并针对每个需要完成的任务应该达成的标准进行等级设定。在等级设计上,则采用等级制,分为1-4级或1-3级,详细描述了在不同等级上,学生作品或者是完成任务的具体表现,有利于教师准确判断学生的最终学习结果。

(四)呈现大任务中嵌套小任务的任务结构,小任务呈现序列体现认知过程

"合一式"表现性评价的任务往往都是大任务,因此,在任务结构的呈现上,往往是大任务中嵌套小任务的结构。表4-6所示为"三个宗教一座圣城"的任务流程表。流程表清晰呈现了大任务(一篇文章)的完成过程,其中嵌入了一些小任务,可以称之为是"任务群"。

表4-6 "三个宗教一座圣城"表现任务教学流程表

教学步骤	时间(min)	教学内容与策略
任务准备	40	预评估:对能够参与类似于教学任务的任务进行。
	30	任务参与:学生能够将任务和新内容与现有知识、技能、经验、兴趣和关注点联系起来。学生看着教室周围的图表上所粘贴的关于宗教的说法,回应两个问题:1.陈述是对是错?2.为什么?
	15	任务分析:能够理解并解释任务的提示和规则;阅读"背景知识"并解释自己需要做什么以及需要学习什么才能做到这一点。
阅读过程	30	必要词汇:识别和掌握理解文本所必需的术语的能力;掌握有关三个宗教的8个词汇;通过下定义、词汇圈等活动掌握这8个词汇;8张词汇卡被完整填写好,相关信息填写准确。
	90	主动阅读:获取核心观点;探明三种宗教的基础和历史;提供关于三种宗教的简短事实,学生被要求选出:一些他们已经知道的事情;对他们来说新鲜有趣的东西;他们不明白或有问题的地方。
	60	主动聆听:听取资料来源,收集与表现任务相关的信息;邀请三位代表三种宗教的讲者来上课,并提供讲座提纲。
	30	基本词汇:识别和掌握理解课文所必需术语的能力;分发给学生8张词汇卡,学生找到和他具有相同词汇卡的人;找到该词汇的定义并写在词汇卡上;每个人完成8张词汇卡。
	90	主动阅读:从课文中找到与重要问题相关的证据;展示视频,教室设置四个站点来展示三个文本(从每个宗教的角度看圣殿山,以及国家地理的圣殿山信息图)。
	30	概要:能够将一篇文章综合成简明扼要的笔记摘要。学生通过网站获取资源,并用自己的语言综合他们学到的东西。
	20	连接:能够将阅读或听力结果与写作任务联系起来;讨论一个问题:一个地理位置如何对三个不同的宗教有意义?学生相互讨论,邀请一些人分享他们讨论的内容,确保学生了解需要深思熟虑的领域。

（续表）

教学步骤	时间(min)	教学内容与策略
写作过程	30	创建中心思想：具有建立中心思想和巩固与工作相关信息的能力；写一段完整的回答：一个地理位置如何对三个不同的宗教有意义？第一段是完整的，包含了一个强有力的中心思想；给出一组样本介绍段落，并成对地要求学生识别他们的共同点，以及每个段落的中心思想；为开头创建一个"待办事项"，以及"中心思想"的定义；学生单独写作开头段落。根据学生创建的核对表，让他们交换段落并使用核对表对彼此"评分"。
	30	写作计划：能够开发适合于信息/解释任务的思路和文本结构。填写论文规划图形管理器，在每个支持段落中填写要点；学生在黑板上写下陈述：耶路撒冷圣殿山对犹太教因为_____具有重要意义。学生完成三种宗教的证据图表。
	30	转型发展：能够使用过渡词将文章中的想法联系起来。识别段落中的过渡词，练习将他们插入不同的段落中，完成第二自然段。
	45	草稿：有能力用一种思路和结构来建构初稿；用一个完整的课时写论文，单独检查学生如何引用证据，在哪里出现主题。给学生个人的反馈。按照文章的结构，使用过渡词，完成文章的其余部分。
	45	修订：能够根据听众和目的对文本进行提炼，包括思路、语言用法和语调。给学生时间回顾评论，然后花大量时间重写包含反馈意见的文章。
	20	编辑：校对和排版文章使其更有效的能力。首先考虑让同伴大声朗读对方的文章（A读B的文章给B听，B读A的文章给A听）。这将使学生在自己的作文中听到错误，抓住并改正它们。学生在同伴的作文中发现了错误，留下了不足之处需要改正。
	20	完成：提交符合预期的最终作品的能力。对论文进行最后编辑后，进行最后一次通读并交上来。学生提交期末论文后，仍需完成本单元的课堂评量。课堂评估的目的是衡量从他们做的第一个写作作业（对子午线山公园文章的回应）到模块末尾的成长，在这段时间里，他们可以根据需要独立完成写作，并（希望）展示他们的新技能。
合计时间		655分钟，约11小时

如果将上述大任务的教学流程用任务结构来呈现，则会更加清晰显示出其结构特征，如图4-6所示。

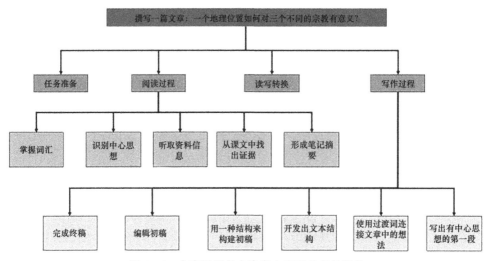

图 4-6　大表现任务中嵌套小表现任务的结构

从图 4-6 看,整个"合一式"表现性评价的任务结构,不仅呈现出了大任务中嵌套子任务的特征,而且子任务的呈现序列也与认知过程,或者是完成任务的序列相一致。这一特点,也在澳大利亚昆士兰州"运用地理信息系统(GIS)绘制校园地图"的案例中体现得非常明显(见表 4-7)。

表 4-7　"运用地理信息系统(GIS)绘制校园地图"任务教学流程(节选)

环节	学习活动/表现任务	评价目标
1	用一张 A4 纸使用 Google 地图和 Google 地球展示校园景观。	区分地理信息系统(GIS)中的关键概念:基于实地和基于对象的数据模型。
2	绘制大学校园的手绘地图;绘画 5 分钟后,比较自己的地图与其他同学的地图。评论从同学的地图上获得的理解,对地图提供建设性的批评和评估。	识别和区分建筑物和植被斑块;通过创建地图把先前演示的 GIS 数据模型与主题的理解联系起来。
3	学习制图原则,使用 GIS 软件和提供的教学手册创建高质量的制图。	运用 GIS 软件和制图原则制图。
4	在 A4 纸上使用制图原则再次绘制大学校园地图,考虑必要的地图元素和有效的地图布局,向用户传递最大量的信息。扫描地图并使用关键地标进行地理注记。	体验并形成"地图作为交流工具"的观念。运用扫描技能建立 GIS 数据库。

这个案例中学习活动的顺序性直接支持学生掌握知识、技能。所展示的活动从低科技程序发展而来,例如使用铅笔绘制大学校园的免费手绘地图,使用 GIS 软

件和扫描仪将其转换为数字地理参考地图,以及虚拟地球系统,从而将绘画的物理运动美学理解与计算机创建的"绘画"的视觉和键盘运动创造和操纵联系起来[①]。

从上述案例中不难发现,由于具体的学习活动往往具有从易到难的阶梯性,表现任务的设计也是逐步由简单到复杂,实现了在学习过程和评价过程上的相互融合。

最后,结合上述对"合一式"表现性评价在地理教学中应用的结构特征分析,发现这种类型的表现性评价最主要的特征是以"大任务"为支撑的表现任务。此外,整个教学的过程就是完成一个表现任务的过程。据此,可以总结出表现性评价即教学(即"合一式"表现性评价)的基本结构,如表4-8所示。

表4-8 "合一式"表现性评价的基本结构

一级维度	二级维度	主 要 内 容				
主题背景	主题背景	呈现学习主题,分析学习内容与前面知识内容的相互关系。				
	学情分析	对学生的基本学情进行分析,已经会做什么,解决了什么问题。				
	主要任务	描述学生需要做什么,即将需要解决的问题。				
	素养要求	为完成即将展开的任务所需要具备的基本认知、基本技能以及人际领域的合作、交流等基本素养。				
表现目标	课程标准	列出与表现目标连接的各种课程标准。				
	表现目标	用学生需要完成何种表现任务的方式呈现表现目标。				
教学资源	提供资源	呈现为了完成大任务或者在完成子任务的过程中所需要的资源。				
评分规则	评分规则	呈现针对大任务或学生即将完成作品的评分规则。				
表现任务	任务说明	详细说明学生所需要完成的表现任务以及大任务中的子任务。				
	技能要求	分子任务说明学生在完成任务的过程中需要具备或发展的技能。				
	任务实施过程即教学过程	任务实施	进度时间	任务要求	作品要求	评价方法	教学策略
		任务准备					
		子任务1					
		子任务2 ……					

[①] SRIVASTAVA S K, TAIT C. An Activity-Based Learning Approach for Key Geographical Information Systems (GIS) Concepts[J]. Journal of Geography in Higher Education, 2012, 36(4):527-545.

(续表)

一级维度	二级维度	主 要 内 容
结果评估	结果评估	学生完成作业的样本， 教师运用评分规则进行评分并最终反馈。

(五) 学习结果的评价信息被应用于形成性或者终结性评价中

与"嵌入式"表现性评价不同的是，"合一式"表现性评价的评价信息可以被同时应用于形成性评价和终结性评价中。

例如，在 STEM 的案例中，学生完成四个主题的任务被应用于形成性评价之中。经过四个主题的研究之后，研究显示了表现性评价在地理课堂中的形成性运用在促进学习方面发挥的效能。由此可见，表现性评价让以标准为基础的教学材料具备了直接可测量的能力，因为其提供了一个展示学生程序性知识和高阶思维能力的工具。所有的表现任务都遵循研究、探索和反思的三个阶段。学生在头脑风暴、探索和研究上的熟练程度在表现指标上得到了体现。此外，分析数据显示，最好的表现水平是"通过对研究和调查的描述/表示，运用头脑风暴、观察和图表分析，以不同的核查表来评估"。在四所学校中，有三所学校的学生成绩超过了60%，大部分参加考试的学生在期末考试中达到了理科和数学的熟练水平。

而澳大利亚昆士兰州的地理信息系统绘图的案例，也反映了表现性评价被应用于终结性评价和形成性评价的优势。这项研究基于主动和真实学习的模式，学生使用该地区熟悉的图像并将其转换为 GIS 数据集。它利用评估领域的最新发展，有效地纳入更多反馈机会，从而形成总结评估任务。这些学习活动本身也是表现任务，不仅吸引了学生的注意力，而且活动的完成为形成性反馈和总结性评估提供了机会。这组活动对所收集的总结性评估数据进行量化，并将这些数据与其他评估任务的表现进行比较，以此来对学生的学习产生影响。对学生的学习目的进行适当评估，使学生能够专注于所需的学习活动中。当学生积极参与学习任务时，反馈是最有价值的。这一系列相互关联的活动使学生能够发展他们的关键技能，并通过解释关键的 GIS 概念来展示他们的能力，并提升他们的批判性分析和思考能力。活动包括理解理论概念、技术的使用、软件和硬件形式（如使用扫描仪），最后学生展示如何应用学到的知识，同时完成他们的最终评估任务[①]。

在"合一式"表现性评价中，评价被认为是学习、是教学，是通过顺序学习活动支持学生建构理解和技能。在形成性评估中，学生收到没有任何标记的反馈，主要用于学习；在总结性评估中，学生被分配一个"标志"或等级，其主要目的是判断学习成绩。

---

① SRIVASTAVA S K，TAIT C. An Activity-Based Learning Approach for Key Geographical Information Systems (GIS) Concepts[J]. Journal of Geography in Higher Education，2012，36(4)：527-545.

四、"合一式"表现性评价的实施流程

"合一式"表现性评价在地理教学中应用是指评估学生运用先前地理相关知识解决地理相关问题或完成某项具体的地理任务的一系列尝试。在此过程中,教师可以按照一定的标准观察和判断学生对表现性评价任务的完成情况,来反映学生地理相关综合能力和素养的发展情况。

在澄清了"合一式"表现性评价的基本内涵、应用条件和结构特征后,如何设计和实施"合一式"表现性评价,是将之应用于地理教学的重要环节。

作为"合一式"表现性评价的代表人物,威金斯提出将教学活动转化为表现性评价任务的基本观点,该观点应该是"合一式"表现性评价设计和实施的基本思路。如果清楚地知道我们想要和需要评价的任务,也精确地知道该活动以其当前的形势如何能够或者不能够完成评价任务,教师就能够通过适当的变更将活动调整为评价[1]。

威金斯在将表现性评价应用于教学中的时候,试图澄清,并不是所有的评价任务都是教学活动,或者都能够成为教学活动。只有当教师清晰地考虑学生应该采取哪些新技能才能达到预期学习结果,证明这些结果的证据究竟是什么,以及从哪里获得,这样的评价任务才是教学活动[2]。

威金斯对应用于教学的表现性评价的理解直接影响了他的表现性评价设计框架。他主要通过确定要评价的内容、设计情境中的评价任务、阐述评分规则以及明确设计流程中的限制四个步骤来呈现与教学过程合一的表现性评价结构[3]。

(一) 确定表现目标

表现性评价最重要的评价目标,在于对理解的评估和促进,即使用核心的表现任务来评价学生的理解力是否变得更加熟练[4]。因此,威金斯把教和评的目标同时进行考虑,他认为,要通过三个问题来确定教学结果目标。

(1)什么知识或内容(knowledge or content)(即事实、概念、原则、规则)对于学习者理解主题至关重要?

(2)学习者使用这些知识或内容需要哪些智力技能(intellectual skills)?

(3)哪些心智习惯(habits of mind)对学习者成功完成这些知识或内容很重要?

而且,在追求理解的背景下,威金斯认为,评价目标所指向的理解,应该处于学

---

[1] 威金斯·格兰特. 教育性评价[M]. 国家基础教育课程改革"促进教师发展与学生成长的评价研究"项目组,译. 北京:中国轻工业出版社,2003:128.
[2] 斯蒂金斯. 促进学习的学生参与式课堂评价[M]. 国家基础教育课程改革"促进教师发展与学生成长的评价研究"项目组,译. 北京:中国轻工业出版社,2005:30.
[3] WIGGINS G. Creating tests worthtaking[J]. Educational Leadership, 1992, 49(8):26-34.
[4] 斯蒂金斯. 促进学习的学生参与式课堂评价[M]. 国家基础教育课程改革"促进教师发展与学生成长的评价研究"项目组,译. 北京:中国轻工业出版社,2005:81.

科核心,以需要被揭示的可迁移的大概念为基础,以问题为框架,而这些问题能够引发有意义的联系,激发探究和思考,促进知识的迁移[1]。

(二) 设计真实情境中的表现任务

表现任务的真实性程度可以用该项任务及其施测条件对目标情境的保真程度(degree of fidelity)体现创建一个在模拟或真实情境中的表现任务,使学习者能够展示他们获得的知识、技能和态度。任务应是该领域中重要的议题,以概念或问题为中心。这些概念和问题应该是专业人物每天在该领域中面临的。以下问题最初是由威金斯[2]和杰伊·麦克泰格[3]提出的。

(1) 在现实世界中,对在数学、历史、科学、艺术和写作等学科领域的专业人士来说,表现性评价是什么样的?(专家如何做?)

(2) 那些可以适于学校教学使用的专业人员进行的项目和任务是什么?(专家的哪些项目可以被引入学校)

(3) 那些专业人士获得的思维角色或习惯是什么,学习者是否可以在课堂上重建?(课堂中哪些专业人士的思维可以在课堂呈现?)

表现性评价还应该关注到学习者的基本信息:亲自动手(hands-on)的练习或者问题解决中产生的作品、可观察的结果或者作品。此外,表现性评价关注的不单单是作品,也包括达成目标的过程。

威金斯还为如何修正和设计任务,提供了需要参照的主要标准(见表4-9)。

表4-9 威金斯表现任务的特征

表现任务特征	表现任务特征的细节
任务掌握要求清晰	在不揭示解决方案的同时,任务掌握的要求是清晰的。 尽管任务要求复杂,但最终的产出是清晰的。 任务能激发学生长久思考是否以及如何完成任务。
任务代表特定活动	任务应该调动学习者的知识、思维和心理概括的各种活动。
任务足够复杂详细	任务能够使学生从中得出可迁移、可运用到其他任务的结论。 任务能够满足学习者展示不同方式下的学习。
任务产出多维方案	任务能够产出多维的解决方案。 事先没有完全指定的行动路径。 从任何有利位置看不到整体解决方案。

---

[1] 威金斯,麦克泰格. 追求理解的教学设计[M]. 闫寒冰,宋雪莲,赖平,译. 上海:华东师范大学出版社,2017:28.

[2] WIGGINS G. Creating tests worth taking[J]. Educational Leadership,1992,49(8):26-34.

[3] WIGGINS G,MCTIGHE J. The Understanding by Design Guide to Creating High-Quality Units [M]. Alexandria,VA:Association for Supervision and Curriculum Development,2011.

(续表)

表现任务特征	表现任务特征的细节
任务要求规划学习	要求大量的心理的努力,对学习者的坚持和决心提出高要求。学习者被要求采取认知策略来解决方案,而不是依赖于教学过程中教师在每个点的指导。

为了进一步聚焦对理解的评估,威金斯和麦克泰格发展出了"UbD"(Understanding by Design),在这一框架中,表现任务被完全内化到教学设计中来,而且成为教学活动的主体部分。确定预期结果——确定合适的评估证据——设计学习体验和教学,被称为是 UbD 逆向设计的三个阶段。其中,第二个阶段的主体是表现任务,即学生通过什么真实的表现任务证明自己达到预期的理解目标?通过什么评分规则或标准评判理解成效?第三阶段的学习计划,也是围绕着表现任务的实施展开的。教师只是帮助学生了解预期学习结果,帮助学生保持兴趣、体验观点、提供机会去反思和修改其理解及学习表现,允许学生评价其学习表现,组织教学使其最大程度提升学生的学习动机和持续参与的热情,提高学习效果[1]。

因此,根据"合一式"表现性评价的内涵,其在地理教学中的应用包括如何确定地理表现性评价目标、如何设计地理表现性评价任务、如何制定地理表现性评价的评分规则等。将"合一式"表现性评价应用于地理教学的设计过程,可以被视为将地理教学活动调整为地理相关评价任务的过程。根据威金斯将教学活动调整为表现性评价任务的理论观点,"合一式"表现性评价在地理教学中的应用过程如图 4-7 所示。

但是,不可忽视的是,不是所有的地理教学活动都可以被视作"合一式"表现性评价,如果将地理教学活动设计成为"合一式"表现性评价任务,与表现性评价一样,就要考虑:学生通过学习应该达到哪些预期的学习结果,表明预期学习结果所需要的证据是什么,什么样的表现最适宜作为可收集的证据,我们需要多少足以说明学习的证据等问题[2]。因此,不能仅仅因为某项地理教学设计属于表现性任务型的,就将其作为"合一式"表现性评价在地理教学中的应用。此外,也不能仅仅因为某项地理教学设计关注建构性的反应任务,就将其视为表现性评价要求的表现任务。

第三节 总结:"嵌入式"与"合一式"的比较

本章第一节和第二节将分别对地理学习性评价整合进入教学的"嵌入式"和

---

[1] 威金斯,麦克泰格.追求理解的教学设计[M].闫寒冰,宋雪莲,赖平,译.上海:华东师范大学出版社,2017:19-24.
[2] 周文叶.中小学表现性评价的理论与技术[M].上海:华东师范大学出版社,2014:138.

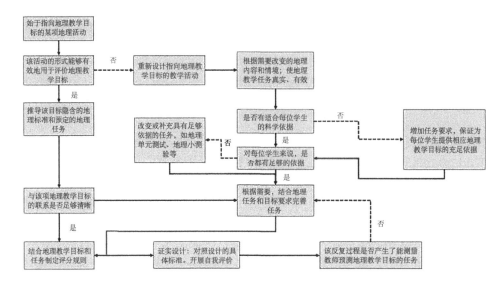

图 4-7 将地理教学活动调整为"合一式"表现性评价的流程图

"合一式"两种实施模式进行了深入研究和探索。虽然两种方式在促进学习、优化教学、培育核心素养等多方面均能发挥作用,但是,所发挥的作用却有着明显的差异,明晰这些差异的细节对于在教学中实施和应用表现性评价具有非常重要的作用。因此,为能够进一步将两种实施模式的应用条件、基本内涵等界定清楚,以便在具体的教学实践中能够根据具体的需求恰当选择实施模式类型,本节将对两种实施模式进行比较。

首先需要明确的是,"嵌入式"表现性评价和"合一式"表现性评价的差异在于两者均是在完成一条内容标准时产生的。也就是说,教师在完成某一地理模块的过程中,若把完成一条内容标准视为一个最基本的教学单位,那么在完成一条内容标准的教学过程中,表现性评价与教学的关系可以呈现出两种基本的形态:一种是表现性评价嵌入到教学中,成为教学活动的一部分,即"嵌入式"表现性评价;另一种是表现性评价与整个教学活动完全合二为一,教学活动就是一个表现性评价完成的过程,即"合一式"表现性评价。

两种实施模式在评价目标、表现任务、评分规则的特征上均有一定的差异。这些差异也主要取决于表现性评价应用于教学的不同作用。"嵌入式"表现性评价更多是把评价任务作为检测教学和学习效果的手段,为教师和学生提供即时的评价证据。这些证据被用于改进教学和促进学习,以发挥评价的形成性作用。"合一式"表现性评价更多是把评价任务作为学习任务,把评价过程和教学过程融合在一起,发挥评价即教学、评价即学习的作用,并通过评分规则对学生的内隐素养进行评价。两种实施模式的具体差异见表 4-10。

表 4-10 "嵌入式"和"合一式"表现性评价的对比

对比内容	"嵌入式"表现性评价	"合一式"表现性评价
评价目标	表现性评价的目标是教学目标的一部分。	表现性评价的目标与教学目标完全相同。
表现任务	与目标匹配;单个任务规模较小,完成时间较短(一般不超过1课时)。	与目标匹配;任务更复杂,规模较大,完成时间较长。
评分规则	与目标和任务匹配;完全透明;体量较小,评分方便,可以灵活、便捷应用于课堂教学中,用以指导学生的学习;为教师提供评价证据。	与目标和任务匹配;可以不透明或者半透明;规则本身和评分过程更加复杂;需要多人评阅以确保评分的准确性。
应用条件	需要在课时层面上应用表现性评价来评价或促进部分目标的达成;需要运用表现任务同时引发学生的学习过程和学习结果的表现;需要为学生提供即时的反馈,发挥表现性评价的形成性作用;需要更强的师生互动来推动学习进阶;需要即时的评价信息帮助教师优化教学策略。	需要在大单元、大主题或大项目层面上应用表现性评价来评价学生单元或者模块目标的达成情况;需要运用表现任务引发学生调动多种素养来解决复杂问题;需要更强的深度学习;需要更综合、更复杂的学习成果来展现地理核心素养;需要发挥表现性评价的总结性或者形成性作用;在多数情况下需要合作完成任务。
结构特征	任务的完成和评分开放式地嵌入在教学中;可以嵌入一个或多个任务。	任务的完成过程就是教学过程。
实施流程	表现任务可以在教学流程中嵌入不同的时段位置,以发挥表现任务引发学习、检验学习效果和提供反馈的不同作用。实施的预设性较强。	表现任务的完成过程就是学习过程和教学过程。大任务中可以嵌套小任务。完成任务的流程不一定与预设相同,可以呈现非线性的。学生可以根据自己的需要调整任务完成的步骤。
教学策略	教师在嵌入任务前需要创设情境,鼓励任务完成;完成过程中提供更密集的指导和进行频繁的互动;完成后要进行即时反馈。提供详细的支持任务完成的多样化策略。	教师在实施任务前,分享表现目标,提出任务要求,为学生进入任务做准备;进入任务后,任务的完成更依赖学生自身的规划和学习,教师提供的指导不再局限于知识本身,而是涉及更广的技能等;任务完成后进行评分,可以提供反馈,也可把评价信息用于总结。

第五章 "嵌入式"表现性评价案例:解释地理事象

前文对于指向核心素养的表现性评价设计及其应用于地理教学的实施模式,特别是对"嵌入式"表现性评价在理论、设计层面进行了诸多探讨。但是如何在课堂教学中有效操作还需要在课堂教学中加以检验。本部分通过案例研究,旨在回答"嵌入式"表现性评价如何在课堂教学中应用及其应用效果如何。通过案例设计、案例呈现以及案例分析等方面的系统研究,揭示"嵌入式"表现性评价在地理学科中的设计、实施过程和应用效果。

第一节 案 例 设 计

一、案例研究目的与研究问题

(一)本案例研究目的

本案例研究的目的是设计指向某一类地理核心素养的表现任务,将之嵌入在地理教学中,并检验其实施效果。本案例研究以地理学科素养中的综合思维为例展开表现性评价的设计,并以"解释地理事象"为主要表现任务,检验其嵌入地理教学后的应用效果。具体而言,结合运用综合思维来解释某一地理事象的某一条内容标准要求,以指向地理核心素养的"嵌入式"表现性评价的设计与实施框架为流程,以综合思维的具体表征为效果指标。

"嵌入式"表现性评价是在教学的过程中,根据教学需要灵活嵌入表现任务,这些表现任务能够激发学习者学习结果和学习过程的展现,检测学生的学习状况,让教师获取学生学习进展的证据,以决定下一步的教学策略,并且能够提供即时的反馈以促进学生的学习。针对"嵌入式"表现性评价在促进师生互动反馈等方面的作用,本案例重点研究"嵌入式"表现性评价的设计与实施过程,探索学生和教师如何开展学习活动和教学活动,以及嵌入表现性评价后所产生的效果。

(二)本案例研究问题

研究问题是进行研究设计的基础,由问题引发,围绕问题的解决逐步展开研究的设计。本章试图回答三个核心问题,具体如下:

1. 如何在地理教学中应用"嵌入式"表现性评价?

地理学科中"嵌入式"表现性评价是什么?可以通过具体的实际教学过程进行

揭示。一般而言，"嵌入式"表现性评价可以从教学方案的设计和实施（即课堂中的实际实施）两个方面来实现。即，如何设计出能够嵌入在教学过程中的表现任务，以及在具体的教学实践中如何将这些表现任务嵌入在教学过程中。因此，试图回答关于什么是地理教学中的"嵌入式"表现性评价，可以从以下两个方面展开。

问题1-1：地理教学中的"嵌入式"表现性评价如何设计？

问题1-2："嵌入式"表现性评价在地理教学中实施的过程是什么？

2. "嵌入式"表现性评价在地理教学中应用的效果如何？

回答"嵌入式"表现性评价有什么好处，需要从"嵌入式"表现性评价的构成要素（表现目标、表现任务、评分规则等）入手，考察其在教学的过程中发挥了什么作用。所产生的作用也应该指向于地理学习评价所面临的挑战，即是否评出了内在核心素养，对教学方式和学习方式能够产生什么影响。因此，这个问题可以分解为2个子问题。

问题2-1："嵌入式"表现性评价在地理教学中应用是否对综合思维进行评价？

问题2-2："嵌入式"表现性评价在地理教学中应用对学生的学习活动和教师的教学活动产生了什么影响？

3. "嵌入式"表现性评价在地理教学中应用有哪些值得反思之处？

本研究从任课教师和研究者角度，对于表现性评价在地理教学中的应用展开反思。对任课教师而言，需要反思"嵌入式"表现性评价的应用条件、实施难点，进而揭示出"嵌入式"表现性评价的改进建议与实际局限。从研究者的角度开展反思，则可以从更大的范围和影响因素方面去思考这些问题。从两个视角揭示表现性评价的应用问题会更加深入和全面。这个问题也可以分解为下列两个子问题。

问题3-1："嵌入式"表现性评价在地理教学中应用的关键条件是什么？

问题3-2："嵌入式"表现性评价在地理教学中应用的难点有哪些？以及如何解决这些难点？

二、案例研究情境与研究主题

（一）研究情境

1. 学校的选择

鉴于地理核心素养目前只在高中阶段实施，因此，所选择的学校必须是普通高中。研究者本人应该对于学校的各方面情况比较熟悉，能够深入到学校的真实情境之中开展研究。学校所开设的地理教学的情况应该符合《普通高中地理课程方案》的要求，学校有地理必修学生，也有选修地理的学生。学校能够满足研究者所需要的必要研究条件，并为研究提供较为方便的支持。基于以上要求，笔者选择了W市的XS高中作为研究对象，因为笔者在这所学校工作了14年，在这所学校任教过高一、高二和高三年级，与这所学校的地理教师非常熟悉，另外，这所学校的地理教师也了解笔者持续进行表现性评价在地理教学中应用的探索。通过日常教研活动的交流，XS高中地理组教师也对表现性评价究竟是什么有了一定的了解，这样就可以减少在研究开展前期所进行的培训活动等。

W 市 XS 高中创建于 1907 年,是一所办校历史悠久的高中。学校在 2018 年有 48 个高中班级、2032 名学生、256 名教职工。专任教师的学历都在大学本科以上,大约有 45% 的教师拥有硕士以上学位,60% 以上的教师具有高级职称。

W 市 XS 高中从学生来源上看,学生主要来自 W 市 H 区,区内招生指标 100% 分配至区内各乡镇,每个年级大约有 50 名学生来自于区外的自主招生。总体而言,XS 高中的教学质量多年来位于 W 市高中的一流水平。XS 高中的地理教学水平也在 W 市多年稳居较好水平。

2. 班级和学生的选择

根据当时 XS 高中高一年级的正常教学进度,从没有完成该主题教学任务的班级中选择了一个班级。这个班级在年级中的各项教学活动正常,评价良好,地理考试成绩在本研究近阶段的期中考试中处于中等水平。学生是高一年级普通班的学生。在当时该省的高考方案下,高一年级第一学期的学生还没有进行高考科目的选课,也就是还没有确定是不是把地理作为自己的高考学科。该班级人数为 53 人。

3. 教学资源介绍

进行案例教学的教室是有多媒体设备的普通教室。该班级与 XS 高中其他班级一样配备了电子白板,能够播放 PPT 和视频,也能够在现场展示学生的作业。同时备有黑板,能够方便师生进行现场绘图、板书等活动。同时,本研究所选定的教材为人民教育出版社出版的普通高中地理 1 教材。因为这是该校所选择的教材。在案例研究阶段,与 2017 版新课标配套的新教材尚未投入使用。

4. 合作教师的选择

该班的任课教师 W 教师是一位青年教师,有 5 年的教龄。W 教师的学历是地理教育专业的研究生,有硕士学位。在与 W 教师交流运用"嵌入式"表现性评价于地理教学的过程中,该教师对于表现性评价应用于教学产生过一些疑虑和担忧,主要是担心自身的地理教学经验不足,不能对学生的现场学习表现进行恰当的反馈,因此,在反复交流教学与评价设计的过程中,W 教师坚持表示,自己愿意做一位课堂观察者,而不是任课教师。因此,本案例由研究者本人来实施。

5. 研究者本人的角色

在本案例研究期间,研究者本人担任两个角色:课堂教学的教师和本案例研究的研究者。这要求笔者在整个研究期间与研究参与者和研究环境保持非常密切的关系。这种密切关系的好处在于,能够提供一个内部人员对研究期间课堂内外展开的内容的看法,也可以根据对事件的过程和解释的观察来对计划进行调整。但是,也有必要控制笔者个人的价值观、假设和偏见的影响。为了避免这些偏见的产生,在研究设计中,本人通过详细描述案例实施的环境和细节,以及采用三角互证的方法来进行数据的收集和分析。

(二) 研究主题

本案例研究关注的是在课堂中,如何指向"综合思维"来开展"嵌入式"表现性评价的设计与实施,并且考察如何对地理核心素养的"综合思维"进行评估。选择的教学主题是"气压带和风带对气候的影响"。

1. 所评价的地理核心素养:综合思维

地理核心素养分为人地协调观、综合思维、区域认知和地理实践力等四个方面。本案例研究选择了综合思维作为所需要评价的地理核心素养。选择综合思维作为所评估的地理核心素养主要出于以下考虑:首先,综合思维在地理学科的学习过程中是非常重要的思维方式,是学生解决真实情境中地理问题的基本思维方式。其次,通过前文各种文献的梳理,表现性评价在所评价的内容方面,在评价思维水平、思维认知的过程,以及促进思维水平发展方面具有优势,因此选择综合思维作为评估的对象。同时,《普通高中地理课程标准(2017年版2020年修订)》中对综合思维的具体要求呈现出了明晰的水平要求(见表5-1)。

表5-1 地理核心素养之综合思维的水平划分

水平	综 合 思 维
水平1	能够说出简单、熟悉的地理事象所包含的相关要素,并能从两个地理要素相互作用的角度进行分析
水平2	能够对给定的简单地理事象,从多个地理要素相互影响、相互制约的角度进行分析;能够结合时空变化,对其发生、发展进行分析,给出简要的地域性解释
水平3	能够结合给定的复杂地理事象,综合各要素,系统分析其相互影响、相互制约的关系,从时空综合维度对其发生、发展和演化进行分析,给出合理的地域性解释
水平4	能够对现实中地理事象,如自然环境的变化、区域发展、资源环境与国家安全问题等,运用要素综合、时空综合、地方综合的分析思路,对其进行系统性、地域性的解释

从表5-1综合思维的不同水平来看,主要是通过地理事象之间相互关系的复杂程度,以及具体地理情境的复杂程度来区分不同的综合思维水平。例如,水平1主要体现在能够把握两个地理要素之间的相互关系,水平4则能够综合更多的要素,来解释具有地域性的地理事象。水平2和水平3则居于中间。因此综合思维的水平结构,与威尔逊和阿朗佐关于学习进阶主要表达学生思维能力的状态水平具有较高的契合度,这样有助于探索并解释以学习进阶为概念框架的指向地理核心素养的表现性评价设计对于评价和促进综合思维所能够发挥的作用。

2. 内容主题:气压带和风带对气候的影响

在内容主题的选取上,主要从以下四个方面来考虑:一是所选内容在地理学科内容体系中的地位;二是所选内容与综合思维的相互关系的密切程度,具有运用

"综合思维来解释地理事象"的典型性;三是所选内容与案例实施时间正常的教学进度相匹配;四是在内容领域上与"合一式"表现性评价在地理教学中应用的案例有一定的区分度,以便于扩大能够开展研究的领域,便于对比分析。

第一,本案例进入地理学科的基础内容体系,即自然地理内容领域。自然地理不仅是地理学科的主干内容,而且是学生学习地理的基础。在普通高中的课程方案中,自然地理是地理1模块,在该模块中主要包括以下几个单元:宇宙中的地球、大气环境、地球上的水、地球表面的形态、自然地理环境的整体性和差异性。这些单元之间具有非常重要的逻辑联系,其中大气环境是理解地球上的水、地球表面形态、自然地理环境的整体性和差异性的重要学科基础,因此选择大气环境这一重要内容领域。在大气环境中,最重要的内容标准是学生能够理解气压带和风带对气候的影响,因此选定此内容为主要的内容领域。

第二,所选内容的内容标准是"绘制气压带、风带示意图,说出气压带、风带的分布、移动规律及其对气候的影响"。这一内容对于培养学生的综合思维具有很大的帮助,因为综合思维着重于体现在学生揭示地理事象之间的关系上,而气压带与气候的关系、风带与气候的关系,以及气压带和风带与气候之间的关系,以及这些地理事物之间的地理空间关系等能够很好体现不同综合思维的不同水平表现。在本案例中,学生被要求完成"全球气压带风带示意图",并运用自己所绘制的地图解释某一种气候形成的原因,以此展示自己的综合思维能力。

需要说明的是,在本案例实施期间,2017版的普通高中地理课程标准还没有正式实施,因此,所使用的内容标准为2003版的地理课程标准。2017版的此条内容标准是"运用示意图,说明气压带、风带的分布,并分析气压带、风带对气候形成的作用。"经过对比,不难发现,两条标准的主要区别是2003年的内容标准要求学生绘制气压带和风带示意图,而2017版的内容标准并没有这个要求,但是本案例所重点评价的综合思维,主要体现在运用气压带、风带解释或分析其对气候的影响上,因此可以认为两条内容标准在体现综合思维这一核心素养的要求上是一致的。

第三,选择这一内容还有一个非常重要的原因,就是与进入案例研究的时间相关。本案例开始的时间是2017年10月底,高一年级第一学期的教学进度也正好是在这一部分。

第四,选择这一案例与第五章的"合一式"案例所选择的人文地理和区域地理整合案例在内容上有明显的区分度,有助于进行比较分析。

需要进行特别说明的是,本案例研究在实施的时候,《普通高中地理课程标准(2017版)》还没有正式公布,因此,当时的高一年级所使用的课程标准依然是2003版的《普通高中地理课程标准(实验)》。后通过比照新课标与老课标,发现新旧课标在核心素养的表达及在案例中使用的是完全一致的。在内容标准的表达上,这部分内容在案例研究期间还是作为必修内容,在新版课程标准中,该内容已经进入了选择性必修模块,但是在表达上也基本一致。新版课标的表达为"运用示意图,说明气压带、风带的分布,并分析气压带、风带对气候形成的作用,以及气候对自然地理景观形成的影响。"通过对两条内容标准进行对比分析可以发现，2003版的内容标准其实是2017版内容标准的一个部分，内容要求是完全一致的，就是要求运用气压带、风带示意图来解释其对气候的影响。因此，本案例研究在内容选择上是符合2017版课标和2003版课标的具体要求的。

三、数据收集与处理的方法

（一）数据收集

为保障案例研究的有效性，采取多种证据来源、各种证据来源相互印证，以便形成证据链，以及让主要证据提供者对研究报告草案进行检查的方法来核对证据的真实性。因此本研究的数据收集和分析过程，采用了观察、访谈、学生作品（作业）等多种方式收集证据，对全程教学进行录音录像，对学生作品和学生演示表达的现场进行数据采集等，不同来源的数据形成证据三角，互相印证，提高了研究信度。

1. 课堂观察

本案例中的课堂教学共实施2课时，均进行了课堂观察，以充分获取学生在课堂中各种表现的证据。担任课堂观察的老师为该班级的任课教师W教师。在进行课堂观察的过程中，观察教师不仅用文字记录下整个教学的过程，并重点记录学生在完成任务过程中的表现，以及教师对学生证据采集、解释和反馈等课堂提问和互动环节，而且也进行现场拍照，对学生在黑板上展示出来的绘图作品等信息进行及时采集。

2. 课堂录像

根据研究的需求，对两节课的课堂教学均进行了视频实录，并将录音转化为文字实录，详细记录了教学过程中师生互动和学生表现的每一个环节。

3. 访谈

在本案例研究开展的过程中，主要对任课教师、课堂观察教师和部分学生进行了访谈。针对不同的访谈对象，和研究所需要获取的信息，则设计了不同的访谈问题。访谈主要方式是面对面单独访谈。访谈大纲见附录。访谈主要采用半结构式访谈。

4. 学生作品的收集

在案例研究的过程中，对学生的作业进行了仔细收集，主要收集了学生所绘制的"全球气压带和风带示意图"，以及运用该图解释一种气候类型成因和特征的书面文字表达。

5. 研究问题与数据来源的匹配

嵌入式"表现性评价"研究问题的数据来源见表5-2。

表 5-2 "嵌入式"表现性评价研究问题的数据来源

研 究 问 题	课堂观察	课堂实录	设计方案	学生作品	各类访谈
问题 1-1:"嵌入式"表现性评价在地理教学中是如何嵌入的?			√		√
问题 1-2:"嵌入式"表现性评价在地理教学中实施的过程是什么?		√	√		√
问题 2-1:"嵌入式"表现性评价在地理教学中应用是否评出了综合思维?	√	√		√	√
问题 2-2:"嵌入式"表现性评价在地理教学中应用对教师的教学方式与学生的学习方式产生了什么影响?	√	√			√
问题 3-1:"嵌入式"表现性评价在地理教学中应用的关键条件是什么?	√	√	√		√
问题 3-2:"嵌入式"表现性评价在地理教学中应用的难点有哪些?以及如何解决这些难点?	√	√	√	√	√

(二) 数据的处理

1. 视(音)频信息的转写

本案例中进行的课堂教学活动全部用录音机和录像机记录下来,为了研究分析的需要,需要在此基础上进行抄录、整理、转写文字形式,从而全面反映学生的表现细节。在转写的过程中,按照对课堂教学过程中出现的停顿、插话、打断、重复以及一些语气词等,或者是手势、面部表情等副语言特征均忽略不计的标准进行操作,形成课堂实录文字量共计 2 万字。对有关的访谈音频也进行了转写,全面详细记载了所有的访谈文字实录。

2. 参与者基本信息的编码

(1) 参与教师的基本信息编码

本案例的合作教师是 WJW 老师。他参与本案例的课堂观察和访谈。为了使编码能够揭示该教师的基本信息,采取以下方式进行编码:T+性别+教龄,M 为男教师,F 为女教师。具体如表 5-3 所示。

表 5-3 "嵌入式"表现性评价参与教师基本信息编码方式

编码	性别	教龄
T-M05	男	5

(2) 参与学生的基本信息编码

本案例的参与学生为51人。其中所有学生均提交了作业,部分学生参与了作业展示,部分学生参与了访谈。为了能够体现出学生在作业特征、作业展示和访谈过程中所呈现出来的证据情况,并形成证据链条,因此学生的基本信息编码根据其参与的活动情况来确定(见表5-4)。

表5-4 "嵌入式"表现性评价参与学生的基本信息编码方式

编码规则	学生	嵌入式表现性评价教学情境下	参与访谈	序号
	S	Q	F	1,2,3……

在嵌入式表现性评价教学情境中,随机参与访谈的9位学生按照这样的编码来代指:S-QF01、S-QF02、S-QF03……

3. 具体数据的编码

(1) 有关学生表现的数据编码

有关学生表现的数据有四种来源:课堂教学中展示作业的过程、学生访谈、个人作品和课堂观察。进行作业展示的编码为R,参与访谈为F,个人作品为H。例如,若一位学生参与了访谈和作业展示,其个人作业作品被标注为S-QF01-R-H。具体编码信息如表5-5所示。

表5-5 学生的基本信息及其表现的编码方式

学生	编号	是否展示作业	是否参与访谈	个人作品
S	1,2,3……	是R,否不用标记	是F,否不用标记	H
S	1,2,3……			
	……			
S	1,2,3……			
S	1,2,3……			

对学生访谈的处理,可以进行关键词的梳理,即根据问题的指向,梳理回答中的关键词。

表 5-6 "嵌入式"表现性评价访谈学生内容的关键词列表

学生	问题指向 1	回答的关键词(正向)	回答的关键词(负向)
S-QF01			
S-QF03			
……			

本案例中,WJW 老师参与,因此对其观察的内容进行如下编码:T-M05-O。

(2)有关教师访谈的数据编码

本案例中,WJW 老师参与,因此对其访谈的内容进行如下编码:T-M05-F。

四、案例研究流程

整理和分析实际上是一个整体,不可能截然分成两个相互独立的部分。它们相互之间来回循环,同时受到研究中其他部分的制约。为了使研究的流程能够为回答研究问题提供可靠的保障,设计研究的基本流程时,要在研究流程的每个环节上进行仔细规划,确保研究能够顺利进行,并能够取得预期的研究成效。为保障研究能够有序进行,研究主要分为以下几个阶段进行:

(一)"嵌入式"表现性评价的设计阶段

运用指向地理核心素养的表现性评价设计框架,结合"综合思维"的具体内涵和内容标准设计可嵌入的微型表现性评价,确定嵌入的时机,并通过与原任课教师沟通调整教学计划。

(二)"嵌入式"表现性评价的实施阶段

实施时间为 2 课时。第 1 课时呈现表现目标、表现任务和评分规则,并完成第 1 个嵌入式任务。学生课后完成作业。教师对作业进行分类,确定不同学生的表现水平。第 2 课时,针对不同学生的作品所呈现出来的水平,嵌入 3 个任务,以此来不断推动学生综合思维的发展。

(三)"嵌入式"表现性评价的数据收集与分析阶段

搜集的数据有课堂观察数据、课堂实录、学生作品、与课堂观察教师和学生的沟通对话、访谈实录。针对所要研究的问题,对搜集的数据信息等进行编码,然后进行数据分析以回答所研究的问题。

(四)"嵌入式"表现性评价的研究结果形成阶段

针对所回答的问题,形成对"嵌入式"表现性评价在设计与实施、产生效果以及应用条件和难点等方面进行反思,从而形成研究结论并讨论。

第二节 案例呈现

上课之前,研究者本人与 WJW 老师就该课的设计意图、研究目的和想要研究的问题以及所获取的信息、评价方案设计和教学流程设计等进行了充分的交流,针对该班级学生的学情,预估了可能会遇到的困难,调整了教学策略和实施过程,增加了一些有难度任务的完成时间。

一、"气压带和风带对气候的影响"中"嵌入式"表现性评价的设计

研究者本人根据指向地理核心素养的设计与实施框架,再依据表现性评价嵌入地理教学的基本框架设计了本案例(教学设计方案见附录)。研究者本人与 WJW 教师就设计方案进行充分交流,考虑方案实施所需要的条件和主要难点。为能将"嵌入式"表现性评价的设计方案的形成过程展示出来,以下将重点介绍设计方案形成过程中需要解决的重点问题。

(一)"嵌入式"表现性评价表现目标的建构与表达

1."嵌入式"表现性评价表现目标的建构

(1)地理核心素养之综合思维的分析

综合思维(见表 5-1)主要是指建立不同地理事象之间联系的能力。因此,在本案例中,学生通过建立气压带、风带与气候形成之间的因果关系来展示和发展其地理综合思维素养。因此表现目标的设计应该重点放在学生在建立各种事象之间相互关系的水平上。学生建立各种地理事象之间关系的能力体现在其对地理事象解释的正确程度上。

(2)教学内容的分析

气压带和风带是高中地理 1"地球上的大气"中最重要的一节内容,要求学生能够绘制出全球气压带、风带示意图,并且根据气压带、风带的分布规律和移动规律来解释全球主要气候的成因。学生需要通过对教材文本、有关视频的分析,理解全球气压带、风带的分布规律和移动规律,并且能够独立绘制示意图,对热带雨林气候、季风气候、热带草原气候、地中海气候和温带海洋性气候等重要的气候类型的特征、分布以及成因与气压带、风带之间的关系建立联系,解释各种气候的主要成因。

(3)学情分析

学生在学习该内容之前,已经了解了大气的垂直运动和水平运动,能够回答气压和风形成的原因。但是在空间尺度上,还没有进入从全球的尺度研究气压和风。因此,在这一节,学生将从全球尺度上深入研究气压带、风带的分布,并且研究其与人类关系最为密切的气候之间的密切关系,这对于学生而言是一个挑战。

学生在这部分内容学习的过程中需要多样化的技能。首先,在阅读技能方面,学生需要阅读地理学科中非常典型的一些图示,例如全球尺度的示意图、全球气候

类型分布图、全球气压带和风带示意图、全球(1、7月)气压带、风带分布图、气候统计图表等;其次,在绘图方面,学生要能够具备建构一个包括赤道以及高低纬不同纬线的能力;第三,在逻辑思维和表达方面,学生需要建立起气压带、风带的空间分布与移动规律与世界主要气候类型分布及其特征之间的联系,并能够口头表达出来。

2."嵌入式"表现性评价的表现目标的表达

综合思维有不同的水平,气压带、风带与气候形成之间的关系也能够体现不同的水平,现将综合思维的水平与气压带、风带与气候之间建立对应的匹配关系,如表5-7所示。

表5-7 综合思维在"气压带或风带对气候形成的影响"中的体现

综合思维	表现目标
水平1	表现目标1:能够从气压带对气候影响的角度解释有关气候的分布、成因与特征。
水平2	表现目标2:能够从风带、海陆位置对气候影响的角度解释有关气候的分布、成因与特征。
水平3	表现目标3:能够从气压带、风带和海陆位置对气候影响的角度解释有关气候的分布、成因与特征。
水平4	表现目标4:能够从气压带、风带、海陆位置和海陆热力性质差异的角度解释有关气候的分布、成因与特征。

上述四个表现目标分别对应着综合思维的四个水平。表现目标的指向不再仅仅是学生对具体气候成因知识的掌握,而是学生在解释气候成因的过程中所展现出来的综合思维水平。例如,与水平1对应的表现目标是学生建立了气压带与气候形成之间的关系。运用这一综合思维学生就不仅仅能解释一种气候类型,如热带雨林气候,而且还能够解释与此类似的热带沙漠气候、极地气候等。由此可见,表现性评价的表现目标所指向的是思维的过程与结果,而不仅仅是知识本身。

运用前文所说表现目标的叙写方式,综合呈现出本节课的表现目标:

学生能够运用自己绘制的示意图说明气压带和风带的分布、移动规律,并解释气压带和风带的分布规律和移动规律对一些气候类型形成的影响,例如热带雨林气候、热带沙漠气候、温带海洋性气候、地中海气候、亚热带季风气候、温带季风气候和热带季风气候等。

(二)"嵌入式"表现性评价的表现任务设计

1.表现目标与表现任务之间的匹配

确定了表现目标之后,需要设计与之相匹配的表现任务。因此,根据综合思维的四个水平,以及表现目标的四个方面,设计了与表现目标相匹配的四个表现任务,每个表现任务的完成表现能够体现出不同的综合思维水平。

2. 设计表现任务与地理典型学习方式的匹配

表现任务不仅仅是一个要求有产出的作品任务,更重要的是一个能够展示学生综合思维过程的任务,因此需要与地理典型学习方式相匹配。对于地理学科来说,从自然环境中通过观察来提取地理要素,然后通过各种地理现象来探索各种地理要素之间的相互关系是非常基础和典型的思维方式。例如,进入热带雨林气候区,通过体验该地区多雨的气候特征,观察该地区因大量蒸发所产生的对流等大气运动特征,推理出大气上升运动导致了多雨的气候特征。因此,从真实的自然环境中通过观察来获取信息,开展综合思维,应该是地理学科的典型学习方式,因此在设计表现任务的时候,就不能让学生对照着教材上的图示来绘制"全球气压带、风带示意图",因为这样将不能让学生体验到地理学科的典型学习方式。但是,对于研究全球尺度的气压带、风带与气候之间的关系来说,学生也不可能到所有气候区的实地去观察和体验,因此,在设计任务时,通过让学生观看两位英国地理学博士在赤道地区和副热带地区的野外探索视频,使其从中去观察和提取大气的运动与气候变化之间的关系,改变了以往仅靠老师的讲授或者是靠学生通过"照本宣科"对"气压带、风带示意图"进行复制的教学方式,而是让学生通过真实的观察来建立起地理事象之间的联系,从而有助于提升学生面对真实情境解决问题的能力。

与此同时,对于具有"内隐"特征的综合思维的评估,需要学生能够展现出其思维的过程,因此,运用"出声思考"和"写作思考"的策略,让学生把思维过程写出来和讲出来,从而为自己的思维水平提供可供判断的表现依据。

3. 表现任务的结构与表达

针对不同的素养水平和表现目标,本案例需要设计四个表现任务,并将之嵌入在教学过程中。学生在间歇性完成表现任务的过程中,综合思维水平得到不断提升。因此,本研究设计的表现任务如下:

表现任务1:运用气压带和风带示意图解释热带雨林气候和热带沙漠气候的分布、特征和成因,请把你的想法写在你的作业纸上,并且向同伴出声地表达你的思维过程。

表现任务2:运用气压带和风带示意图解释温带海洋性气候的分布、特征和成因,请把你的想法写在你的作业纸上,并且向同伴出声地表达你的思维过程。

表现任务3:运用气压带和风带示意图解释地中海气候的分布、特征和成因,请把你的想法写在你的作业纸上,并且向同伴出声地表达你的思维过程。

表现任务4:运用气压带和风带示意图解释亚热带季风气候、温带季风气候、热带季风气候的分布、特征和成因,请把你的想法写在你的作业纸上,并且向同伴出声地表达你的思维过程。

(三)"嵌入式"表现性评价的评分规则设计

1. 评分规则应体现综合思维的过程

结合具体的内容要求,在本案例中,学生在建立气压带和风带与气候关系的思维进程中,展现其综合思维水平。因此,评分规则应该是体现典型综合思维过程的依据,应该能够评出综合思维的过程与特征。

2. 评分规则能够指导学生完成任务

为发挥表现性评价促进学习的作用,评分规则不仅仅能够帮助学生判断自己的思维过程,而且也要能够引导学生理解什么才是正确思考的过程。因此,评分规则能够指导学生完成任务。

3. 评分规则的表达与透明度

评分规则主要是指导学生的思维过程,并不是评判学生地理知识复述再现的准确程度。因此,评分规则的设计要能够判断出学生建立起不同事物之间联系的过程,例如,就气压带和风带对气候影响来说,学生需要建立的思维过程是:不同的纬度位置和海陆位置所受到的气压带和风带的影响不同;由于气压带和风带的热力或者动力特征不同,因此会对降水和气温等气候因素产生影响,继而导致不同气候类型和不同气候特征的形成。对于综合思维来说,最重要的是建立起各个因素之间的因果关系和空间关系。据此,设计出同时满足四个表现任务的通用型的评分规则。四个任务只是在所涉及的相关要素的复杂程度上有差异,但是在综合思维本身的过程上来说,应该是一致的。而且,在教学过程中使用的评分规则,还应该发挥指导学生综合思维的作用。因此,评分规则本身并没有在具体确切的知识上提供参考,因此可以完全透明使用。学生能够拿着评分规则来指导自己的思考并判断其他人的思考,从而建立起综合思维。评分规则如表5-8所示。

表5-8 表达某气压带或风带对气候影响的评分规则

评分维度	主要内容	赋分
要素评价	1. 指出所描述区域的纬度位置或海陆位置	15
	2. 正确说出控制该区域的气压带或风带的名称	15
	3. 正确描述该气压带或风带的热力或者动力特征(热量特征或运动特征)	15
	4. 正确解释该气压带或风带的特征对降水、气温等气候因素的影响	15
	5. 正确解释该区域气候的哪些特征是受此气压带或风带的影响所形成	15
结构评价	表达交流中呈现了1-5项要素内容之间的逻辑关系,且推理准确,呈现出了清晰的因果关系,能够得出有说服力的结论。	25
总评说明	85-100:A等级(优秀);84-70:B等级(良好);69-55:C等级(合格);54以下:D等级(不合格)。	100

上述评分规则的设计包括两个大的维度,一是学生运用综合思维解释气候过程中所需要提取的重要因素,如位置、气压带或风带名称、气压带和风带的热力或动力特征以及这些特征对气候特征的影响等。这些要素揭示了综合思维在解释地理事象过程中所应该建立起的基本联系,那就是在哪里,是什么和为什么。第二个维度是这些要素之间的因果关系被有逻辑地推理了出来,并提供了有说服力的证据,以此来证明综合思维的水平。因此,上述评分规则不是对学生记住多少气候知识的评分,而是对学生综合思维水平在解释气候成因上的评分。

(四)"嵌入式"表现性评价的实施计划设计

在嵌入教学的四个表现任务设计好之后,则要设计如何将之嵌入教学中。什么时候嵌入什么任务是嵌入式表现性评价实施的关键。为了发挥表现性评价在教学中能够引发学生表现,并通过解释和反馈来推动其综合思维水平不断提高的作用,同时结合学生的认知特点往往是从感性到理性、从简单到复杂的过程,计划从任务1-4来逐步嵌入。第一课时主要嵌入表现任务1;第二课时嵌入其余三个表现任务。

第一次嵌入表现任务是为了引发学生的表现,同时也是为了让学生建立起最为基础的联系,即气压带和气候之间的关系,因此嵌入的任务是绘制中低纬环流圈,并据此来解释热带雨林气候和热带沙漠气候的分布与成因,所对应的综合思维和目标水平为水平1。

在引发并获得学生的基本表现后,为了了解学生经过第一个嵌入任务之后所建立起来的综合思维发展情况,在第一节课结束时把表现任务1-4作为作业布置下去,让学生能够在作业纸上绘制出气压带和风带示意图,并且能够依据示意图来选择一个气候类型进行解释和分析,并把自己的解释写在作业纸上。教师在批改作业之后,将根据学生作业的完成情况,也就是综合思维的具体发展情况来决定第二节课嵌入表现性评价的次序和展示的方式。

通过对学生表现证据的梳理,决定下一步的教学策略,再由低到高,嵌入不同水平的任务,如温带海洋性气候、地中海气候、季风气候等。学生每完成一个水平级别的任务,就可以据此来判断学生所能达到的综合思维水平级别。而且,也获得了学生综合思维水平级别是否提升的证据,也就获得了综合思维的评估证据。

二、"气压带或风带对气候的影响"中"嵌入式"表现性评价的实施

上课之前研究者本人与WJW老师就该课的评价方案设计和教学流程设计进行了充分的交流,针对该班级学生的学情调整了教学策略,增加了一些有难度任务的完成时间。

第一节课依照设计的过程顺利进行,师生互动正常,学生明白自己应该完成的任务。在第一节课下课前,增加了口头询问学生学习进展的环节,发现学生的学习存在一定的差异,一些学生感到学习比较轻松简单,而一些学生感觉自己没有学会。

在第一节课教学结束之后,收集了学生的作品,对学生的绘图作品和作业进行了初步评价。依据指向地理核心素养的表现性评价设计与实施框架,遵循高质量证据的原则,对证据进行了管理,主要是明确了学生在水平等级上的主要分布情况,从而进一步明确了下一节课的教学决策;依据表现任务的能级水平逐步推进学生综合思维的发展,同时选出了优秀作业,作为下一节课课堂展示的作业。

第二节课主要围绕作业表现比较突出的学生的作品展示和表达来开展,然后在教学和评价进行的过程中,不断嵌入不同水平的表现任务,并通过解释和反馈对一些学习有困难的学生实施进一步的即时评估。

在第二节课的教学中,主要通过学生展示的作品和在解释气候形成原因的过程中现场采集学生思考的证据,学生运用评分规则来进行自我评估,教师采取即时解释和回应、反馈的方式推动教学和评价过程。

在两节课的课堂教学中,均通过录音获取整个教学过程的实录,并在之后将录音转化为文字实录,详细记录了教学过程中师生互动的每一个环节。

在课堂教学结束之后,用访谈的方式,对班级9位学生进行了访谈,采取结构性访谈和开放性访谈相结合的方式,获取学生的体验和感受等信息。访谈全程进行了录音,并将录音转化为文字实录。

在课堂教学的过程中,邀请WJW老师作为观察者,对整个教学过程中学生的表现进行了观察,重点观察学生在完成任务过程中的需求和表现。

课堂教学结束之后,对WJW老师进行了访谈,了解课堂观察的情况,并对实施表现性评价的做法征询了其建议和想法,也做了访谈录音,并转化为文字实录。

(一) 第一课时:嵌入表现任务1

1. 教师如何创设问题情境、如何引入表现目标

为任务做准备:理解目标—任务—量规

时间进度:5分钟

学生技能要求:从景观照片中获取有关气候类型与特征的信息;阅读任务要求,清晰解释自己需要完成的任务。

学生完成作品或者学习表现提示:学生能够从不同气候下的景观照片中选择出与之对应的气候类型,并且表达不同地理位置(纬度位置和海陆位置)下,产生不同气候类型的自然地理现象。学生能够表达自己所需要完成的任务。

对学生表现的评价指南:如果学生能够说出代表不同气候下景观照片的具体气候名称;学生是否能够向同伴表达需要绘制气压带和风带示意图所选择的单圈环流或三圈环流模式图。

教学策略:教师展示不同气候景观照片,学生讨论并回答不同照片代表的气候类型;教师展示任务,说明学生所需要完成的具体任务;教师为学生提供气压带、风带示意图的单圈环流和三圈环流模式图的模板,两个学生之间讨论应该选择哪个模板来建构全球气压带和风带示意图。

2. 教师如何嵌入任务、引发学生表现、如何评分

教学环节:师生共同完成低纬环流圈绘制——从视频中提取和整合信息

时间进度:12分钟

学生关键技能要求:从真实情境(视频)中提取关键信息;空间定位技能,能够在全球示意图中确定赤道和北纬30°的纬度位置。

学生学习表现提示:学生能够依据视频中的信息,在赤道地区标注气流上升符号,在北纬30°附近标注气流下沉符号;学生能解释科里奥利力对水平运动气流的影响,标注出从赤道上空到北纬30°附近气流的流动方向以及近地面从北纬30°附近到赤道地区的气流方向(低纬信风),从而完成低纬环流圈。

教学策略:为学生准备时长大约5分钟的视频《非凡的旅程:地球的自转与公转》(跟随两位地理学博士凯特和海伦一起去亚马逊雨林和美国的亚利桑那沙漠中探索大气的运动情况,并分析和解释全球气压带和风带对两个地区气候形成的影响),学生可以一边感受一边开始画草图。为学生准备一个绘制气压带和风带示意图的模板;首先告诉学生,他们将观看一个视频。第一次观看时了解视频中的主要信息,然后根据视频信息画低纬环流圈的草图。在这个过程中,学生可以讨论和提问,一些学生会演示自己的作品并回答老师提出的问题。第二次学生将再一次观看视频,在草图和讨论的基础上,完善自己所绘制的低纬环流圈。

嵌入任务1-1:运用气压带或风带示意图解释热带雨林气候(水平1)

时间进度:8分钟

学生技能要求:学生能够理解《表达某气压带或风带对气候影响的评分规则》;在评分规则的支持下,结合自己绘制的示意图向同学解释或表达热带雨林气候的成因。

学生完成作品或者学习表现提示:学生能够准确表达热带雨林气候的分布范围、气候特征以及影响该气候的气压带或风带。表达过程依据评分规则进行,体现了严密的逻辑性。

对学生表现的评价指南:学生是否能够以常年受赤道低气压带控制来解释热带雨林气候的成因。

教学策略:将上一节课全班学生绘制的全球气压或风带示意图拍成照片以供展示学习成果之用;为学生准备《表达某气压带或风带对气候影响的评分规则》(表5-8);准备热带雨林气候典型城市的气候统计资料;准备全球气候类型分布图。

教学环节:解释气流上升和下沉对降水的影响

时间进度:5分钟

学生技能要求:学生能够从真实情境(视频)中提取关键信息;解释气流运动与降水之间的关系。

学生学习表现提示:学生能够从视频中观察自然现象并作出有逻辑的推理表达。

教学策略:为学生重复播放上一段视频,要求学生观察赤道地区和北纬30°附近气流垂直运动的情况,并请学生分析气流运动与降水之间的关系。学生能够准确说出气流上升容易成云致雨,气流下沉容易导致降水稀少,形成干旱的气候。

嵌入任务1-2:运用气压带和风带示意图解释热带沙漠气候(水平1)

时间进度:5分钟

学生技能要求:从全球气候类型分布图、热带沙漠气候的气候资料统计图等图表中获取关键证据。运用全球气压带和风带示意图中的信息解释热带沙漠气候的成因。

学生完成作品或者学习表现提示:学生完成对热带沙漠气候的正确解释。

对学生表现的评价指南:学生是否指出了热带沙漠气候分布的范围、主要特征以及受何气压带或风带的影响。

教学策略:为学生提供热带沙漠气候的分布图和典型城市的气候统计图表;学生讨论后,由学生代表来展示对问题的理解和解释。

教学环节:完成中高纬环流圈

时间进度:5分钟

学生技能要求:从真实情境(视频)中提取关键信息;学生能够在全球模式图上绘制完整的中高纬环流圈。

学生完成作品或者学习表现提示:学生完成整个全球气压带和风带示意图,准确标注低纬信风带、中纬西风带和极地东风带的名称。

教学策略:让学生继续观看视频,完成整个中高纬环流圈的绘制。

布置作业:学生完善气压带和风带示意图并选择一种气候类型进行解释,把自己的解释写在作业纸上,并与同伴进行交流,说出自己的思考过程。

(二)第二课时:嵌入表现任务2~4

1. 教学环节:反馈学习情况、鼓励学生表现

教师点评上节课所完成的热带雨林气候和热带沙漠气候,激发学生把自己的作业展示出来的热情。

2. 嵌入任务2和任务3:运用气压带或风带示意图解释温带海洋性气候和地中海气候(水平2和水平3)

时间进度:15分钟

学生技能要求:学生能够从全球气候类型分布图、温带海洋性气候和地中海气候的气候资料统计图等图表中获取关键证据;解读气压带或风带季节移动的规律。

学生完成作品或者学习表现提示:学生能够在地图上指出地中海气候和温带海洋性气候的位置;能够解释两种气候的不同成因。

对学生表现的评价指南:学生是否能说出温带海洋性气候常年受中纬盛行西风带的影响,终年温和湿润;地中海气候夏季受副热带高气压带控制,炎热干燥,冬季受盛行西风带控制,温和湿润。

教学策略:为学生准备代表典型地中海气候、温带海洋性气候的气候统计资料

(罗马和伦敦的气候统计资料);准备全球气候分布图;学生相互表达交流;由学生推荐一名学生为大家讲解两种气候的成因。

3. 教学环节:解释气压带或风带的季节移动
4. 嵌入任务4:运用气压带或风带示意图解释温带季风气候(水平4)

时间进度:15分钟

学生技能要求:学生能够阅读全球气候类型分布图;解释海陆热力性质差异对全球气压带、风带的影响;学生能够阅读东亚冬季和夏季气压中心示意图。

学生完成作品或者学习表现提示:学生能够指出温带季风气候的纬度位置和海陆位置;能够解释海陆热力性质差异对中纬气压带和风带的影响;能够完整解释温带季风气候的成因是海陆热力性质差异。

对学生表现的评价指南:学生是否能够发现全球气压带或风带示意图不能完全解释温带季风气候的成因,从而开始思考海陆位置的分布对全球气压带或风带的重要影响,正确解释温带季风气候的成因。

教学策略:学生集体推选绘制气压带或风带示意图中表现较好的学生来回答这个有难度的问题;准备东亚冬季和夏季气压中心分布图。学生在评分规则的支持下,解释温带季风气候的成因,教师在与学生的对话中不断推动学生深入思考和严谨表达,其他学生在观看师生对话的过程中,不断向同伴学习并评价其学习进展。

5. 教学环节:解释海陆热力性质差异对气候的影响

在学生完成了对季风气候的分析之后,教师首先总结海陆热力性质差异对气候的影响,然后重点对如何运用气压带和风带示意图来解释气候成因的思维过程进行提炼和总结。

教师的评分主要有两种方式:一是在课堂教学中,依据学生的现场表现,包括对学生思考问题的语言表达进行即时评分;二是对学生在第1课时结束之后完成的作品进行打分。评分的依据是参照《评分规则》来进行的。

第三节 结论与讨论

本节将对本案例研究所提出的问题通过研究过程中搜集的数据进行分析并回答。所回答的问题主要是以下三个:

➢ "嵌入式"表现性评价在地理教学中应用的设计与实施流程是什么?
➢ "嵌入式"表现性评价在地理教学中应用产生的效果是什么?
➢ "嵌入式"表现性评价在地理教学中应用有哪些值得反思之处?

一、"嵌入式"表现性评价在地理教学中应用的关键技术

就"嵌入式"表现性评价教学方案的基本架构来看,其囊括了教学内容分析、学情分析、课程标准、表现任务、教材相关资源、评分规则、教学流程等(教学设计方案

见附录2)。但是,为了能够聚焦于"嵌入式"表现性评价在地理教学中应用最关键的技术,将结合案例说明以下两个问题,一是如何设计出能够嵌入在教学中的表现性评价,二是如何将已经设计出来的表现性评价嵌入在教学过程中。

(一)"嵌入式"表现性评价的设计

"嵌入式"表现性评价设计有两个关键点:对应用条件的准确把握和表现性评价的特征要求。只有明确"嵌入式"表现性评价的应用条件,才能发挥其"嵌入"的功能与作用;只有把握好其特征要求,才能真正将其嵌入教学中去。

1. "嵌入式"表现性评价的应用条件:指向高阶思维的重难点和对即时反馈的需求

对于本案例而言,运用气压带和风带示意图来解释气候的形成,本身就是一个体现综合思维的教学重难点,需要学生展示其综合思维的过程,运用综合思维来解决气候形成的原因这一难题。但是,在学生解决这一难题的过程中,又需要不少知识作为解决问题的基础,因此,教师实施了比较密集的、多样化的教学策略。

与此同时,从教学目标来看,学生建立起综合思维的过程是首要目标,这就需要教师在其思维困难的时候予以及时指导。而实现这一点的前提条件是学生能够及时展示其思维的过程,教师需要获得其思维的表征证据,给予即时的反馈。因此,嵌入教学中的表现性评价能够实现这一功能。

由此可见,在地理教学中,有一些教学上的难点指向着高阶思维,例如分析气候的成因就属于高阶思维。这些高阶思维难点的突破需要学生展示出其认知的过程,以及代表其认知水平的结果。设计出针对以这些高阶思维为表现目标,运用表现任务引发其思维表现,再以评分规则来判断和支持其思维发展的微型表现性评价,并将之镶嵌于教学过程中,成为教师突破教学难点的重要手段。

2. 能"嵌入"的表现性评价基本特征:精准的匹配性能和精巧的微型结构

在确定采用"嵌入式"表现性评价之后,要把握好"嵌入式"表现性评价的特征,使其能够真正嵌入进去以引发表现、提供证据和给予反馈的作用。

首先,"嵌入式"表现性评价的设计要具备精准的匹配性。遵循指向地理核心素养的表现性评价设计流程和基本要求,明确综合思维的水平特征,针对不同的水平设计出不同的目标,设计与之匹配的表现任务和评分规则。表现任务能够引发学生不同水平的综合思维表现,从而为教师提供其学习学到什么程度的证据,并以此来决定下一步的教学策略。本案例中,"嵌入式"表现性评价的具体匹配性结构如图5-1所示。

根据图5-1所示,针对综合思维的四个水平,结合内容标准设计了四条表现目标,然后设计出了四个表现任务,表现任务的目的是引发学生综合思维水平的不同表现。例如表现任务1所引发的学生表现是,如果学生成功完成表现任务1,则说明其达到了综合思维水平1;对于表现任务2来说,如果学生成功完成任务则说明其达到了综合思维水平2,但是如果没有完成,则需要根据其情况来判断,有可能是只达到水平1。以此类推,任务越复杂,成功完成后所对应的水平越高,但是

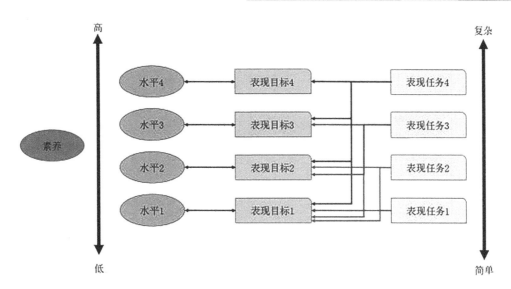

图 5-1 素养水平与表现目标和表现任务的相互匹配示意图

对于同一任务的完成,学生的综合思维水平也会呈现出不同层级。

其次,嵌入在教学中的表现性评价需要具备比较精巧的结构。就任务的复杂程度来说,不能过于复杂,耗费的时间不能太多,主要聚焦于综合思维的呈现上。评分规则也要比较简明扼要,能够通用于不同的任务,以便于在教学中使用。

(二)"嵌入式"表现性评价的实施

如何把设计好的表现性评价嵌入在教学过程中是一个关键技术。根据两节课的课堂视频、文字转录,可以对两节课的基本指向、基本思路、课堂中的任务类型、教学流程、证据来源进行梳理。从两节课的课堂教学实录来看,"嵌入式"表现性评价通过在教学过程中嵌入一个一个难度水平逐级上升的表现任务,来推动学生的地理核心素养向更高的水平发展,目的是使学生和老师能够获得其素养水平上升的切实证据。因此,在不同的教学时段嵌入不同的表现任务是发挥表现性评价作用的关键。

在学习过程中,"嵌入式"表现性评价可以按照任务的难度大小来嵌入到教学中去。学习后,学生产生了作品,可以依据所完成作品的情况,对作品依据素养要求和学生具体的完成情况进行表现的分类。然后在接下来的学习中,依据表现任务的不同难度水平,在课堂中嵌入不同水平的表现任务,可以按照学习进阶来分解学习水平,匹配相应的目标,进而以根据表现目标设计相应表现任务水平的形式展开操作(见表 5-9)。

表 5-9 "嵌入式"表现性评价的课堂实施架构

课 时	基本指向	基本思路	任务结构	教学流程	证据来源
KS-1	学习过程中如何运用嵌入式表现性评价	嵌入难度较低的表现任务	完成任务1	呈现表现目标 布置表现任务 创设情境 完成任务1 使用评分规则进行展示 （师生互动） 布置其他任务	学生作品 学生展示
KS-2	学习后,在课堂中如何运用嵌入式表现性评价	学习进阶,根据水平高低,嵌入不同难度的任务	完成任务2 完成任务3 完成任务4	展示任务2 师生互动突破难点 展示任务3 师生互动突破难点 展示任务4 师生互动突破难点 教师总结	学生作品 学生展示

下面对表 5-9 中两节课所嵌入的表现任务的特征、目的和实施情况进行如下分析：

1. "嵌入"教学的第一个任务：简单并适于让学生建立起基本的思维过程

嵌入教学的第一个任务非常关键。首先，任务不能过于复杂，而是既简单，又能够为综合思维的基本过程奠定基础，让学生学会综合思维的方法，然后举一反三运用到其他更加复杂的任务中去。因此，第一个任务承载的不仅仅是基本的知识，而是最基本的思维过程和思维方式。例如，在本案例中，热带雨林气候和热带沙漠气候的形成，都是在单一气压带影响下的结果。因此，通过这个代表水平1的任务，建立起最基本的综合思维，那就是气压带的气流垂直运动方向会影响降水，从而影响气候的特征，成为气候形成的重要原因。在建立起这个最基本的思维过程后，学生就能够举一反三，思考风带影响下的气候会如何，有没有同时受到气压带和风带影响的气候等等，这样就可以逐步建立起更加复杂的思维过程，这就是地理学科中的综合思维。

2. "嵌入式"其他任务次序：依据任务的复杂程度和学习进阶情况

在"嵌入"第一个任务之后，其他任务被"嵌入"的目的，主要是让学生不断运用综合思维来解决问题。因此，为了符合学生的认知规律，一般来说，依据任务的难度水平和复杂程度来嵌入比较好。例如，本案例就依据任务的难度水平来逐步嵌入，季风气候最难，所以就放在最后一个来嵌入。而且，嵌入也要考虑学生学习进阶的情况，如果学生已经达到了某一个水平，就可以让其试着解决更高难度的任务，来促进其思维水平不断提升。

3. "嵌入"过程及其前后的教学策略：鼓励表现、解释反馈和总结提炼

"嵌入"的任务需要学生积极参与，把学生自己内在的素养表现出来，才能发挥作用，这就需要教师的教学策略来支持。以本节案例为例，如表所示，教师在"嵌入"任务的前后，以及嵌入的过程中，采取的教学策略是不同的。

表5-10 "嵌入式"表现性评价交流流程（第1课时）

	教学活动	嵌入表现任务1-1	教学活动	嵌入表现任务1-2	教学活动
第1课时	创设情境呈现任务	看视频，绘制中低纬环流圈；解释热带雨林气候成因	讲解气流上升和下沉对降水的影响	解释热带沙漠气候的成因；看视频，绘制中高纬环流圈	总结气压带和风带对气候影响的思路；布置作业

首先，在"嵌入"前，教师需要创设情境，呈现任务，吸引学生去完成任务，去表现自己。其次，在"嵌入"的过程中，教师为了帮助学生完成任务，需要做大量的教学辅助工作。以本案例为例，为了建立起低气压带气流上升、高气压带气流下沉、不同的气流垂直运动会产生不同降水特点这个基本的思维过程，教师采取了让学生观看热带雨林和热带沙漠两个地区的气流运动情况、气候的明显特征，以及大气环流的运动等真实情境中的视频，师生共同绘制气压带和风带示意图，帮助学生建立联系，然后再完成表现任务1——解释热带雨林气候和热带沙漠气候。同时，在"嵌入"后，教师要及时搜集学生表达和作品等证据，解释这些表现产生的原因，并且及时给予反馈，以帮助学生能够确认自己的思维过程是否正确，如果有欠缺，那么需要提高的地方在哪里。尤为重要的是，要对学生思考过程中运用到的重要思维过程或者是重要的知识进行概括、提炼和总结。

二、"嵌入式"表现性评价在地理教学中应用产生的效果

为分析"嵌入式"表现性评价在地理教学中应用的效果，主要从三个方面进行分析，一是"嵌入式"表现性评价是否评出了传统纸笔测试所评不出的综合思维，二是嵌入式表现性评价对学习活动产生了什么影响，三是嵌入式表现性评价对教学活动产生了什么影响。

（一）弥补传统纸笔测试的不足："嵌入式"表现性评价评出了综合思维的过程和结果，促进了综合思维的进阶。

根据本案例的研究问题，需要探索"嵌入式"表现性评价是否评出了综合思维。相对于传统纸笔测试来说，表现性评价不仅要评出综合思维的学习结果，更要侧重于评出综合思维的过程。本研究发现，通过"嵌入式"表现性评价能够评出学生的综合思维结果和过程。

1. 运用"写作思维"和"出声思维"两类表现评出了综合思维水平

本案例的表现任务不仅要看学生综合思维的作品——写出运用"综合思维"解释的气候类型,还需要看学生综合思维的过程——运用"出声思维"来向同伴表达对气候类型成因的解释。通过上述两种表现类型,评出了学生的综合思维水平。

(1)达到综合思维水平1的表现

学生在综合思维水平1上的具体表现可以从两个地方获得,一是在课堂上的具体表现,二是所完成的作业。为了能够确认在本案例中达到综合思维水平1的学生确实是达到了这个水平,还进行了访谈以深入了解。接下来以一位学生(S-QF01)的学习证据为例来呈现达到了综合思维水平1的具体表现。

证据1:课堂实录(S-QF01-R)

学生(S-QF01-R):热带雨林气候在赤道附近,因为气压上升……应该是气流上升……

教师:对的,是气流上升

学生(S-QF01-R):是的,刚才不小心说错了。

教师:好的,不要紧,继续表达。

学生(S-QF01-R):热带雨林气候在赤道附近,大概是南北纬的10°之间,因为受到赤道低气压带的影响,盛行上升气流,容易形成降水,所以就形成了热带雨林气候。

教师:好的,请大家为这位同学的表达评分。能不能达到优秀等级?

学生:可以达到优秀等级。(全班同学集体回答,学习气氛活跃)

在上述课堂实录中,该学生运用"出声思考"解释了赤道低气压带对热带雨林的形成的影响,说清楚了纬度位置、气压带名称以及气流运动的特征对降水的影响,清晰解释了该气候成因,可以判断建立起了气压带与气候之间的相互关系。

证据2:学生作业(S-QF01-R-H)

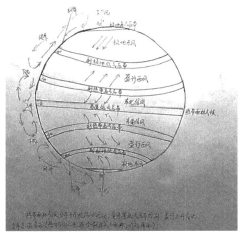

图5-2 代表综合思维水平1的作业(S-QF01-R-H)

该学生的作业不仅正确绘制出了全球气压带和风带示意图,而且能够准确和清晰描述代表水平1的任务:解释热带雨林气候的分布、成因和特征,而且从文字表达上能够明显看出,这位学生对于建立两个地理事物之间的关系已经有了比较清晰的认识。

证据3:学生访谈

我选择展示的气候类型是热带雨林气候,老师和同学认为我展示得很好,达到了优秀作业等级,所以很高兴。我继续用将大气运动与降水等因素联系起来的思维方法来解决其他气候问题,一开始我感觉温带季风气候比较难,但是后来随着我自己思考,还有其他同学的展示和老师的讲解,我自己就突破了这个难点。(S-QF01)

这位学生是在课后主动找到研究者本人进行访谈的。从访谈中发现,学生认为,自己的表现能够被认可主要是体现在对综合思维的建立上,因此学生开始继续运用综合思维来解决其他更加复杂的问题,而且获得了突破。这说明学生重视对自己综合思维的培养,开始进行有一定深度的思考,在向着更高水平的综合思维发展。

(2)达到综合思维水平2的表现

第1课时结束后,对学生作品进行收集,通过评分判断学生完成不同水平表现任务的情况。其中有一位同学选择了解释温带海洋性气候(综合思维水平2)的成因并解释正确(见图5-3)。为了探明这位学生是否确实达到了综合思维水平2,因此在第2节课的时候,让这位学生解释这一气候类型的成因,并通过访谈来进一步了解其综合思维水平的发展情况。通过研究发现,这位学生在综合思维水平上达到了水平2的水平。这个案例说明,第1节课教师并没有讲有关温带海洋性气候的知识,但是学生通过自主选择,选择了综合思维水平2的表现任务,并能够很好地完成。这说明,对于学生解释地理事象来说,综合思维是一种非常重要的思维方式;也进一步说明,教师教学和评价的重点应该放在高阶思维上,而不是简单知识的识记上。

下面具体分析这位学生(S-QF02)的有关表现证据,来进一步说明其综合思维水平的表现,以及上述观点。

证据1:学生作业(S-QF02-H)

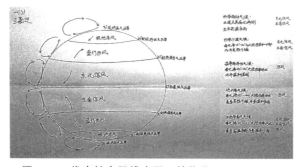

图5-3 代表综合思维水平2的作业(S-QF02-R-H)

这份作业在对温带海洋性气候的具体位置、气候特征的描述和西风带控制的成因表达上是正确的，但是对于其他气候类型的表达却存在一定的问题。为了判断其是否真正具备了解释温带海洋性气候的综合思维能力，因此在课堂上进行了"出声思维"的展示活动。

证据2：课堂实录
教师：请一位选择温带海洋性气候的同学为大家解释其成因
学生(S-QF02-R)：温带海洋性气候，位于南北纬40°—60°的大陆西岸，常年受西风带的控制，因此终年温和湿润。
教师：好的，能否再为大家解释一下，为什么西风控制了该区域就会终年温和湿润呢？
学生(S-QF02-R)：因为在大陆西岸，风从海洋吹向了陆地，带来了海洋上的水汽，因此降水会比较多。
教师：好的，请大家为这位同学的表达评分。能不能达到优秀等级？
学生：可以达到优秀等级。

通过上述该学生在课堂上的"出声思维"，学生不仅把握住了该气候被西风带控制的基本事实，而且还建立起了不同的海陆位置。风是从海洋吹向陆地，还是从陆地吹向海洋，也会影响降水情况，这样就在影响气候的要素之一风带的基础上，增加了一个要素，即海陆位置也会影响气候的类型。因此该学生建立了3个要素之间的关系，达到了综合思维水平2。

证据3：学生访谈
我觉着我解释的温带海洋性气候的成因还是比较清楚的，因为我去过欧洲，然后再结合老师讲的需要把气候与大气运动的状况结合起来考虑，所以我就推测出是因为西风带的影响，然后又查了书本，找到了证据，所以就解释清楚了。(S-QF01)

课后，该学生也是主动来进行访谈的。通过访谈对话，该学生进一步说明了她的思考过程，即建立起大气运动与气候之间的关系，同时也找寻了证据来支持自己的观点，说明其确实达到了综合思维水平2。同时，访谈还提供了一个信息，那就是学生对于自己真实体验过的地理事象会更有兴趣开展思考，也更有助于帮助其建立综合思维。这也进一步说明，在第1课时，为学生呈现真实情境更能帮助学生建立综合思维。

通过对上述两位学生的综合思维水平进行分析研究，两位学生所处的综合思维水平状况通过"写出思维"和"出声思维"得到了确认，并通过辅以学生访谈得以印证。但是，也进一步提示研究者，仅仅通过学生写在纸上的作业，能不能确实认定其综合思维的水平呢?"出声思维"是不是确实有存在的必要? 接下来将分析另外两个学生的综合思维水平及其进步情况。

2. 运用"写作思维"和"出声思维"两类表现与师生互动促进了学生综合思维水平的进阶

在第 1 节课结束后的学生作业中,还有一些作品显示出了水平 3 和水平 4 的表现(见图 5-4 和图 5-5),这是不是就证明这些学生也确实是通过第 1 节课的学习达到了这个水平呢? 为了进一步印证,同时也是希望这些学生把自己的思维过程展示出来,因此在第 2 节课也请这些学生向全班同学出声表达自己的思维。通过课堂展示"出声思维",发现这些学生的作品虽然看似达到了这个水平,但是,在实际的表达过程中并没有在一开始就达到这个水平。通过随后的师生互动,对疑难的共同思考和突破,这些学生才最终达到了相应的水平。下面分别呈现两位学生的具体作业表现和课堂展示互动情况,以及访谈情况。

(1)促进学生达到综合思维水平 3 的发展过程

证据 1:学生作业(S-QF03-H)

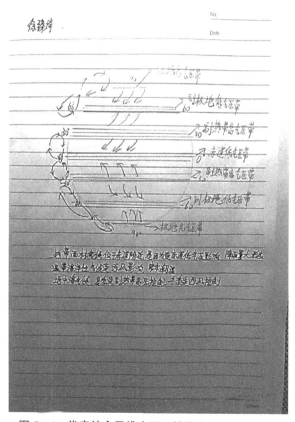

图 5-4 代表综合思维水平 3 的作业(S-QF03-R-H)

这位学生(S-QF03)的作业表现非常好,很清楚地解释了三种气候类型的成因:热带雨林气候、温带海洋性气候和地中海气候。其中对地中海气候成因的正确解释可以显示出这个学生具有达到综合思维水平3的"实力"。因为地中海气候的成因是在气压带和风带交替控制影响下的结果,同时还要考虑海陆位置的影响,需要建立四个要素之间的相互关系来解释气候的成因。

但是,对于这样一个难点,需要学生综合气压带和风带交替控制的情况,了解其对气候的影响,而且也需要对气压带和风带会依季节移动这一问题有非常清楚的认识,才算是对这一概念有了充分的理解,这样才算是达到了综合思维水平3。因此,为了判断其综合思维水平的情况,在第2节课请这位同学展示了其作业,进行"出声思考"。

证据2:课堂实录

学生(S-QF03-R):首先我跟大家介绍一下气压带和风带的分布规律。我把气压带和风带分为四个类型,首先是两个极地高气压带、两个副极地低气压带、两个副热带高气压带和一个赤道低气压带;然后极地高气压带主要分布在南北纬90°附近,它影响下形成的气候是比较冷和干燥的,这个大家都知道。副极地低气压带分布在南北纬60°附近,在它的影响下降水是比较多的;副热带高气压带分布在南北纬的30°附近,降水比较少,气候炎热干燥;赤道低气压带分布在纬度0°附近,降水多,形成高温多雨的热带雨林气候;接下来是风带,我把风带分为三种类型,高纬度的东风、中纬度的西风和低纬度的信风,极地东风带是在极地高气压带和副极地低气压带之间;中纬西风带是在副极地低气压带和副热带高气压带之间;低纬度信风带是在赤道低气压带和副热带高气压带之间;我想介绍一种南北纬30°至40°之间的地中海气候。

教师:好,地中海气候也是一个难点,请大家听他的推理过程。这位同学的思维方式非常好,是一种善于归纳提炼的思维方式。

学生(S-QF03-R):我把气压带和风带对气候的影响分为三种,一种是气压带专门影响的,一种是风带专门影响的,还有一种是气压带和风带都能够影响的,交叉影响的。我依照评分规则再仔细梳理一下我的思考。南北纬30°至40°大陆西岸受到了副热带高气压带和西风带的控制。我是这样来分析的,就是这个范围在不同的季节受到不同的气压带和风带的影响。比如说夏季受到副热带高气压带,冬季受到西风带的控制。副热带高气压带的气流下沉,西风带的气流是由海洋吹向陆地。气压带或风带的特征对降水、气温等气候因素会产生影响。夏季干燥炎热,冬季多雨比较温和,这是地中海气候的特征。

该学生在上述这一段的表达非常好地展现了其综合思维的水平,不仅把全球气压带和风带的分布介绍得很详细和准确,而且对气压带和风带对气候影响的类型也进行了归纳,可以说很好地归纳了综合思维水平1和综合思维水平2。同时也说明了综合思维水平3,即在气压带和风带交替控制下形成了地中海气候。

教师：我们需要寻找一下证据。请大家翻开教材，看一下以下各个城市哪个是位于地中海沿岸？

学生：罗马。

教师：请大家根据罗马的全年降水和气温的气候统计图来描述一下罗马的气候特征。冬季是不是温和多雨，夏季是不是炎热干燥？

学生：是的。

教师：好的。现在我们看到这位同学的推理是非常严密的，现在只要能够回答一个问题，那么就可以把这个问题解决得非常完美了，整个逻辑就非常清楚了。现在请思考，只有在什么情况下，在南北纬30°至40°的大陆西岸，夏季受副热带高气压带控制，冬季受西风带的控制这个假设才会成立呢？

学生(S-QF03-R)：气压带和风带的位置改变了。

教师：那为什么气压带和风带的位置会移动？

学生(S-QF03-R)：(深入思考，没有回答。)

在上述师生互动中，该学生虽然很好地解释了地中海气候，也找到了证据，但是却不能够解释气压带和风带移动的规律和原因。这表明，在这一点上，学生离综合思维水平3，还有一点点的距离。因此，还需要教师在这里展开教学。

教师：呈现赤道低气压带随着太阳直射点移动的图示，并请学生据此思考移动规律。

学生(S-QF03-R)：气压带和风带会随着季节的移动而移动，因为是随着太阳直射点的移动而移动的。

教师：很好。大家集体在这个点上想通了。因为太阳直射点会随着季节的移动而移动，而直射点移动了，相当于给地面加热的热源也随着季节的变化而移动了，地面的冷热也会随着季节变化而变化，所以气压带就随之移动了，风带也随之移动了，是吗？

学生：是的。全体学生都非常兴奋，感到突破了一个难题。

教师：现在就请这位同学再帮助大家做一个总结，增添在整个的逻辑推理之中，这个对地中海解释的过程就完美了。

学生(S-QF03-R)：北半球夏季向北移动，冬季向南移动！

教师：很好！这样我们整个的推理就成立了。现在我们大家是不是都清楚地中海气候形成的原因了？

学生：是的。

教师：我们这位同学的表达和推理非常棒，优秀等级。

分析上述课堂实录，可以发现，在展示的过程中学生一开始并没有真正达到综合思维水平3，主要是对气压带和风带为什么会移动没有真正理解。但是，也恰恰是在这种解决"疑难"的困惑中,学生自己突破了难点,形成了对地中海气候的完整的解释,达到了综合思维水平3。因此,通过表现性评价不仅能够评出综合思维的水平,也能够在互动中促进综合思维水平的发展。这位学生的综合思维能力在"出声思维"的环节展现得非常充分。该学生虽然在一开始并没有完全达到综合水平3,但是经过不断思考,最终圆满解决了问题,综合思维水平得到了发展。

证据3:学生访谈

关于思考的过程,我比较喜欢从大的分解到小的,然后一条一条去考虑。比方说地中海气候,我就会去想从大的化为小的,然后去解决这个问题。当时台上台下一起思考,老师也引导大家一起思考,然后大家共同把这个难点给突破了,我自己也一下子想通了。这让我认识到,只有我们在心里想清楚了,然后才能清楚地表达出来,这次学习经历,我感觉自己最大的收获是自己有了一个表达自己思考的机会。(S-QF03)

课后,这位学生也找到研究者进行访谈。从访谈中发现,该学生对"出声思考"的任务是积极肯定的,认为这种方式促进了其思维的发展,是其学习能够进步的一个重要机会。

(2)促进学生达到综合思维水平4的发展过程

与上述学生相类似,在学生作业中,也有学生的作业显示出几乎可以"完美"地达到综合思维水平4的表现。有些学生解释了季风气候的成因。季风气候的成因是在气压带和风带的季节移动以及海陆热力性质差异等因素综合影响下的结果。完全运用综合思维解决这个问题,可以表明学生的综合思维在这条内容标准上达到了水平4。同样,为了探明学生的综合思维水平,第2节课依然请解释季风气候的学生来"出声思维"。从课堂的具体情况来看,该学生也是一开始并没有达到综合思维水平4,也就是对海陆热力性质的差异的理解还不够透彻,对于风向的季节性变化还有些混淆的地方。但是,通过师生互动,不断思考,最终也是突破了难点,该学生达到了综合思维水平4的目标。

证据1:学生作业(S-QF04-H)

从这位学生的作业来看,其绘制了详细的气压带和风带分布图,而且与很多学生不同,其绘制的图表达了一个重要的信息,那就是考虑到了海陆分布对气压带和风带的影响。而且,与所绘制图相匹配,其选择解释的气候类型是温带季风气候。温带季风气候是在海陆热力性质差异为主导因素的影响下形成的,所需要考虑的因素有气压带和风带的季节移动、海陆热力性质差异等,是复杂多因素作用下的结果,因此所代表的综合思维水平是4等级。从作业表达看,学生综合思维可以达到水平4。

证据2:课堂实录(S-QF04-H)

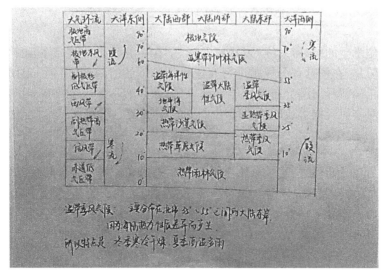

图 5-5　代表综合思维水平 4 的作业代表（S-QF04-H）

学生(S-QF04-H)：我选择温带季风气候。

教师：好的，请开始展示。

学生：温带季风气候分布在北纬30°至60°的范围，大陆东岸，那里的海陆分布会产生热力性质的差异，会产生季风气候。在夏季的时候，多雨；冬季的时候，比较干燥。

教师：请大家开始评分。我们依照评分规则一起来仔细进行。你能说出这里为什么不再考虑气压带和风带了呢？这里的气压是什么情况？风带又是什么情况呢？

学生(S-QF04-H)：是不是西风带？

教师：我回忆刚才你说的是海陆热力性质差异。你能解释一下吗？

学生：是白天还是黑夜？

教师：不是昼夜尺度，是季节尺度。我们不考虑白天和黑夜的区别，我们只考虑季节的差异。

学生(S-QF04-H)：一边思考一边回答。夏季海洋温度比陆地低。

教师：因此，我们是不是就知道会因为冷热不均而产生近地面气压的差异？

学生(S-QF04-H)：是的，近地面，海洋的气压高，陆地的气压低。

教师：那这个时候，风会怎样吹？风是大气的水平运动。

学生(S-QF04-H)：风会由海洋吹向陆地。

教师：以亚洲东岸来说，风从海洋吹向陆地的话，应该是什么风向呢？本来，在这个纬度的区间应该吹盛行西风，但是现在是吹什么风了呢？这好像跟我们所绘制的气压带和风带的示意图不相一致了，是吗？

学生(S-QF04-H):(在思考。难以回答。)

从这位学生的"出声思维"表达来看,似乎在一开始也说清楚了温带季风气候的成因。但是,在依据评分规则进行有逻辑的推理的时候,就遇到了困难,主要表现为不能正确解释海陆分布对气压带和风带的影响,从而不能准确解释海陆热力性质差异对季风气候形成的根本作用。

教师:到了一个非常关键的思考点上了。我们怎样解决这个问题,依照我们根据海陆热力性质的推理,我们推出了亚洲大陆的东岸在夏季应该盛行的是东南风。但是,我们以前绘制的气压带和风带示意图却明明展现出的是盛行西风,这跟实际是不相符的。那么为什么会出现这样的情况呢?怎样解决这个问题,应该用哪一个原理来解决这个问题呢?

……(学生和老师之间进行讨论)

学生(S-QF04-H):因为海陆热力性质的差异引发了季风环流,也就是说要考虑到海陆分布的影响。

教师:很好。现在请再依据评分规则的要求来解释一遍季风气候的成因。

学生(S-QF04-H):在北纬25°到55°的范围,在大陆东岸,受到季风环流的影响,在海陆热力性质差异的影响下,夏季海洋气压高,陆地气压低,风从海洋吹向陆地,吹东南风,多雨;冬季海洋气压低,陆地气压高,风从陆地吹向海洋,吹西北风,寒冷干燥。形成了亚热带季风和温带季风。

教师:优秀等级。(伴随掌声。)

从上述这段课堂实录看,在老师的启发下,在师生的共同讨论下,这位学生最终表达出了季风气候的成因,而且不仅仅是温带季风气候,也回答了亚热带技能气候的成因。因此,说明学生一开始并没有达到综合思维水平4,但是在师生互动,在评分规则的支持,在"出声思维"任务的不断驱动下,学生最终达到了综合思维水平4。

证据3:学生访谈

在我回答这个问题的时候,同学们都很乐于助人的。虽然我们一开始都比较迷惑,都不太会,但是我们一起,跟着老师的提示,然后把问题一步一步解决了,感觉我们班的同学都很好。这次经历让我印象深刻……以后温带季风气候就不容易忘记了,就会想到,不要总是等别人让你上台的时候你再上台,而是自己要主动争取机会去发言,多自己把握表现的机会,这样学习会更深入。(S-QF04)

从上述学生访谈中发现,该学生自己也认为自己一开始并没有达到完全能够解决这一问题的程度,并确认了自己的思维在师生互动的过程中得到了发展。学生认为这样的学习经历令她难忘，而且相关问题也不容易忘记。这说明她经历了一次有深度的学习，促进了理解，也激发了她的学习动机，因为学生表示以后会积极主动争取这样的学习机会。

实施"嵌入性"表现性评价对于学生综合思维的影响不仅仅体现在上述4位学生身上，有关访谈（见表5-11）可以作为学生判断自己综合思维发展的证据。

表5-11 学生访谈关键词问题指向1处理表

学生	问题指向1	回答的关键词（正向）	回答的关键词（负向）
S-QF01	对学习方式的看法	喜欢、深度更深、学得进去、有突破	不够适应、问题扑面而来、需要克服
S-QF02		收获还是很大、更加细心、任务要听清楚（反思）	
S-QF03		思考方式更全面、会自我调整	思考方式可能浅显了一些
S-QF04		突破了难点、更加深刻、课堂氛围好	
S-QF05		更加仔细、角度、有帮助	

上表显示出"嵌入式"表现性评价对于学生思维过程产生了影响。根据学生访谈，围绕着表现性评价对于学生综合思维的学习结果影响，从学生的回答来看，几个重要的关键词在突破、深度等思维过程层面。学生会感觉思考方式由浅显到全面，自身思考问题有更多角度，学得进去了。

上述研究发现，"嵌入式"表现性评价通过"写出思维"和"出声思维"的相互补充共同评出了综合思维。这也进一步说明表现性评价能够弥补传统纸笔测试的不足。对于一个任务来说，学生表现出来的综合思维水平是有差异的，在水平1—水平4上均有呈现。而且，出声的思维更有助于学生展示出综合思维的过程，也能够促进综合思维的进阶。

(二)"嵌入式"表现性评价对学生学习活动的影响

根据2017版地理新课程标准，支持地理核心素养培育的学习方式，主要是自主、合作和探究式学习，而不仅仅是教师讲学生被动地听。为探索在"嵌入式"表现性评价下学生是如何学习的，与以往相比较在学习活动上有什么不同，并针对本书第一章所分析的表现性评价在地理教学中应用面临的问题入手，尝试回应：学生是不是改变了传统以被动"听讲"为主的学习方式，是不是开始进行自主学习和探究学习。有证据表明，学生在"嵌入式"表现性评价应用于地理教学的课堂中，确实改变了传统以"听讲"为主的学习方式，而且在深度思考和自主学习方面有了切实的行为表现。学生也更愿意主动与教师和同学展开互动和交流。

1. 学生改变了以"听讲"为主的学习方式，在深度思考探究和自主学习方面表

现出明显特征

对于学生的学习方式证据的获取,主要从三个方面获得,一是学生访谈中对自己学习方式的自述;二是通过课堂观察,由听课的教师陈述;三是通过课堂实录,对学生表达展示、师生互动等活动进行呈现。

(1)学生在访谈中陈述其改变了以听为主的学习方式。

"嵌入式"表现性评价在思维结果与过程方面做出了评价,并且对学生的学习方式产生了积极的影响,改变了以听讲为主的学习方式。可以说在很大程度上学生喜欢这样的学习方式。

证据1:学生访谈

表 5-12 学生访谈关键词问题指向 2 处理表

学生	问题指向 2	回答的关键词(正向)	回答的关键词(负向)
S-QF02	与以往学习方式的不同	过去都是老师在上面讲,我们在下面听,所以很少有上台表现的机会;愿意上台展示。	不太习惯的
S-QF01		给出的方法是让我们自己的探索和自己的理解为主,而平时的话,相对来说灌输的东西还是太多。	
S-QF05		相比较以前老师上课,感觉要接受得好一些,原来只是听,现在动手做了。感觉跟平时不同,很喜欢。	还是不够适应
S-QF06		用到了我们自己学习的东西,以往教师主要是自己在上面讲,现在增进了学生和老师之间的沟通。	
S-QF07		以前主要是记老师讲的内容,也会记不全。喜欢现在的方式,有同学在上面讲,会比较,感觉更有趣,也更认真。	
S-QF08		跟以前的上课还是有不同,以前的老师上课还是偏重于课本上、PPT 上,现在是有一些探究性的、自己和同学之间的交流,或者是以学生为主,比方说,一些同学上台介绍气候类型,跟老师的沟通更好,学起来更加容易。视频也非常好看。	
S-QF04		这次经历让我印象深刻,以后不会忘记温带季风气候。	

上表显示接受访谈的学生普遍认为此次学习方式与以往有差异。差异主要体现在,这次的学习方式不再是以"听讲"为主了,而是有学生"讲",有"动手"操作,有"表现机会",有师生深度的沟通,有自己的深入探索等;学生对于这样的学习方式

的感受是"喜欢""印象深刻"。这说明,"嵌入式"表现性评价改变了传统以教师"讲授",学生"听讲"为主的方式。

证据2:课堂观察:
学生主要的学习活动是绘图、解释气候的成因、展示自己的想法。展示的学生很认真,其他同学会参与评分。(T-M05-O)
课堂观察教师也在听课笔记上记录了学生主要的学习方式,动手操作、表达解释、展示想法、参与评分和交流等成为主要的学习方式。但是,值得注意的一点是,课堂观察教师认为,展示的学生很认真,但是其他学生的学习状态并没有展示同学那样投入,说明在展示的过程中,教学策略还需要进一步优化。

证据3:课堂实录分析
综合分析课堂实录中学生的学习活动,发现学生主要以观看视频、动手绘制示意图、写出气候类型的成因、向老师和同学展示自己的想法,以及参与评分为主。

课堂实录显示了与课堂观察大致相同的结果,学生不再以"听讲"为主要的学习方式。
从上述证据看,学生改变了以"听讲"为主的学习方式,而且对完成表现性评价所需要的各种学习活动积极参与,展现出了认可和喜欢。但是,还是有一些学生不适应或者是不习惯这样的学习方式。

(2)学生在深入思考探究和动手解决问题方面表现出了明显特征
实施"嵌入式"表现性评价,表现任务发挥了促进学生深入思考和积极探究的作用。从访谈的结果来看,受访的学生肯定表现性任务对学生的思考、探究、学习和动手解决问题起到了促进作用。
表5-13呈现了"嵌入式"表现性评价对于学生思考探究以及动手解决问题等方面的影响。从表中学生回答问题的关键词发现,学生认为其促进了深度的思考探索,例如出现了探索、突破、理解、想通、深度思考等关键词。对于自己的动手操作方面,也认为动手操作,如绘图等,使得自己学得更好。这说明学生在对自己学习方式的自陈上,体现出了思考探究和动手解决问题的特征。
在课堂观察中,课堂观察教师也观察到了学生的学习带有明显的深度思考特征,体现在对问题的解决上。在动手操作上,则表现出了一定的困难,例如绘图经常画错。
在课堂实录中也发现了学生在完成嵌入任务的过程中,积极开展探究和思考。
证据1:学生访谈

表 5-13　学生访谈关键词问题指向 3 处理表

学生	问题指向 3	回答的关键词(正向)	回答的关键词(负向)
S-QF02	表现任务促进思考和探究,以及动手解决问题的能力	动手能力提升、自己探索和自己理解为主、帮助还是很大	
S-QF08		共同突破、想通	
S-QF01		给出的方法是让我们自己的探索和自己理解为主	
S-QF05		以前只是老师讲的时候,自己就是记笔记,也没有发现什么问题,但是当自己真正要做的时候,发现自己遇到了很多问题,需要深度思考才行	
S-QF06		感觉对问题的理解更深入一些	
S-QF07		边看视频边学习边绘图、更加清楚直观、自己动手作图、学得更好	

我觉得这种方式,让我们自己探索,向同学展示,在记忆上更加深刻一些。让知识更加鲜活一些,记起来更清晰……而且我个人觉得,这样做的课堂氛围更加好。(S-QF01)

上述访谈是该学生对自己学习方式特征的描述,探索和展示表达出了学习方式所具有的促进学生思考和动手操作的特征。这一方式带来的结果是促进了学生对知识的理解,帮助了记忆。而且学生认为这样做,创造了更好的学习氛围。

证据 2:课堂观察
学生表现出了深入的思考,特别是在师生互动展示自己思维过程的时候。学生对绘图比较积极,但是经常会画错,需要老师的进一步指导。(T-M05-O)

教师观察到了学生在思考、师生在互动等学习行为。而且这些行为带有深度思考的特征,互动也是围绕思维展示开展的,学生表现出了积极的态度。在绘图上容易出错,也正说明学生需要动手操作来展示自己的实际水平。

证据 3:课堂实录
从课堂实录来看,学生主要活动围绕表现任务展开,学生需要通过深入思考和动手绘图、文字表达、出声思考等方式来展现自己的思维过程,并与老师和同学展开交流。(具体参见前文课堂实施过程)

课堂实录显示出了学生深度展示思维的过程,而且会围绕着思维的过程展开交流和讨论。

上述证据表明,学生在改变了传统"听讲"为主的学习方式的同时,在学习活动中展现出了积极、深度的思考和探索,并且乐于通过动手来学习和解决问题,也更愿意围绕思维过程来展开与同学和老师之间的讨论。这说明学生的学习方式已经发生了变化,而且是向着有利于发展综合思维的方向在变化。

学生在提高自主学习的主动性方面也表现出了明显特征

从学生访谈、课堂观察和课堂实录来看,学生在自主学习的主动性方面展现出了明显特征。特别是评分规则在对学生自主学习的引领方面发挥了重要的作用。表现任务也需要学生能够抓住机会去主动表达自己和展示自己。

证据1:学生访谈

表5-14 学生访谈关键词问题指向4处理表

学生	问题指向4	回答的关键词(正向)	回答的关键词(负向)
S-QF04	评分规则引领学生的自主学习	有作用、会分析问题、分析原因、提醒	
S-QF05		有收获、自信、感觉要轻松	以前会紧张、以前少表达
S-QF06		理解知识有帮助、比较适用、思考有支持、互动比较好	如果没有会比较乱,以前会打瞌睡
S-QF08		引导思维方式、思考更加有序、有借鉴	

从上述访谈的结果中发现,实施"嵌入性"表现性评价,就评分规则发挥的作用来看,受访的学生肯定评分规则有作用、有帮助。学生强调评分规则能够帮助其理解知识,为自我思考提供了支持,对于学习有提醒,更为关键的是引导了思维方式,从过去的混乱、无序,走向了有序、有引导,会分析问题了。

证据2:课堂观察

学生拿着评分规则进行自评和互评,有抓手,知道怎样去思考,表现出了主动解决问题的积极性。(T-M05-O)

从教师的课堂观察来看,学生之间的交流主要是以评分规则为载体来进行的,这就让学生之间的互评有了标准,互评是围绕着综合思维的过程展开的,而不是围绕着知识的记忆展开的。而且,学生也表现出了更加积极的学习自主性。

证据3:课堂实录

学生在完成任务时,主要参考评分规则,能够主动对自己的表现作出判断。(详情可参考前文课堂实施过程S-QF04-H的师生互动过程)

通过课堂实录,可以发现,学生在认为自己已经完成了任务的时候,通过评分规则能够发现自己的思维存在的欠缺之处,也能够由此主动深入思考自己还有哪些问题没有解决。

证据4:学生访谈

表5-15　学生访谈关键词问题指向5处理表

学生	问题指向5	回答的关键词(正向)	回答的关键词(负向)
S-QF07	与以往相比,学生自我感受到的学习主动性和自觉性	印象深刻、记忆深刻、有机会去展示、学习会更深入、自己要主动争取机会、主动讨论、主动表达	以往可能是被动地听
S-QF08		思考的过程、自信、做得更多、增加胆量、提升语言表达、喜欢表达自己	以前会紧张、以前少表达、平时上课也会困
S-QF01		自己知道下一步做什么,一些疑难的问题就解决了	
S-QF05		感觉困难的地方是在气候。要弄清楚气候和气压带、风带的关系。看到同学们选择了比较难的气候进行研究,所以也会鼓励我自己也去选择更难的气候去进行分析	
S-QF06		愿意主动了解自己的不足,跟同学进行比较	
S-QF04		自己要主动争取机会去发言,多把握自己表现的机会,这样学习会更深入	
S-QF03		感觉更加自信了。做得多了一些,把我自己所学的讲一讲,讲给同学听,这么做,增加了胆量和语言表达能力	

感觉上课的方式跟以往不同,以前主要是听,现在用了新方法,感觉比较新奇。比如,同学去讲,会感觉更想听了,想听听同学究竟讲什么。一般情况下,老师讲得不会错;但是同学讲,就会去认真听,去听同学跟自己想的是不是一样的,主动去判断。(S-QF04)

从访谈的结果来看,从以往的被动地听、少主动地表达、上课犯困,开始转变为自己要争取机会,主动讨论、主动表达,愈发重视自己思考的过程,抓住机会去展示自我、表达自我。

综上所述,从访谈、课堂观察和课堂实录中,均能够发现学生学习的自主性、主动性和积极性在增强。这说明,嵌入表现性评价后,学生改变了传统学习方式,在自主学习上有了评分规则、表现任务和师生互动的支持,从而为学生的自主学习创造了条件,也引发了学生更强的自主学习表现。

2.大部分学生与教师的互动更加频繁,主动获取信息来调整和促进自己的学习,但有个别学生会游离于师生互动之外研究发现,"嵌入式"表现性评价创造出更多、更深入的师生互动机会,学生与教师不仅互动频繁,而且学生也会主动获取信息来调整自己的学习。但是,课堂观察也显示,并不是所有学生都积极参与了表现任务的展示活动,也有个别学生会不关心其他学生的表达与交流。

证据1:课堂观察

展示的学生很认真,但是在下面的个别学生听讲不是很认真。(T-M05-O)

课堂观察教师的这一信息很重要。获得展示机会的学生,会很认真地学习。而且,从前面的访谈中能够发现,这些学生通过展示自己的学习,在学习上取得了进展,促进了学习进阶。但是,受时间的局限,并不是所有学生都能获得展示机会。因此,没有参与展示的学生在学习上就不够积极和认真。这说明,还需要进一步优化设计以增强这部分学生的学习动机和学习主动性。

证据2:学生访谈

表5-16 学生访谈关键词问题指向6处理表

学生	问题指向6	回答的关键词(正向)	回答的关键词(负向)
S-QF06	学生感觉教师和同学的交流互动反馈等情况。	增进了学生和老师之间的沟通。展示作业的时候,错误被同学发现了,老师也指了出来,所以很快做出了改正。	
S-QF07		能够很快发现自己的不足。	
S-QF08		上台介绍气候类型,跟老师的沟通更好,学起来更加容易。	
S-QF04		跟着老师的提示,然后把问题一步一步解决了。	
S-QF03		台上台下一起思考,老师也引导大家一起思考,然后大家共同把这个难点给突破了,我自己也一下子想通了。	

从上述学生访谈关键词能够发现,师生的互动反馈是频繁的。而且,互动反馈也是有效的,学生能够从中及时发现自己的错误或不足,能够依据教师的提示解决问题,也能够促进思维向深度发展。

证据3:课堂实录

课堂实录显示,教师与展示学生的互动频繁,与其他非展示学生的互动,主要是体现在对于一些难点问题的挖掘上,以及让大家集体进行评分上。

通过课堂实录发现,教师与展示学生的互动是频繁的,也促进了展示学生思维的发展。而教师与其他学生的互动,则体现在难点的挖掘和集体评分上。这说明,教师与其他学生的互动在频率和层次上还有一些差异,这也难免会让有些学生游离于互动之外,这是需要在随后的设计中加以改善的。

促进师生互动是"嵌入式"表现性评价的重要特征和功能。研究表明在"嵌入式"表现性评价的教学应用过程中,部分学生积极参与了师生互动,并且感受到了在师生互动中能力的提升,自身思维深度的进步。但是,也有证据表明一些学生并没有深度参与师生互动,这是一个值得引起注意的问题。在课堂教学时间有限的条件下,能够出声展示自己思维能力的机会是比较有限的。那些没有机会(无论是主动抓住机会,还是被动获得机会)展示的学生,会因为各种原因而不能深度参与到互动中来,这将影响这些学生的学习。因此,如何在现有的条件下,采取更有效的方法让更多学生参与互动是一个需要再深入研究的问题。

(三)"嵌入式"表现性评价对教师教学活动的影响

在"嵌入式"表现性评价在地理教学中应用的过程中,教师的教学活动也发生了变化。

1. 教师改变以"传递知识型讲授"为主的教学方式,而是根据学生的具体表现来决定下一步的教学策略

研究表明,教师在课堂上的讲解,不再是以"传递知识"为主要目的的讲解,而是要针对学生的具体表现来决定究竟讲什么,怎么讲。

证据1:课堂实录

从第2课时的课堂实录分析表(见表5-17,表5-18),能够看出教师的主要讲解是围绕着学生在完成任务时所遇到的困难展开的。虽然,这些难点和重点在教师日常的教学中也会展开讲解,但是在"嵌入式"表现性评价中的讲解则是基于学生的表现证据来决定的,而不是传统意义上的对知识进行简单的传递和解释。

表 5-17 "嵌入式"表现性评价交流流程(第2课时)

	教学活动	嵌入任务2、3	教学活动	嵌入任务4	教学活动
第2课时	创设情境 展示作业 鼓励表现	学生展示任务2:温带海洋性气候的成因;展示任务3.地中海气候的成因	根据学生展示时遇到的难点,重点讲解气压带和风带的季节移动规律和原因;在师生互动中推动学生任务的完成和思维水平的提升	学生展示任务4:解释季风气候成因	根据学生展示时的疑难,重点讲解海陆热力性质差异对气候的影响

证据2:学生访谈

表 5-18 学生访谈关键词问题指向 7 处理表

学生	问题指向 7	回答的关键词(正向)	回答的关键词(负向)
S-QF02	对教师教学方法的看法	认可老师的教学方法	不太习惯的
S-QF01		跟平时的地理课堂比较,感觉教师的风格更细致一些	
S-QF03		教师讲解的正是我感觉到困难的	
S-QF04		教师的讲解突破了难点、更加深刻	
S-QF05		更加仔细、有帮助	

从上述学生的访谈中发现,学生认为教师的教学方法与以往的教学方法不同。"细致"是一个重要的描述语,这说明教师可以根据学生的表现发现学生的不足,然后开展的教学能够满足学生对所学内容的细节上的要求。"突破难点"也是一个关键词,这说明教师能够抓住学生感到学习困难的地方,所以学生才会认可教师的教法,感觉到教师的教学对学习有帮助,是深刻的教学。

证据 3:课堂观察

老师根据学生的具体表现,指导学生绘图,指导学生分析气流运动对降水的影响,以及分析气候形成过程中的一些难点。教师的具体活动都是围绕学生学习的困难展开的。

从课堂观察来看,教师的教学发生了很大的变化,改变了传统上以地理学科知识本身的结构来讲解知识的过程,而是围绕着学生的困难展开的,这体现了以学生的学习为中心的教学特征。

2. 教师对学习提供反馈时表现出了及时、密集、工具支持、易被理解和激发学习动机等特征

实施"嵌入式"表现性评价,能够促进互相反馈,支持学习的改进。从整个的课堂观察来看,有学生展示学习结果的机会,其他的学习伙伴能够做出同伴评价,教师也及时地提供了反馈。

证据 1:学生访谈

表 5-19　学生访谈关键词问题指向 8 处理表

学生	问题指向 8	回答的关键词（正向）	回答的关键词（负向）
S-QF04	互动反馈对支持学习改进的看法。	沟通和了解更深入、积极参与、有收获、喜欢学习方式、问题理解更深入、很快纠正、错误及时发现、自己意识到。	以前一直不重视地理学习，教师主讲问题不易发现，指导不到位。
S-QF06		在老师为主来讲的课堂上，自己的错误就不容易被发现，老师也不能够提供指导，而现在大家都要展示出自己的作业，所以错误就能够及时被发现，能够及时指出来，自己也能够意识到。	
S-QF02		自己如果做错了，老师会指出来，自己就可以改正过来。	不太习惯的。

从上述学生访谈中发现，学生对比了以教师讲授为主和教师及时提供反馈的教学策略之间的区别。前者不利于学生发现自己的错误，而后者则帮助学生发现自己的错误，也能够帮助学生及时改正错误。这说明，反馈是及时有效的，而且发挥了促进学生学习的作用。

证据 2：课堂实录

从课堂实录来看，教师为学生提供了高频率的反馈，而且创造了学生之间的交流和反馈机会，让学生获得了更多能够促进学习的信息。（可见前文课堂实录）

从课堂实录中发现，教师的教学主要是激发学生表现，并且对学生的表现提供高频率和有深度的反馈，为学生提供能够改进学习的各种信息。

证据 3：课堂观察

老师运用评分规则引导学生思考，当学生的思考出现问题的时候，教师也会提示学生运用评分规则来再次审视自己的思维过程。

从课堂观察来看，教师以一定的工具，如评分规则来收集信息，并且提供反馈。这样学生在接受反馈的时候，会更加清白，知道自己的思维在哪一个环节出现问题，从而能够让反馈成为高质量的反馈。

通过对教师教学活动的分析，可知教师的各项活动为学生提供了有效的反馈。例如，分享学习目标、对如何解决疑虑和问题的指导、提供让学生可接受的建议、及时的反馈、使用评分规则等工具的反馈、发挥在公共场合反馈能产生积极效应的作用等。各项证据表明"嵌入式"表现性评价实现了形成性评价的重要功能：促进学习。因为,形成性评价就在于始终把握形成性的要义,不仅仅报告学生的进步,而是促进学生成功地理解[①],产生实质性的学习收益[②]。

三、研究结论与讨论

(一)本案例的研究结论

该案例的实施达到了预先设计的目标,将四个表现任务嵌入到了地理教学中去,运用表现性评价嵌入地理教学的基本模型和主要结构,呈现出边教、边学、边评的表现性评价进入地理教学的教学评融合的样态,达到了培养学生核心素养或关键能力的目标,学生获得了良好的学习体验,也促进了教与学方式的变革。

指向地理核心素养的"嵌入式"表现性评价,通过把代表不同素养水平的表现目标和表现任务嵌入到教学过程中去,让学生在评分规则指导下,自主完成任务,然后展示任务,并在师生互动反馈的过程中,逐步实现地理核心素养水平的提升,学生的地理核心素养及其发展完全展现在学习的结果和学习的过程之中。

下面从"嵌入式"表现性评价应用条件、关键技术、评价功能、教学活动和学生活动的特点等方面来呈现研究结论。

1."嵌入式"表现性评价比较适合在评估单一核心素养的课时教学层面上应用

"嵌入式"表现性评价主要应用于提高某一个地理核心素养,因此比较适合于在课时教学层面上应用,而且主要的方式是师生围绕任务完成水平和熟练程度开展互动,从而促进地理核心素养的水平不断提高。

2."嵌入式"表现性评价设计与实施的关键在于把握其应用条件和基本特征结构

"嵌入式"表现性评价的应用条件:指向高阶思维的重难点和对即时反馈的需求。能嵌入的表现性评价设计的基本特征:精准的匹配性能和精巧的微型结构。"嵌入"教学的第一个任务:简单并适于让学生建立起基本的思维过程。"嵌入式"其他任务次序:依据任务的复杂程度和学习进阶情况。"嵌入"过程及其前后的教学策略:鼓励表现、解释反馈和总结提炼。

3."嵌入式"表现性评价评出了综合思维的过程和结果,促进了综合思维水平的进阶

本案例研究主要聚焦的地理核心素养是"综合思维"。案例研究表明,运用"写作思维"和"出声思维"两类表现评出了综合思维水平;运用"写作思维"和"出声思维"两类表现与师生互动促进了学生综合思维水平的进阶。学生在第 1 课时结束时,大部分学生的综合思维主要处于水平 1 阶段;在第 2 课时,通过师生互动,学生

[①] MACMATH S, WALLACE J, CHI X H. Curriculum Integration: Opportunities to Maximize Assessment as, of, and for Learning[J]. McGill Journal of Education. 2009, 44(3):451-465.
[②] BLACK P, HARRISON C, LEE C, MARSHALL B, WILLIAM D. Working inside the black box: Assessment for learning in the classroom.[J]. Phi Delta Kappan, 2004, 86(1):9-22.

的综合思维水平提高,学生能够不断完成水平 2、水平 3 和水平 4 的任务,而且在师生互动过程中,展示了综合思维提升的变化过程。

4. "嵌入式"表现性评价改变了学生以"听讲"为主的学习方式,在深度思考、自主学习和积极互动方面表现出了明显特征

学生改变了以"听讲"为主的学习方式,在深度思考探究和自主学习方面表现出明显特征。特别是评分规则在引领学生自主学习上发挥了积极作用。部分学生与教师的互动更加频繁,并主动获取信息来调整和促进自己的学习,但有个别学生会游离于师生互动之外。这一点还需要开展深入研究。

5. "嵌入式"表现性评价让教师的教学呈现出基于学生表现决定教学策略和提供有效反馈的特征

教师改变以"传递知识型讲授"为主的教学方式,而是根据学生的具体表现来决定下一步的教学策略。教师对学生提供反馈表现出了及时、密集、工具支持、易被理解和激发学习动机等特征。

6. "嵌入式"表现性评价发挥了评价的形成性功能

从上述"嵌入式"表现性评价中学生和教师的活动来看。学生的学习活动主要表现为参与表现任务、为自己和同伴评分、参与各类反馈活动。教师的活动主要展现出了观察学生学习、提供反馈和改进教学。这些都符合形成性评价的特征,即学生使用评价信息来调整自己的学习时,能够有效增加自己的学习[1],从而实现形成性目的。学习者通过自我评估和自我批评,对自己的想法有更深入的理解,并积极为自己设定目标[2]。当学生被剥夺了反馈或反馈几乎与学习目标无关时,学生们会感到沮丧,失去目标,并且在到达期望的学习之前走了很多弯路[3]。通过让学生参与良好的反馈过程,学生能成为批判性思考者和独立学习者[4]。教师和他们的学生在评估自己开展的活动时,对学生进行观察,获得信息,这些活动提供的信息作为改进教学和学习的反馈信息[5]。高质量的反馈强化了学生的良好表现,然后确定了弱点,并为如何解决这些弱点提供了方向[6]。在公开场合表扬和口头表扬时,学生的学习动机得到增强[7]。

---

[1] FREY, BRUCE B, SCHMITT V L. Coming to Terms With Classroom Assessment[J]. Journal of Advanced Academics,2007,18(3):402-423.
[2] MCLAREN S V. Assessment is for learning: supporting feedback [J]. International Journal of Technology and Design Education. 2012,22(2):227-245.
[3] LALOR A D M. Keeping the Destination in Mind[J]. Educational Leadership,2012,70(1):75-78.
[4] LALOR A D M. Keeping the Destination in Mind[J]. Educational Leadership,2012,70(1):75-78.
[5] BLACK P, HARRISON C, LEE C, MARSHALL B, WILLIAM D. Working inside the black box: Assessment for learning in the classroom.[J]. Phi Delta Kappan,. 2004,86(1):9-22.
[6] LALOR A D M. Keeping the Destination in Mind[J]. Educational Leadership,2012,70(1):75-78.
[7] SEEVERS MATTHEW T, ROWE WILLIAM J, SKINNER STEVEN J. Praise in Public, Criticize in Private? An Assessment of Performance Feedback Transparency in a Classroom Setting[J]. Marketing Education Review,2014,24(2):85-99.

(二) 讨论

这节课在实施"嵌入式"表现性评价方面遇到的主要问题是,个别没有参加展示的学生,在参与互动的过程中,没有表现出积极的学习状态。其原因与下列因素有一定关系。

首先,与没有更多的时间来让更多学生展示其思维有关。本案例的实施完全是在正常的地理教学进程中开展。受传统课时的局限,案例实施的时间相对比较紧张,没能给更多的学生在表达解释气候类型成因这一环节以更多的机会。因此,在"嵌入式"表现性评价的过程中需要更多的时间来让学生展示自己的表现。

第二,统一的任务嵌入也许影响了对不同学生实际学习情况的适应。学生的综合思维水平本身会有很大的差异,因此,解决问题的过程和时间也会有差异。一些学生所需要的时间可能会更长一些。但是,整齐划一的"嵌入"任务,会让一些学生没有充足的时间来思考,从而发展自己的综合思维。

第三,与学生的学习风格有密切的关系。对于善于表现的学生来说,表现性评价会是比较好的学习机会,而有些学生可能会在其他学生展示自己的时候,不认真听他们的分享,从而影响到整体课堂教学的效果。对于不同学习风格的学生还应该提供更多可供选择的表现方式,创造更多的机会和形式,使得进行表达的学生和正在进行倾听的学生均能够深度参与到师生互动中来。

总之,在"嵌入式"表现性评价中,师生互动反馈是推动学生学习和素养发展的重要路径。本案例已经证明"嵌入式"表现性评价在师生互动反馈以发挥形成性作用方面产生了很好的作用,采取更加多样化的形式,让学生尽可能深度参与到互动中来,是"嵌入式"表现性评价持续发展的方向。

第六章 "合一式"表现性评价案例：撰写地理报告

"合一式"表现性评价是前文所提出的表现性评价在地理教学中实施的又一模式之一。虽然前文对其理论基础和设计方法等层面进行了梳理和归纳，但是在指向地理核心素养的背景下，如何在地理课堂教学中设计与实施，以及实施之后会发生什么，还需要在课堂现场中进行深入挖掘。

本章将继续运用质性案例研究的方法，在一所普通高中（XS高中）与一名地理任课教师和地理教研组的四位地理教师开展合作研究，以地理表现性评价即教学的类型，即"合一式"表现性评价的实施模式，设计并实施一个评价多个地理核心素养的表现性评价案例，以"撰写地理报告"为表现任务，旨在探索"合一式"表现性评价在单元教学这一层面的应用。本案例将主要针对综合思维、区域认知和人地协调观的发展三个地理核心素养，明确"合一式"表现性评价在地理教学中应用的设计和运作的程序，并通过课堂观察、访谈、学生作品和表现等了解在设计与实施过程中遇到的困难以及产生的效果。

第一节 案 例 设 计

一、案例研究目的与研究问题

（一）本案例研究目的

本案例的研究目的是采用"合一式"的表现性评价实施模式，评价多个地理核心素养的发展，探索"合一式"表现性评价在单元层面上设计与实施的关键技术及其应用效果。"合一式"表现性评价的主要特征是：表现任务的完成过程就是教学的过程，也是学习的过程，完全实现教学评的相互融合。"合一式"表现任务往往更加复杂，可以用来引发学生应用多个地理核心素养来解决问题的表现。"合一式"表现性评价也会产出综合性更强的作品。

本案例选择的多个地理核心素养是：综合思维、区域认知和人地协调观。结合某一条内容标准，以指向地理核心素养的设计与实施框架为流程，把"合一式"表现性评价应用于单元层面的教学，以"撰写地理报告"作为表现任务，让学生调动多个核心素养来完成真实情境中的任务，创造一个综合性更强的作品来呈现学习结果，以此来探索"合一式"表现性评价的具体设计与实施过程、所产生的具体效果以及在整个过程中遇到的难点和解决的办法,为表现性评价的实施过程成为教学活动、为评价地理核心素养提供路径和方法。

(二) 本案例研究问题

依据多案例研究的方法,本案例与"嵌入式"案例研究的研究问题基本相同,主要研究以下三个核心问题和若干子问题:

1. "合一式"表现性评价如何在地理教学中设计和实施

地理学科中"合一式"表现性评价是什么?可以通过具体的实际教学过程进行揭示。一般而言,"合一式"表现性评价可以从教学方案的设计和实施(即课堂中的实际实施)两个方面来实现。即,如何设计出能够作为教学活动的表现任务,以及在具体的教学实践中如何实施这些任务。因此,试图回答关于什么是地理教学中的"合一式"表现性评价,可以从以下两个方面展开。

问题1-1:地理教学中的"合一式"表现性评价如何设计?

问题1-2:"合一式"表现性评价在地理教学中如何实施?

2. "合一式"表现性评价在地理教学中应用的效果如何

回答"合一式"表现性评价有什么好处,需要从"合一式"表现性评价的构成要素(表现目标、表现任务、评分规则等)入手,考察其在教学的过程中发挥了什么作用。所产生的作用也应该指向于地理学习评价所面临的挑战,即是否评出了内在地理核心素养,对教学方式和学习方式能够产生什么影响。因此,这个问题可以分解为两个子问题。

问题2-1:"合一式"表现性评价在地理教学中应用是否评出了综合思维水平、区域认知和人地协调观?

问题2-2:"合一式"表现性评价在地理教学中应用对教与学的方式产生了什么影响?

3. "合一式"表现性评价在地理教学中应用有何值得反思之处

本研究从研究者角度,对于表现性评价在地理教学中的应用展开反思。主要反思"合一式"表现性评价的应用条件、实施难点,进而揭示出"合一式"表现性评价的实际局限与改进方向。这个问题也可以分解为下列两个子问题。

问题3-1:"合一式"表现性评价在地理教学中应用的关键条件是什么?

问题3-2:"合一式"表现性评价在地理教学中应用的难点有哪些?如何解决这些难点?

二、案例研究情境与研究主题

(一) 研究情境

1. 学校、班级和学生的选择

本案例研究继续选择在 XS 高中进行。所选择的班级是高二年级唯一的一个地理选修班。该班学生共计 46 人。这个班级在年级中的各项教学活动正常,评价良好。

2. 教学资源选择

选择有多媒体设备的普通教室和网络教室。该班级与 XS 高中其他班级一样配备了电子白板,能够播放 PPT 和视频,也能够在现场展示学生的作业。鉴于完成任务需要学生通过互联网搜集资料并且利用电脑撰写地理报告,因此也同时使用了该校的网络教室。网络教室能够同时容纳 56 人上网,能够满足该班学生同时上网查阅资料和撰写电子报告的任务需求。本案例所选定的教材为人民教育出版社出版的普通高中地理 3 教材。案例研究阶段,与 2017 版新课标配套的新教材尚未投入使用。

3. 合作教师的选择

任课教师的选择。ZHY 老师是该班级的地理任课教师,有 16 年的教龄,在教学理念上,一直支持让学生以灵活的方式来学习地理,提高自身的地理核心素养,而不是仅仅只会考试和做题。因此,在笔者与 ZHY 老师沟通,表达笔者希望能够在她的班级开展"合一式"表现性评价的地理教学时,她表示了欢迎,并以高度的热情投入了研究的各项工作之中。特别是在案例实施期间,恰好是期中考试刚刚结束之后,她表达了对期中考试所能够衡量学生实际学习状况的质疑,认为运用纸笔测试并不能真正测出自己学生地理学习的水平。因此,她希望能够通过这次研究来进一步了解自己学生地理学习的水平。

参与研讨教师和课堂观察教师的选择。为了能够在设计和实施阶段有更多的力量参与对方案的修正,以及对实施过程的观察和评分等工作,还邀请了 XS 高中的地理教研组四位教师参与了本案例的研究。研究者本人一直在 XS 高中任教地理学科,因此在与 ZHY 老师和 XS 高中地理教研组教师在研究互信与合作上有着一定的优势。

4. 研究者本人的角色

在本案例研究期间,研究者本人担任本案例研究的设计者和研究者。研究者为任课教师提供案例设计与实施的详细方案,由任课教师作为主要的教学实施者。为尽量避免研究出现偏差,在研究的设计和实施中,本人通过详细描述案例实施的环境和细节,以及采用三角互证的方法来进行数据的收集和分析。

(二) 研究主题

确定研究主题直接影响着随后的案例设计和实施,因此本案例研究从所需要评估的地理核心素养、与"合一式"表现性评价的匹配程度、所进入的地理学科内容领域,以及在实际教学中的可操作性等方面来确定研究主题。

1. 所评估的地理核心素养:综合思维、区域认知和人地协调观

地理核心素养体现在学生解决真实情境中的地理问题上,而在解决地理真实问题的过程中,往往需要多方面素养协同处理和解决问题。针对这一情况,本案例研究如何让表现性评价能够评估出多种地理核心素养。因此,本案例研究选择了三个核心素养作为主要评估内容,即综合思维、区域认知和人地协调观。前文已经

对综合思维(见表 5-1)和人地协调观念(见表 3-4)的核心素养水平进行了说明，现呈现区域认知的水平划分(见表 6-1)。因此，本案例研究的主题应该与上述三个核心素养具有密切的关系，是学生需要运用这三个核心素养来解决的问题。

表 6-1 地理核心素养之区域认知的划分

水平	区 域 认 知
水平 1	能够根据提示，将简单、熟悉的地理事象置于特定区域中加以认识；能够认识和归纳区域特征
水平 2	能够从区域的视角认识给定简单地理事象，收集整理区域重要的信息；能够简单解释区域开发利用方面决策的得失
水平 3	能够结合给定的复杂地理事象，从空间——区域尺度、区域特征、区域联系等认识区域；能够为赞同或质疑某一区域决策提出相关论据
水平 4	能够对现实中的区域地理问题，运用认识区域的方法和工具进行分析；能够较全面地评析某一区域决策的得失，提出较为可行的改进建议

以上述区域认知的水平为例，大致分析可知，归纳区域特征代表水平 1、收集区域重要信息、简单解释区域开发决策的得失代表水平 2，水平 3 则表示学生具备了评价区域决策的能力，水平 4 则表示学生不仅能够全面评析某一区域决策的得失，而且能够提出较为可行的改进建议。概括而言：归纳区域特征、解释区域发展措施、评价区域发展措施和为区域发展提出可行建议代表着区域认知的不同水平。

2. 与"合一式"表现性评价的匹配程度

与"嵌入式"表现性评价相比较，"合一式"表现性评价是把教学活动"变为"评价活动。因此，学生所完成的表现任务会更加复杂，需要围绕一个"大观念"，运用多个地理核心素养来完成任务，所需要调动的知识和技能要求会更多和更高，所需课时也会更多一些。学生最终需要呈现的作品也会是一个综合性较强的作品，往往需要合作来完成。因此，在主题的选择上往往需要在单元设计的层面上来考虑一些较大主题。

3. 主题选择与正常教学进度一致

所选择的主题与正常的教学进度完全一致，一方面是考虑到案例研究本身是浸没在真实的教学情境中的，因此不对教师真实的教学情境产生太大的干扰和影响。同时，也与学生本身所具备的知识、技能等素养基础相匹配。

4. 主题所处的学科内容领域处于地理学科内容体系中的主干地位

高中地理学科内容体系的主要领域是自然地理、人文地理和区域地理。本案例研究应该聚焦于地理学科内容体系中的主干领域。为了与"嵌入式"表现性评价所研究的主题内容领域——自然地理相区别，本案例研究聚焦在人文地理和区域地理范围内，并把研究人地关系作为研究主题的核心内容。

针对以上考虑,本研究确定的研究主题是"区域产业结构转型与区域可持续发展"。

这一研究主题需要学生运用人地协调观念、区域认知和综合思维来解决区域可持续发展问题,属于地理学科内容体系中最重要的内容。而且,这一主题与案例实施时高二选修地理的班级在教学进度上匹配,也就是说学生已经具备了有关自然地理、人文地理和区域地理的相关知识,并且也应该已经掌握了分析区域可持续发展的一些思维方法,能够为学生应用这些知识和技能来解决此领域的问题提供一个好的机会,有助于评价和发展学生的相关地理核心素养。学生所完成的任务也具备一定的复杂程度。

通过研究此领域的相关案例,发现无锡市的产业结构转型与区域可持续发展案例在我国乃至世界都具有一定的典型性[①],与学生的生活经验也有着密切的相关度,是一个在真实情境中的问题。而且,该案例在网络上有着丰富的研究资源。因此,本案例研究主题确定为《探索无锡十年产业结构转型之路(2007~2017)》。但是,在该主题内设计什么样的表现目标、表现任务和评分规则,则需要进一步进入研究情境中去。

三、数据收集与处理的方法

(一) 数据收集

为保障案例研究的信度和效度,采取多种证据来源、各种证据来源相互印证的方法,以便形成证据链,并让主要证据提供者对研究报告草案进行检查的方法来核对证据的真实性。因此本案例研究的数据收集和分析过程,采用了观察、访谈、学生作品(作业)等多种方式收集证据,对全程教学进行录音录像、对学生作品和学生演示表达的现场进行数据采集等,不同来源的数据形成证据三角,互相印证,提高研究信度。

1. 课堂观察

本案例实施的 7 课时,均进行了课堂观察。根据每节课的具体内容和研究问题的需求,在第 1 课时、第 2 课时和第 7 课时,分别由 XS 高中全体地理教研组的四位教师进行集体观察,充分获取学生的各种表现的证据。因为第 3~6 课时主要是学生合作或独立完成任务,因此,主要是任课教师和研究者本人进行课堂观察,一方面观察学生的表现,另一方面则对学生面临的需要解决的问题进行具体的指导。

2. 课堂视频录像

本案例共计实施 7 课时,根据研究的需要,在第 1 节课(任务布置和评分规则分享)和第 7 节课(学生展示作品和评分)的两节课堂教学中,均进行了视频实录,并在之后将录音转化为文字实录,详细记录了教学过程中师生互动和学生表现的每一个环节。

---

① 陈亚栋.基于太湖蓝藻事件的无锡产业结构优化研究[D].南京:南京大学,2009:1-10.

3. 访谈

在本案例研究开展的过程中,主要对任课教师、课堂观察教师和部分学生进行了访谈。针对不同的访谈对象和研究所需要获取的信息,则设计了不同的访谈问题。访谈分为两种,一种是焦点小组访谈;一种是面对面单独访谈。对任课教师和课堂观察教师主要采取了面对面单独访谈;对学生进行了焦点小组访谈,用每个合作小组选派和教师推荐相结合的方式产生访谈对象。访谈大纲见附录。访谈主要采取半结构式访谈。

4. 学生作品的收集

在本案例研究的过程中,对学生的作业进行仔细收集,主要收集三类作品:一是小组合作完成的报告(纸质和电子文稿);二是小组汇报的实录(录像);三是学生个体完成的子报告(纸质和电子文稿)。

5. 研究问题与数据来源的匹配

表6-2 "合一式"表现性评价研究问题的数据来源

研 究 问 题	课堂观察	课堂实录	设计方案	学生作品	各类访谈
问题1-1:"合一式"表现性评价在地理教学中设计的过程是什么?			√		√
问题1-2:"合一式"表现性评价在地理教学中实施的过程是什么?		√		√	√
问题2-1:"合一式"表现性评价在地理教学中应用评出了哪些地理核心素养?	√	√		√	√
问题2-2:"合一式"表现性评价在地理教学中应用对教与学的方式产生了什么影响?	√	√		√	√
问题3-1:"合一式"表现性评价在地理教学中应用的条件是什么?	√	√		√	√
问题3-2:"合一式"表现性评价在地理教学中应用遇到的主要困难是什么?解决办法是什么?	√	√		√	√

(二)数据的处理

在整个研究过程中,要对课堂视频、转录资料、访谈资料进行处理,从而得到初步的三角互证。

1. 视(音)频信息的转写

本案例中进行的课堂教学活动全部用录音机和录像机记录下来,为了研究分析的需要,需要在此基础上进行抄录、整理、转写文字形式,从而全面反映学生的表现细节。在转写的过程中,按照对课堂教学过程中出现的停顿、插话、打断、重复以及一些语气词等,或者是手势、面部表情等副语言特征均忽略不计的标准进行操作,形成课堂实录文字量共计 6 万字。对有关的访谈音频也进行了转写,全面详细记载了所有的访谈文字实录。

2. 参与者基本信息的编码

(1)参与教师的基本信息编码。对参与课堂观察的四位教师进行编码,编码的方式:T+性别+教龄,M 为男教师,F 为女教师。具体的信息如表 6-3 所示。

表 6-3 参与课堂观察的四位教师的基本信息编码方式

编码	性别	教龄
T-M13	男	13
T-F15	女	15
T-F13	女	13
T-M05	男	5

本节课任课教师的基本信息编码为 T-F16。

(2)参与学生的基本信息编码。参与学生的编码方式:参与学习的学生总共有 48 人,分为 9 个小组,每个小组有 1 人汇报。按照组别,组内顺序编码。比如,第一组的第二个学生编码为 G1-S2。

3. 具体数据的编码

(1)有关学生来源数据的编码。数据从学生处有三种来源,汇报、访谈、小组或个人作品。进行汇报编码为(R),参与访谈为 F,个人作品为 H。因此,第一组的第二个学生,代表本组进行了汇报可以编码为:G1S2-R,代表本组参与了访谈可以编码为:G1S2-F。因此,第九组第三个学生的作品可以标记为:G9S3-H。小组作品被标记为 W,因此第一组的集体作品被标记为 G1-W。具体编码如表 6-4 所示。

表 6-4 学生的信息编码方式

组别	学生	编号	是否汇报	是否参与访谈	个人作品
G1	S	1,2,3……	是 R,否不用标记	是 F,否不用标记	H
G2	S	1,2,3……			
……		……			
G8	S	1,2,3……			
G9	S	1,2,3……			

对学生访谈的处理,可以进行关键词的梳理,即根据问题的指向,梳理回答中

的关键词,如表 6-5 所示。

表 6-5 学生访谈的信息处理

学生	问题指向 1	回答的关键词(正向)	回答的关键词(负向)
G1S1-F			
……			

对学生作业的信息处理,可以进行关键词的梳理,即根据问题的指向,梳理回答中的关键词,如表 6-6 所示。

表 6-6 学生作业的信息处理

学生	问题指向 1	回答的关键词(正向)	回答的关键词(负向)
G1S1-H			
……			

对学生作业的信息处理,可以进行关键词的梳理,即根据问题的指向,梳理回答中的关键词,如表 6-7 所示。

表 6-7 小组作业的信息处理

小组作业	评分	回答的关键词(正向)	回答的关键词(负向)
G1-W			
……			

(2)有关教师来源数据的编码。数据从教师处有两种来源:课堂观察和访谈。进行课堂观察编码为(O),参与访谈为(F)。因此,参加课堂观察的教师提供的数据编码为 T-M13-O、T-F15-O、T-F13-O 和 T-M05-O。访谈的数据主要来自课堂观察教师和任课教师,编码分别为 T-M13-F、T-F15-F、T-F13-F、T-M05-F 和 T-F16-F。

四、案例研究流程

本案例由于所花课时长、参与人数相对较多,就需要特别注意研究中的细节性问题。为保障研究能够有序进行,研究主要分为以下几个阶段进行:

(一)"合一式"表现性评价的设计阶段

主要设计"合一式"表现性评价的教学方案和实施过程。与 XS 高中地理组教师就设计方案和实施过程中的细节和可能遇到的困难及其解决办法等进行交流沟通和意见征集。

(二)"合一式"表现性评价的实施阶段

在 7 课时中实施合一式评价。第 1 课时主要是分享表现目标、表现任务和小组合作评分规则;学生自愿分组,并进行组内分工,制定完成任务的计划。第 2 - 6 课时在网络教室学生以小组为单位合作完成任务,任课教师进行指导。课堂观察教师进入网络教室进行课堂观察。第 7 节课每个小组派代表完成任务。

(三)"合一式"表现性评价的数据搜集和分析阶段

主要搜集的数据有课堂观察数据、课堂实录、学生作品、与听课教师和学生的沟通对话、访谈实录。针对所要研究的问题,对搜集的数据信息等进行编码,然后进行数据分析以回答所研究的问题。

(四)"合一式"表现性评价的研究结果形成阶段

针对所回答的问题,形成对"合一式"表现性评价在设计与实施、产生效果以及应用条件和难点等方面进行反思,从而形成研究结论。

第二节 案例呈现

上课之前,研究者本人与 ZHY 老师和地理教研组的四位课堂观察教师就该课的设计意图、想要研究的问题以及获取的信息,包括评价方案设计和教学流程设计等进行了充分的交流,针对该班级学生的学情,预估了可能会遇到的困难,调整了教学策略和实施过程,增加了任务的完成时间,把计划的 6 课时增加为 7 课时。

第 1 节课和第 7 节课的课堂教学中,均通过录音和录像获取整个教学过程的实录,并在之后将录音转化为文字实录,详细记录了教学过程中师生互动的主要环节。在课堂教学结束之后,用焦点小组访谈的方式,对班级不同小组的学生代表进行了访谈,采取结构性访谈和开放性访谈相结合的方式,获取学生的体验和感受等信息。访谈全程进行了录音,并将录音转化为文字实录。在课堂教学的过程中,邀请四位地理教师作为观察者,对整个教学过程中学生的表现进行了观察,重点观察学生在完成任务过程中遇到的困难、主要需求和学习表现。课堂教学结束之后,对 ZHY 老师进行了访谈,了解课堂实施的情况,并对实施表现性评价的做法征询了其建议和想法,也做了访谈录音,并转化为文字实录。

一、"探索无锡产业结构转型十年之路"中"合一式"表现性评价的设计

由研究者本人根据指向地理核心素养的设计框架,再依据"合一式"表现性评价进入地理教学的基本框架来设计本案例(教学设计文本见附录)。研究者本人与任课教师 ZHY 就设计方案进行充分交流,特别是根据学生的实际情况,考虑实施所需要的条件和主要难点,调整了表现任务的难度,分析了学生在撰写地理报告过程中可能遇到的难点,采取小组合作的方式来完成任务。为能将"合一式"表现性评价的设计方案的形成过程展示出来,以下将重点介绍设计方案形成过程中的需要解决的重点问题。

(一)"合一式"表现性评价的表现目标的建构与表达

1. "合一式"表现性评价表现目标的建构

(1)地理核心素养与内容标准分析

本案例研究的主题是"区域产业结构转型与区域可持续发展"。通过学生对无锡 2007 年太湖蓝藻暴发之后十年间无锡产业结构转型的探索,来发展和评估学生的区域认知、综合思维和人地协调观等地理核心素养。但是,地理核心素养需要转化为具体的表现目标,才可以被评量。因此,本案例通过对地理核心素养和内容标准的分析来设计表现目标。

在本案例研究实施的时候,《普通高中地理课程标准(2017 年版)》还没有正式颁布,实行的还是 2003 年出版的《普通高中地理课程标准(实验)》。因此在设计表现目标的过程中,参考了两个课程标准中的内容标准,着重研究了 2017 版的课程标准。

2003 版地理内容标准:

以某经济发达地区为例,分析该区域城市化和工业化的推进过程,以及在此过程中产生的主要问题,了解解决这些问题的对策措施[1]。

举例说明产业转移对区域地理环境的影响[2]。

2017 版地理内容标准:

以某产业转型地区为例,分析该类地区产业结构变化过程及原因。(2017 版课标)[3]。

选择性必修的区域发展模块的"学业要求"如下:

能够根据不同类型的区域的发展条件和现状,分类思考和分析区域发展问题及原因(综合思维、区域认知)。能够从人地协调的角度,对不同类型区域的发展路径做出简要解释(人地协调观)[4]。

---

[1] 中华人民共和国教育部.《普通高中地理课程标准(实验)》[Z].北京:人民教育出版社,2003:23.
[2] 中华人民共和国教育部.《普通高中地理课程标准(实验)》[Z].北京:人民教育出版社,2003:23.
[3] 中华人民共和国教育部.《普通高中地理课程标准(2017 年版)》[Z].北京:人民教育出版社,2018:13.
[4] 中华人民共和国教育部.《普通高中地理课程标准(2017 年版)》[Z].北京:人民教育出版社,2018:14.

从上述内容标准来看,选择以无锡产业结构转型的原因、过程及其对区域发展的影响是符合内容标准要求的。同时,通过对无锡区域发展条件的分析、发展遇到问题的原因探索,以及从人地协调的角度来看待无锡可持续发展之路并预测未来的发展前景,也是能够调动出学生的区域认知、综合思维和人地协调观来解决这些问题,并能从中评估这些地理核心素养的发展状况。

(2)学情分析

学生已经学习完成了地理3(区域发展)模块的主要内容,已经掌握了如何分析区域的自然和人文地理特征,为区域可持续发展确立发展方向和策略,也能够分析区域产业结构变化与产业转移的背景和原因。而且,学生本身地处无锡,对无锡的区域发展情况也相对熟悉,为完成任务提供了良好的基础。

但是,由于无锡这个案例并不是教材中的现成案例,因此,需要学生自己搜集无锡的区域背景信息,建立分析无锡区域发展的框架,重点分析无锡十年来(2007—2017)产业结构的变化情况,并分析产业结构变化的原因,依据区域可持续发展的基本框架和策略,预测无锡未来发展的前景。因此,这个任务是一个需要多种技能支持的复杂任务,例如搜集地理信息的能力,不仅仅是从单个资源中获取信息,还要求从多种资源中获取信息;分析信息的能力,学生将通过定量分析(如研究图表、数据)与定性分析法(印刷或数字文本)分析各种资源;整合资源的能力,学生将把各种信息进行整合来回答任务中的具体要求;制作PPT的能力等。学生的信息素养是达成表现目标的关键,但是基于高二年级的学生已经完成了信息技术课程的学习,因此我们基本的判断是,缺乏信息技术技能将不会成为学生完成任务的主要障碍。

2. "合一式"表现性评价的表现目标的表达

本案例评价需要调动三个地理核心素养来解决问题,因此需要结合三个地理核心素养的内涵和水平,结合具体的表现任务来确定表现目标。根据内容标准体现在相关地理核心素养中具体表现水平,形成了三个素养进阶构造,以及与素养水平相匹配的水平结构。如表6-8所示。

表6-8 地理素养进阶的构造

素养\水平	区域认知(关键词)	综合思维(关键词)	人地协调观(关键词)
水平1	认识和归纳区域特征	简单地理事象;两个要素相关	简单识别生产活动和生活习惯对地理环境的影响
水平2	收集区域信息;解释区域政策得失	简单地理事象;多要素相关;时空变化	结合简单地理事象;阐述人类活动对地理环境的消极和积极影响

(续表)

素养\水平	区域认知（关键词）	综合思维（关键词）	人地协调观（关键词）
水平3	评价区域政策得失；提出证据	复杂地理事象；多要素相关；时空变化	结合复杂地理事象，认识人地相互之间的影响
水平4	全面评价区域政策得失；提出改进建议	现实中的地理事象；时空综合、要素综合、地方综合；系统性、地域性解释	分析现实人地关系地域系统，理解环境与发展的关系、人地关系的对立统一；评析人地关系中存在的问题

根据上述分析，本案例确定以三个核心素养的水平4为目标水平，形成如下表现目标：

学生能够以无锡地区为例，运用网络搜集有关信息，分析无锡市自2007年起开始大力进行产业结构调整的原因，描述十年间无锡产业结构变化的过程及其对无锡地区环境的影响，探索无锡产业结构调整过程中遇到的问题以及解决的策略，预测未来无锡地区可持续发展的前景。

在完成以上学习目标的过程中，学生应展现出自己的区域认知能力、综合思维能力和人地协调观念。具体而言包括以下方面：

（1）准确描述无锡所处的地理位置和区域特征，能正确解释2007年无锡市开始将大力调整产业结构作为区域发展战略的原因，评价其政策实施情况。（区域认知）

（2）能够综合各要素来描述无锡地区的区域特征，能够从空间和时间综合的角度分析无锡地区产业结构的变化以及这种变化对无锡地区环境的影响，探索无锡产业结构调整过程中的遇到的问题和对策，并对比进行地域性和系统性的解释。（综合思维）

（3）能够认识到太湖等无锡地区的自然环境要素对无锡地区人类生存、发展的作用以及对人类活动的各种影响；对无锡所面对的现实人地关系问题开展分析评价，描述、解释并评价无锡市为协调当地人地关系所采取的措施与政策。（人地协调观）

（二）"合一式"表现性评价的教学活动转化为表现任务

表现目标确定之后，还需要将之转化为能够在教学过程中实施和开展的表现任务。

1. "合一式"表现性评价的表现任务的设计

（1）分析教学要求：把教学活动环节转化为表现任务中的子任务。从课程标准的"教学提示"中发现把教学活动转化为表现任务的建议。例如，选择性必修之区域发展模块的教学提示是："以认知区域地理条件，区域地理特征和区域发展方向为线索组织教学内容。通过身边典型案例，了解到区域可持续发展的必然选择是人地协调。依据资料,探索区域变化的地理问题。"因此,表现任务的设计就可以采用大任务中嵌套小任务的方式来进行,每一个小任务的完成为下一个小任务的完成奠定基础,所有小任务的完成后,则大任务也就完成了。根据"教学提示"可以把认识无锡市的区域背景、区域特征作为重要的小任务,然后分析其产业结构转型的过程和遇到的问题,最后运用可持续发展的理念来评析无锡未来发展的前景。这样就可以把主要的教学活动环节切分为表现任务中的子任务。

(2)分析学习方式:把地理典型学习方式作为完成任务的必须方式。落实地理核心素养的重要途径是要采取学科典型的学习方式来学习,那么在"合一式"表现性评价中,完成表现任务的方式就是地理学科典型的学习方式。鉴于完成任务需要搜集大量信息、处理信息,并推理得出相关观点来回答问题等的特点,因此选择探究学习的方式。针对任务规模较大,需要多人来合力完成的情况,采取合作学习的方式。考虑到时间的有限性,以及为学生提供选择的机会,因此在学生个人完成任务的设计上,采取学生自主学习的方式,由学生自行在子任务中选择一个来完成。同时,为突出地理学习的情境的真实性,整个任务的设计要有一个真实情境的推动。综合而言,地理学科的探究学习、合作学习、自主学习等均在表现任务的完成过程中得到体现,或者成为所做出的作品必须经历的过程。

基于上述分析,学生需要完成一份报告,以展现出其搜集区域信息、分析区域特征、确定区域发展方向和策略的能力。考虑到一个人完成这份报告需要的时间较多,为了推进合作学习,学生需要与小组成员合作来完成一份大报告,而学生个人可以选择其中一个环节来完成子报告。

2. "合一式"表现性评价的表现任务的表达

表现任务的结构主要包括三个部分:首先是真实情境的创设,通过具有吸引力的问题情境提供整个任务的情境背景,指明学生所需要解决问题的主要领域范围。其次是对所需要完成任务的明晰表达,先呈现总的大任务,然后呈现小任务。任务以回答需要回答的问题的方式来表达。最后,说明对整个作品的规定性要求,比方说PPT的具体内容量、汇报的时间等。规定PPT的内容量主要是为了让学生对搜集的信息进行处理和加工,而不是直接从网络上照搬;规定汇报的时间则考虑到9个组的汇报只有一节课的时间。小组任务呈现之后,再说明个人的任务。任务表达如下:

2017年,位于无锡太湖的"华莱坞"受到世人瞩目,"变形金刚5"等国际大片的后期制作纷纷出自此地。然而十年前,此地是雪浪钢铁初轧厂,那么无锡市为什么会在2007年决定搬迁上缴利税如此之多的钢铁厂,花十年的时间,让这片空间从钢铁厂变为世界电影后期制作的基地呢?十年间无锡地区的产业结构调整之路是如何开启和如何行进的?并为无锡带来什么?

你的任务:

1. 与小组成员合作完成一份总报告(PPT)《探索无锡十年产业结构转型之路

(2007~2017)》并向全班同学汇报,报告中需要展现以下内容:

(1)无锡地区的区域发展背景;
(2)分析无锡市2007年开始大力开展产业结构转型的原因;
(3)描述无锡地区十年间的产业结构调整情况;
(4)探索无锡地区产业结构调整中遇到的问题以及对策;
(5)描述产业结构调整对无锡地区环境的影响并预测未来无锡地区的发展前景;
(6)为完成任务的活动实施方案设计以及小组成员分工并对小组成员完成任务情况进行评价。

PPT报告的页数不超过8页;PPT文字大小适宜且美观、图文并茂;汇报同学的表达逻辑清晰且声音洪亮;汇报时间为每组4~5分钟;每位同学的合作情况将计入个人评价中。

2. 请你个人完成一份350字左右的子报告,在集体报告的基础上,选择上述(1)~(5)中的部分内容细致展开,注意(1)是子报告中必须的部分,(2)~(5)是可选择的部分。你的子报告将作为你此次表现的重要组成部分。

子报告手写在作业纸上(或提供电子稿);标题准确;问题清晰;逻辑严密;字迹清楚。

(三)"合一式"表现性评价的评分规则设计

本案例作为一个较大规模的任务,需要通过评分规则来引领和评价学生的学习过程和结果,因此所需要的评分规则主要有三个:一是为了促进学生开展合作的评分规则;二是对小组集体作品(包括汇报)的评分规则;三是对学生个人作品的评分规则。

针对上述评分规则的特点和作用。第一个评分规则直接采用了已经设计好的一份有关合作学习的评分规则;第二个和第三个评分规则由研究者本人和任课教师共同开发。

小组活动学生表现评分规则如表6-9所示。该评分规则将用于学生对自己小组合作情况的自评,以及课堂观察老师对学生在完成任务过程中对其合作情况的观察。本研究实施之后,将对此评价量规的使用效果进行反思。

表6-9 小组活动学生表现评分规则

评价指标	4分	3分	2分	1分
表现效果	小组同学都能有讨论效果,有活动方案,查找资料途径准确,和谐地参与小组活动,表现积极	小组同学能有表现,准确和谐地参与小组活动的表现能力	小组能准确地查找资料	小组不能够准确、和谐地组织活动,表现混乱

(续表)

评价指标	4分	3分	2分	1分
分工合作	小组成员分工明确,紧密配合,有组织者,有方法,能高效率地完成探究任务,并有良好的表现效果	小组成员分工明确,有组织者,能完成探究任务,有良好的表现效果	小组分工合理,能完成探究任务,但效果一般	小组探究进度较慢,组织无序,探究效果一般
互动交流	小组讨论积极,对于探究效果有自己的看法、感受、评价、经验及想法	小组讨论积极,对探究效果能够做出客观、准确的评价	小组成员对本组或其他组的探究效果能做出客观、准确的评价	对本组或其他组的表现效果不能做出正确评价
迁移应用	小组能够创编新的探究问题,并进行方案设计,探究效果良好	小组能够对已学的案例进行改编,效果良好	小组积极探究,表现效果有很大进步	小组被动探究,表现效果无明显进步

有关小组作品和个人作品的评分规则采用混合式评分规则的设计,既有理论框架,也有对学生作品特征的分析。所参照的理论框架是问题解决的框架,同时也结合地理核心素养水平的表达;对学生作品的特征的提取则使得对作品特征的描述更加准确,能够有助于准确评出学生的实际表现。

在评分规则的透明度上来看。第一个有关合作学习的评分规则是直接呈现给学生的,希望学生可以依据此来调整本组的合作情况。第二个和第三个评分规则则是在具体评分的时候才给学生。为了能够在设计小组作品评分规则的同时也能够评出学生个人的作品情况,因此对作品的评分规则在大的维度上分为两个大的方面。一是对每个小任务的具体评分(既可以评小组的任务也可以评学生个体的任务);二是对每个小任务之间的逻辑关系进行评分,以此判断学生解决问题的逻辑过程,从而实现对大任务的整体评分。(评分规则的具体内容在实施过程中呈现)

（四）"合一式"表现性评价的实施计划设计

本案例研究共设计了一个大任务,大任务分解为5个子任务,整个教学过程就是完成表现任务的过程。完成任务预估需6节课,第1节课为分享表现目标、布置表现任务、明确小组分工和设计实施方案。第2节课开始进入网络教室,各小组开始分工合作完成任务,计划共计4节课完成任务。最后第6节课进行展示汇报。在汇报的过程中及汇报之后都将对小组作品和学生作品进行评分。

二、"探索无锡产业结构转型十年之路"中"合一式"表现性评价的实施

该案例由 XS 高中地理教师 ZHY 老师在任教的高二(5)班上课。在教学流程与内容设计方面,上课之前研究者本人与 XS 高中全体地理组教师就该课的评价方案设计和教学流程设计进行了充分的交流,针对该班级学生的学情,增加了教学

时间。

第一节课依照设计的过程顺利进行,主要是进入任务的准备阶段,学生进行了分组和分工,师生互动正常,学生明确自己应该完成的任务。

第2—6节课,学生以分组搜集资料、制作PPT报告,以及撰写个人小论文为主,教师主要是进行指导。第7节课则进行汇报交流和评估成果,分9个组来介绍小组作业的完成情况。学生、教师一起参与了对学习成果的评估。整个教学过程就是表现性评价实施的过程。

(一)任务准备(第1课时):理解任务并组织分工

时间进度:45分钟

学生技能要求:理解小组合作评分规则,并在此基础上进行分组,组内开展分工。学生明确任务要求,能制定可行的实施方案。

学生完成作品或者学习表现提示:小组制定分组和活动方案,明确组员的分工,完成任务实施方案;具体任务实施方案的文本以及对小组成员的评价需要在小组汇报成果之前上交并作为重要的评价依据。

对学生表现的评价指南:学生完成分组和分工。

教学策略:教师为学生提供《学生指南》,教师先向全体学生介绍所需要完成的任务以及任务背景,然后学生开展分组活动。小组分好之后,小组内部开展讨论,确定每个成员的主要任务和职责,共同制定好任务实施方案。

课堂观察:大多数学生对任务展示出了参与的热情,每个参与课堂观察的教师深入到每个小组观察小组分工情况。小组分工进展比较顺利,但是大多数学生对即将到来的任务及其工作量估计不足。在制定实施方案的时候,给自己和组员为完成每项任务所留的时间较少。针对这一情况,研究者本人与任课教师商量后确定,为学生完成任务留有更多的时间并做出课时安排。但是,暂时先不告诉学生,让学生体验自己制定计划和完成计划之间的匹配程度对完成任务所带来的影响。

(二)进入任务(第2—6课时):搜集资料和提取信息

1. 搜集无锡区域特征资料并概括无锡区域特征

任务目的:本任务为全体学生一起完成的相同任务,通过此任务旨在让学生熟悉利用网络搜集资料的方法,学会从多样化的资源中搜集无锡市区域特征的资料,并且依据区域自然地理特征、人文地理特征的基本框架来分类和整合信息,从而概括出无锡区域特征,为后面分析无锡市产业结构转型奠定基础。

时间进度:45分钟

学生技能要求:能够打开网页,运用搜索引擎输入关键词来搜集有关无锡市区域地理特征的图文资料;能够依据地理位置、气候、地形、水文、农业、工业、第三产业等框架来搜集有关无锡区域特征信息,并且概括提炼出关键信息。学生能够从各种资源类型中提取自己所需要的信息。

学生完成作品或者学习表现提示:学生能够搜集到可靠的资料,形成自己小报告和小组总报告的第一部分的基础材料和主要观点。

对学生表现的评价指南：学生提交了有关无锡市区域特征的资料包和主要观点描述的基础文本。

教学策略：教师为学生提供网络教室，可供学生随时查阅资料；教师先向全体学生介绍所需要完成的任务，学生开始独立搜集有关无锡市的区域资料；学生搜集10分钟后，向小组成员分享搜集的主要资料；教师让学生回顾分析区域特征的主要框架，学生依照地理位置、自然地理特征、人文地理特征的框架再次搜集还没有找到的资料；最后10分钟，学生整合搜集到的信息，形成关于无锡市区域特征的基础文本。

课堂观察：XS高中的四位地理组教师参与了课堂观察，并且分工在教室的不同区域观察学生搜集资料的情况。学生搜集资料的差异非常大，有些学生在教师没有提醒的情况下，能够依照地理位置、自然地理特征和人文地理特征进行资料搜集。但也有个别同学搜集信息的能力相对较弱，在规定的时间内，没有搜集到有用信息，说明其无论是关于区域认知的基础知识和技能，还是有关信息技术的技能均存在问题。经过小组交流之后，部分相对较弱的学生开始慢慢跟上，但最后提交的作品仍有明显差异，任课教师明显关注到了完成作品较弱的学生，并在第二阶段资料搜集的之后进行了有针对性的指导。同时，也是在第一阶段学生搜集信息的时候，教师发现部分学生不能调用有关区域认知的关键能力，因此，教师有针对性地为学生提供了关于区域特征分析的框架，并呈现在黑板上，帮助学生完成资料的搜集和信息的初步提取工作。

2. 小组内分工搜集无锡市产业结构变化的资料并概括变化及其原因

时间进度：45分钟

学生技能要求：学生根据小组内的分工要求，明确自己所搜集的信息内容；能够从各种类型的资源中提取自己所需要的资源；从各种图表、文本等资源中提取证据或者凝练文章中心思想。

学生完成作品或者学习表现提示：学生能够搜集到各种类型的有关无锡市产业结构变化的资料，包括政府报告、企业分析数据、学术论文等；学生能够从各种资料中提取信息形成主要观点。

对学生表现的评价指南：小组提交了无锡市产业结构变化的资料包并且形成了有关其变化的基本观点。

教学策略：教师为学生提供网络教室，学生能够在网络上搜集信息；学生首先以小组为单位讨论和确定资料搜集的分工，然后分头进行资料搜集；在本节课的最后10分钟，各小组再次组织一次讨论，核查所搜集到的资源，分享各自针对资源所提出的主要观点。

课堂观察：每个参与课堂观察的教师深入到每个小组观察小组搜集资料的情况，观察到学生们在完成任务的过程中非常投入。但是，还存在搜集资料的速度差异比较大，有部分同学搜集速度较慢，不能形成观点的情况。在小组的最后总结阶段,小组内有部分成员不能拿出相应的资料或者是观点。因此,在学生的要求下,任课教师决定在课间继续开放网络教室,方便学生能够及时查找资料。由此可见,学生的信息技术素养和地理学科核心素养要能够结合起来,才能够更好解决问题。

3. 搜集无锡市产业结构未来发展方向的资料并概括观点

时间进度:45分钟

学生技能要求:学生根据小组内的分工要求,明确自己所搜集的信息内容;能够从各种类型的资源中提取自己所需要的信息;从各种图表、文本等资源中提取证据或者凝练文章中心思想。

学生完成作品或者学习表现提示:学生能够搜集到各种类型的有关无锡市产业结构未来发展方向的资料,包括政府规划、企业规划、学术论文等;学生能够从各种资料中提取信息形成主要观点。

对学生表现的评价指南:小组提交了无锡市产业结构未来发展方向的资料包并且形成了有关其发展方向的基本观点。

教学策略:教师为学生提供网络教室,学生能够在网络上搜集信息;学生首先以小组为单位讨论和确定资料搜集的分工,然后分头进行资料搜集;在本节课的最后10分钟,各小组再次组织一次讨论,核查所搜集到的资源,分享自己针对资源所提出的主要观点。

课堂观察:每个参与课堂观察的教师深入到每个小组观察小组搜集资料的情况,观察到学生们在完成任务的过程中更加投入,而且感受到了任务完成时间的紧迫性,因此效率明显提高。学生搜集资料的速度差异明显减小,原来所关注到的一些资料搜集较慢的小组和同学也慢慢赶了上来。但是,依然有同学不能及时完成任务,因此,在部分学生的要求下,任课教师决定在课间继续开放网络教室,方便学生及时查找资料。学生进展到这个阶段,开始更加愿意主动跟教师交流,请老师帮助核查资料的质量,以及自己所提炼观点的正确程度等。

4. 读写转换:从资料搜集阅读到报告写作

任务目的:此项任务旨在帮助学生从资料搜集、信息提取阶段逐渐过渡到写作阶段,为后面总报告和学生小报告的撰写提供支持。

时间进度:45分钟

学生技能要求:善于聆听小组其他成员获取的资料信息和主要观点;能够整合各方面的信息,对所获取的信息和观点进行批判性思考,明确哪些观点和资料可以采用,哪些不能;学生依据任务要求和所获信息,搭建总报告和小报告的撰写框架。

学生完成作品或者学习表现提示:小组形成了总报告框架,以及里面的主要内容观点;学生明确自己所需要撰写的小报告框架和主要内容。

对学生表现的评价指南:学生积极参与交流,能够主动分享自己所获取的资料以及自己的主要观点,也能够听取其他同学的观点和想法;在对资源和观点进行评估方面,既善于听取意见,也能够提出自己的想法。

教学策略:教师为学生提供网络教室,学生能够在网络上互传信息和分享观点;学生以小组为单位讨论和分享主要资料和观点;在本节课的最后15分钟,各小组核查所搜集的资源和观点,建立关于总报告的框架。学生自己根据总报告框架和自己的意愿确定自己小报告的内容框架。

课堂观察:每个参与课堂观察的教师深入到每个小组观察小组交流的情况,观察到学生们在完成这部分任务的时候遇到了不少困难,例如在确定总框架以及主要问题下的内容时,学生之间会产生分歧,而且也发现一些搜集的资料不足以回答这些问题。学生更加频繁地向老师汇报自己的进展,并就如何建立写作框架的问题不断征询老师的意见,任课教师开始有针对性地进行指导。从这个环节能够看到,整体报告的撰写特别需要地理学科核心素养中的综合思维。

5. 报告撰写:独立完成小报告并合作形成总报告

时间进度:45分钟

学生技能要求:学生明确自己在总报告撰写方面的分工;学生能合作撰写出观点明确的、能回答相应问题的总报告。学生能够制作逻辑清晰、美观大方的PPT。学生能针对总报告的某一方面撰写出自己的小报告。学生能用word撰写和编辑符合学术规范要求的小报告和总报告。

学生完成作品或者学习表现提示:学生完成总报告的word文稿,以及总报告的PPT演示稿。学生完成自己的小报告。

对学生表现的评价指南:学生能在分工要求下,积极撰写有关内容,按时提交自己的写作部分,对完成总报告承担责任。每个小组能够最后提交总报告的文档和PPT报告。

教学策略:教师为学生提供网络教室,学生能够在网络上互传信息和分享观点;学生在电脑上开展写作,小组的组长汇总各部分内容,然后由撰写总报告和制作总PPT文件的同学负责汇总。小组在最后10分钟形成整体文稿,并且集体讨论和修改。学生个人也同时完成自己的小报告。

课堂观察:每个参与课堂观察的教师深入到每个小组观察小组交流的情况,观察到学生们在完成这部分任务的时候非常投入于写作之中,但是困难还是存在,主要是在报告的谋篇布局、段落之间的关系、句子如何表达、采信哪些证据方面都遇到了困难。学生更加频繁地向老师汇报自己的进展,并不断向老师提问,或者拿出自己已经撰写好的文稿向老师请教。在制作PPT的阶段,尽管小组分工时选出了本组制作PPT最好的学生来做,但是PPT的制作依然存在着字体大小、版面美化等诸多问题。

(三)汇报成果:评估总报告和个人小报告(第7课时)

时间进度:45分钟

学生技能要求:能够运用PPT逻辑清晰、声音洪亮地展示报告的观点。

学生完成作品或者学习表现提示:学生以小组为单位展示小组总报告;提交自己的小报告。

对学生表现的评价指南:依据评分规则对小组总报告和小报告进行评价;参与

评价的有全体学生和地理组教师。

教学策略：为学生提供能够展示 PPT 并向大家汇报的教室和设备；为每位学生提供评分规则；每个小组派代表进行汇报。

课堂观察：每个参与课堂观察的教师担任评委，为学生的汇报评分；学生也非常认真地听小组的汇报，并且参与打分。整个过程进展顺利，学生和教师均非常认真地参与评分。

第三节 结论与讨论

本节将对本案例研究所提出的问题通过研究过程中搜集的数据进行分析并回答。所回答的问题主要是三个：

> 合一式表现性评价在地理教学中应用的设计与实施流程是什么？
> 合一式表现性评价在地理教学中应用产生的效果是什么？
> 合一式表现性评价在地理教学中应用有哪些值得反思之处？

一、"合一式"表现性评价在地理教学中应用的关键技术

通过研究发现，"合一式"表现性评价在地理教学中应用时，要根据阶段的不同，区分和把握好操作的关键性技术。在设计、实施、评分阶段，既要了解其价值，又要熟悉所应用的关键技术。

（一）设计技术：确保标准—目标—任务—评分相匹配的"教评案"和"学评案"

1. "合一式"表现性评价的"教评案"是以评价作为贯穿整个教案的线索

"合一式"表现性评价的"教评案"其实质就是"教案"。但是，区别于一般的教师教案，这份"教案"以表现性评价来贯穿整个教案的线索。如表 6-10 所示。参与此次研究的教师们，在对于这份"教评案"的审阅和使用中，产生了许多不同于使用传统教案的感受。他们认为"合一式"表现性评价的"教评案"能够帮助教师聚焦学生，能够帮助教师了解学生"在哪里"。

访谈证据 1：这份教评案与我以前使用的教案不完全相同，最主要是把地理核心素养和学生应该做什么联系了起来，而且有对学生完成任务情况的详细评分规则。这让我在教学的过程中会把注意力聚焦在学生究竟在做什么，还有所做的是不是达到了具体的要求上，对教学的帮助更大一些。(T-F16-F)

从上述对任课教师的访谈中发现，该教师认为"合一式"表现性评价的教评案呈现了地理核心素养-表现目标-表现任务的一致性，帮助其在课堂教学中，把握住三者之间的关系，并把教学的注意力紧紧聚焦在学生究竟在做什么，所做的是不是在朝向目标迈进上。这对于"合一式"表现性评价在实施过程中，给学生自己学习的空间和时间比较多，教师不能进行点状知识教学的情况下，仍然能够从整体上把

握课堂教学的进展起到帮助的作用。

证据2:教评案文本

表6-10 "合一式"表现性评价的"教评案"简表

主题:《探索无锡十年产业结构转型之路(2007~2017)》	时长:7课时
学科:地理	年级:高二(选择性必修)
地理核心素养和内容标准:	
教学内容分析:	
学情分析:	
表现目标:	
表现任务:	
评分规则:	
教材和相关资源:	
解决问题:	
学习成果:	
评价指南:	
高阶认知:问题探究(☆) 建构模型(☆) 地理实验( ) 　　　　调查研究(☆) 撰写报告(☆) 决策预测(☆)	
实施过程:	

从上表所示的"合一式"表现性评价的教评案发现,这份教评案细致并有逻辑地呈现出主题、核心素养和内容标准、学情分析、表现目标、表现任务和评分规则,以及学生应该产出的学习成果,教师应该如何进行评价的指南,以及任务所指向的高阶认知等,这是从整体上把握单元教学设计的具体文本呈现。

访谈证据2:这份教评案在我进行课堂观察的时候发挥了作用,我知道学生究竟应该做什么,或者说在整个一节课中应该围绕什么来学习,而不是像以往在课堂观察的时候,要等待教师来发出指令才知道学生的下一步表现。(T-M13-F)

从上述对课堂观察教师的访谈中发现,该教师认为"合一式"表现性评价的教评案能够帮助其有目标地观察学生的学习状态和学习进展,能够从一个更高的视角上去整体性观察学生的学习。该教师还对比了以往的课堂观察,认为以往的观察教师的每一步似乎都是一个黑箱,学生和教师均不知道下一步应该怎样做,但是使用这样的教评案,则教师已经知道学生下一步应该做什么,从而对其学习方向的准确性上进行判断。这也从另一个侧面反映出,使用"合一式"表现性评价,学生可以自己把握和规划自己的学习。

2. "合一式"表现性评价的"学评案"支持学生开展学习活动

"合一式"表现性评价的"学评案"就是供学生使用的"学案"。但是,其不同于一般的"学案",而是以表现性评价的主要要素和环节为主干来指导学生开展学习过程,主要说明:学生为什么而学,主要学什么? 做什么? 以什么标准来衡量学习的进展。(本案例"学评案"见附录4)

通过对于使用学评案进行学习的学生的访谈,"合一式"表现性评价的"学评案"能够帮助指导学生的学习,发挥向导性的作用。

访谈证据1:我在完成任务的过程中一直使用"学评案",它能帮助我记录我在学习上的想法,最主要的是能一直指导我应该怎么做,好像发挥了老师的作用,因为也不能一直问老师我应该怎么做?(G1S1-F)

上述学生陈述了"学评案"对自己学习的主要帮助是发挥了指导学习的作用,提供了自己在学习过程中想要获得的具体任务如何实施的指导,也提供了行进的方向。因此,学生会一直使用,并将之作为重要的学习工具。

访谈证据2:"学评案"上有实施计划,因此我们组就很认真地把实施计划填写在相应的位置上,这为我们完成任务发挥了很好的作用。(G4S1-F)

上述学生陈述了"学评案"对自己小组学习所发挥的作用是帮助了小组同学开展合作学习,发挥了帮助小组同学之间沟通教学的平台作用。

此外,结合各个小组的作业的情况来看,学生提交的作品比以往更具有条理性、更加指向目标的达成。

学生作品证据3:

《探索无锡十年产业结构转型之路（2007～2017）》
小组活动实施方案设计

【小组基本信息】
成员：许施弛、高咏、张婀、周守佳
组长：马锦涛
分工：PPT 周守佳、高咏并施弛 活动方案设计、张婀、马锦涛 搜集资料
【活动方案设计】

1. 明确分工各成员任务。
2. 了解无锡地区的区域发展背景
(1) 描述无锡地区十年间的产业结构调整情况
(2) 探索无锡地区产业结构调整中遇到的问题以及对策
(3) 描述产业结构调整对无锡地区环境的影响并预测未来无锡地区的发展前景
(4) 为完成任务的活动实施方案设计以及小组成员完成任务情况进行评价
3. 与PPT相结合，图文并茂，适宜美观
4. 小组讨论，完善内容
5. 总结汇报。

图 6-1 G6 组完成任务分工与计划

这个小组所完成的作品在随后的作品评价中取得了不错的成绩。从这个小组所提供的小组合作分工和计划实施来看，其设计也比较合理，这些计划写在"学评案"上，让学生了解到自己的分工与合作也是需要被评价的，从而促进了合作。

学生作品证据 4：

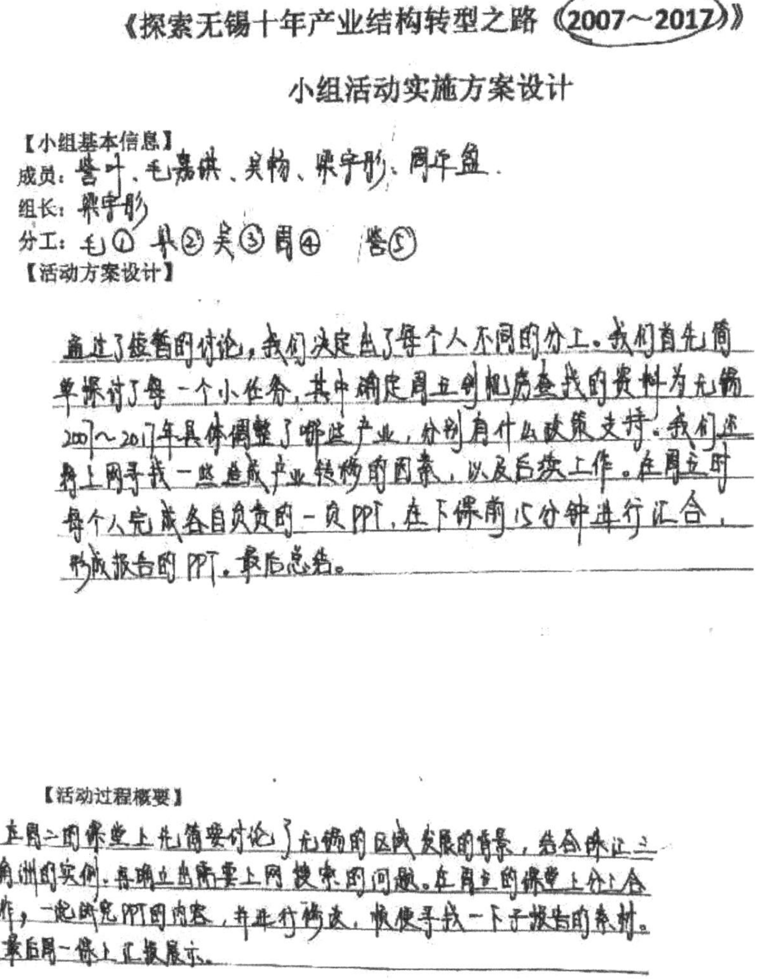

《探索无锡十年产业结构转型之路(2007~2017)》

小组活动实施方案设计

【小组基本信息】
成员：营十、毛嘉琪、吴畅、梁宇彤、周开盘
组长：梁宇彤
分工：毛① 梁② 吴③ 周④   营⑤

【活动方案设计】

经过了较长的讨论，我们决定点了每个人不同的分工。我们首先简单探讨了每一个小任务，其中确定周立创胞房查找的资料为无锡2007~2017年具体调整了哪些产业，分别用什么政策支持。我们在网上寻找一些造成产业转移的因素，以及后续工作。在周立时每个人完成各自负责的一页PPT，在下课前15分钟进行汇合，形成报告的PPT。最后总结。

【活动过程概要】

在周二问课堂上先简要讨论了无锡的区域发展的背景，结合长江三角洲的实例，并确立了需要上网搜索的问题。在周三的课堂上分工合作，一起完成PPT的内容，并进行修改，顺便寻找一下子报告的素材。最后周一课上汇报展示。

图6-2　G4组完成任务分工与计划

这个小组所完成的作品在随后的作品评价中也取得了不错的成绩。从这个小组所提供的小组合作分工和计划实施来看，其设计也比较合理和翔实，也能够作为证据来证明"学评案"在发挥促进学生合作上具有一定作用。

访谈证据5："学评案"中记录了学生的学习过程细节，对我后来分析学习过程与学习结果之间的关系发挥了作用。比方说，表现比较好的G6和G4，在"学评案"上就比较仔细地记载了他们小组的分工情况。相比较来说，在分工上有问题的组在"学评案"上的记录就不够详细。因此，学评案的使用有助于学生对自己学习的

管理。(T-M16-F)

从对任课教师的访谈中也发现,该教师认为学评案记录了学生学习的过程,有助于其建立学生学习结果与学习过程之间的相互关系。

相较于"嵌入式"表现性评价,"合一式"表现性评价所需要完成的作品会更加复杂,学习过程呈现出更加多样化的进程,教师难以通过自己的观察来顾及所有学生在做什么;学生也需要一个指导学习、记录学习的载体来帮助其学习,并与其他同伴交流沟通。因此,"学评案"在帮助学生记录自己的学习进展、指导自己开展学习,以及协助与同学交流上发挥了作用。对于教师来说,"学评案"也帮助教师获得了除作品成果以外的学习信息,并有助于教师反思学生取得不同水平学习效果与学习过程之间的关系。

(二)实施技术:帮助学生经历建构性学习过程,教师提供脚手架支持学生在不同阶段完成任务

通过对7课时的课堂实录和课堂观察的梳理,形成了"合一式"表现性在课堂教学中应用的基本结构(见表6-11)。

表6-11 基于课堂实录和课堂观察的"合一式"表现性评价实施结构

课时	KS1	KS2	KS3	KS4	KS5	KS6	KS7
实施过程	任务准备	进入任务			完成报告		课堂评估
基本内容	理解任务组织分工	搜集资料和提取信息			读写转换报告撰写		汇报成果
教学流程	1.熟悉表现目标和表现任务 2.理解评分规则 3.进行分组和组内分工 4.制定实施计划	1.小组依据分工开始实施不同的任务 2.小组成员独立操作 3.小组集体研讨和汇总工作	1.小组讨论进展 2.调整小组分工 3.初步形成子任务作品	1.小组讨论进展 2.进一步调整分工 3.分头完成任务 4.再度进行小组讨论,分享自己观点 5.把自己完成的任务上交给组内负责的学生	1.小组讨论进展 2.进一步调整分工 3.分享资料 4.核查资源 5.建立总报告框架 6.完成小报告的内容		1.每个小组派代表进行汇报 2.教师和学生打分

(续表)

课时	KS1	KS2	KS3	KS4	KS5	KS6	KS7
教师提供脚手架	1. 提供学评案 2. 提供小组合作的评分规则 3. 解答学生对问题或者任务理解等的疑问	1. 提供分析区域特征的框架 2. 提供在网上运用关键词来搜索信息的方法 3. 为存疑的学生进一步解释表现任务	1.提供从论文、政府报告等多模态资源中提炼和处理信息的方法 2. 为学生提供先前学习的有关知识 3. 为存疑的学生进一步解释表现任务		1. 提供PPT中文字表达的指导 2. 在学生的邀请下帮助审核一些材料 3. 为存疑的学生提供写作指导		提供评分规则
任务类型	大任务	小任务群					大任务

从表6-11中,发现"合一式"表现性评价在课堂教学实施的过程中,学生的学习活动和教师的教学活动具有如下特点:

学生的学习活动主要是在小组合作的条件下完成任务。完成任务的过程经历如下过程:搜集信息-筛选信息-组织信息-整合信息。这一过程与梅耶(Richard E. Mayer)提出的建构性学习的基本过程是一致的。

梅耶认为,建构性学习依赖学习者在学习过程中对认知过程的激活:选择相关信息、组织已接收的信息、把已有知识或信息进行整合。这一知识建构的学习过程被称为是SOI模型:S表示选择;O表示组织;I表示整合。[①] 基于SOI模型并结合地理知识的特征,可以建立一下地理建构性学习的基本过程(见图6-3)。

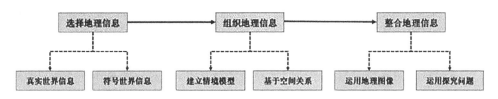

图6-3 地理建构性学习的基本过程

就本案例的表现任务而言,学生从真实世界和符号世界选择地理信息,然后基于区域情境组织地理信息,最后通过运用以往所学知识以及有关信息对探究问题的回答来整合信息,从而实现了整体表现任务的完成,这一实施过程与学生的建构性学习过程是相互匹配的。

---

① 查尔斯·M.赖格卢斯.教学设计的理论与模型——教学理论的新范式[M].裴新宁,郑太年,赵健,译.北京:教育科学出版社,2011:184-194.

学生在完成任务的不同阶段,会遇到不同的困难,需要教师提供脚手架来帮助其完成任务。

教师主要是提供各种脚手架,如提供各种学习工具、提供技能指导、提供先前学习的知识。教师对学生的指导更多是面对面的个别化指导。面对全体学生的集体教学指导很少。相较于嵌入式表现性评价,教师面对全体学生的集体教学会更少。

(三)评分技术:依据素养表现水平、地理学科内容结构和学生作品特征来设计评分规则

在学生完成任务,呈现出作品之后,如何评分是一个关键环节。为了确保评分的准确性,通过与任课教师和评分教师的共同商讨,本案例采取借鉴素养表现水平和研究学生作品特征来设计评分规则。结合地理学科内容和地理核心素养的具体水平进行描述;在对每一水平的具体特征描述上,则通过对作品特征的提炼来形成。在具体设计的过程中,首先是对5个子任务的评分规则进行设计,最后再进行整合。参考学生的作品,是为了更加准确描述作品表现,便于评分,也为了让评分规则发挥指导学生学习的作用,让学生知道自己的作品在哪些地方有欠缺。

从整体来看,整个小组作品总分为100分。其中子任务共计5个,分值占60%;任务之间的逻辑关系也被视为重要的维度,占40%。所以5个任务,每一个任务为12分。四个水平,以3分为一档。依据上述方法,对子任务的评分规则先进行设计,并分别进行评估和赋分。

本案例的评分过程经历了两轮,第一轮是在学生汇报的时候,依据《问题解决的评分规则》进行初步评分,但是在评分的过程中,师生感觉到评分规则的应用性不强。因此,研究者与任课教师一起通过对学生的作品进行分析,同时回看学生汇报录像,来进一步设计评分规则。以下呈现部分子任务和整体任务评分规则的设计过程和最终的评分规则。

1. 子任务1:无锡区域发展的背景

这个任务主要对应的地理核心素养是区域认知,所对应的是水平1,即"能够认识和归纳区域特征"。归纳区域特征需要从三个维度进行(见表6-12):区域地理位置、区域自然地理特征、区域人文地理特征。每个维度下又有具体的指标,例如,区域地理位置可以用相对位置和绝对位置来表达,绝对位置主要指经纬度位置。相对位置主要指海陆位置,以及经济地理位置等,例如是不是毗邻经济发达的地区等。这些区域特征的归纳和表达是分析区域发展的基础,也是评价区域发展政策是否符合人地协调观的基础,因此在整个任务完成中具有基础作用。

表 6-12 分析区域特征的框架和要素

一级框架(要素)	二级框架(要素)
区域地理位置	经纬度位置、海陆位置、经济地理位置等
区域自然地理特征	气候、地形、水文等
区域人文地理特征	人口、农业、工业、商业、交通等

结合 9 个组有关子任务 1 所呈现出的具体作品特征,抽取关键词确定评分的要素。如表 6-13 所示。

表 6-13 各组完成子任务 1 作品的表达关键词

组别	作品表达关键词
1	资源(水、物产)、交通、经济、社会
2	缺失
3	苏南模式
4	位置、地形、气候、人文
5	表达内容与区域特征不相符合
6	地理位置: 自然地理特征:地形、气候、水资源、矿产 人文因素:人口、交通、经济、劳动力(就业率)、政策等
7	突出描述经济地理位置
8	全面罗列了无锡的地理位置(绝对位置、经济地理位置)、气候、地形、水文、资源等详细信息
9	地理位置(概括性的相对位置);气候、地形;人文特征较少

从 9 个组有关子任务 1 所呈现作品表达关键词得出,在一级框架要素和二级框架要素上均有较大的差异。有些组做到了一级框架要素全面,且与之相应的二级要素也完备,可以确定为最高表达水平。但是,有些组则在表达上出现了一级框架要素不完整和二级要素缺失的情况。甚至,有个别组缺失了对第一个任务的回答,或者回答完全不正确。根据各组的作品情况就可以区分出 0-4 的水平等级,从而在结合素养水平、地理内容结构和学生作品的情况下设计出有关子任务 1 的评分规则(见表 6-14)。

表 6-14 子任务 1 的评分规则

水平	作品特征	赋分
水平 4	一级框架要素全面;二级层面要素全面、准确且突出重点;	12
水平 3	一级框架缺失 1 个要素;二级层面要素也有缺失或不准确	9
水平 2	一级框架缺失 2 个要素;二级层面要素也有缺失或不准确	6
水平 1	一级框架要素缺失;二级层面要素也有缺失或不准确	3
水平 0	没有表达区域特征或表达内容与区域特征不相符合	0

上述评分规则主要体现了对区域特征归纳上是不是具有逻辑性、层次性、完备性以及准确性,从而确定出不同的水平等级。

其他 4 个子任务的评分规则也同样依据上述方法来进行设计。

2. 各子任务之间逻辑关系的评分规则

整体任务之所以被称为是一个大任务,也在于 5 个子任务之间具有逻辑关系,也就是太湖蓝藻暴发成为无锡市 2007 年开始启动产业结构大规模转型的重要原因。为保护环境,无锡市开始对高污染、高能耗、低科技含量的钢铁、化工、纺织、印染等传统企业实施关停闭转,大力引进高新技术产业。但是,这一转型过程并不是一帆风顺的,由于受一些在经济生产总值中占比较大的企业的搬离、一些高新技术产业难以进入或产值较低等多方面因素的影响,无锡市的经济生产总值一度滑落,也造成了一些社会问题。直至 2015 年左右,无锡市经济发展才趋稳向好。因此,学生把握这 5 个子任务之间的关系的能力主要体现在其是否具备区域可持续发展的理念和分析方法,也就是能否运用区域认知、综合思维和人地协调观。据此,总任务的评分规则在第二个维度上,以是否体现出任务之间逻辑联系以及联系的密切程度来确定熟练水平。

在确认各子任务在地理学科内容体系本身的逻辑关系之后,接下来需要结合学生的作品来分析主要特征,从而确定水平等级,以便于将学生所完成作品的水平区分出来。表 6-15 所示为学生整体作品中各子任务之间的逻辑关系特征。

表 6-15 对各组子任务之间逻辑关系的评分

组别	任务之间逻辑关系特征
1	5 个任务全部逻辑联系准确清晰
2	3 个任务逻辑联系准确清晰
3	2 个任务逻辑联系准确清晰
4	5 个任务全部逻辑联系准确清晰
5	任务之间没有逻辑联系或者逻辑联系错误

(续表)

组别	任务之间逻辑关系特征
6	5个任务全部逻辑联系准确清晰
7	4个任务逻辑联系准确清晰
8	3个任务逻辑联系准确清晰
9	4个任务逻辑联系准确清晰

从对各组作品中各子任务之间的逻辑关系分析得出,不同小组之间存在较大差异,有些组做到了所有子任务之间逻辑关系的清晰准确,也有小组甚至一个都没有做到,因此确定能够依据具有清晰准确逻辑关系的数量来判断和区分出各组的水平。结合上述分析,制定评分规则如表6-16所示。

表6-16 体现子任务之间逻辑关系的评分规则

水平	作 品 特 征	赋分
水平4	5个任务之间的逻辑整体贯通	12
水平3	有4个任务之间的逻辑贯通	9
水平2	有3个任务之间的逻辑贯通	6
水平1	有2个任务之间的逻辑贯通	3
水平0	任务表达之间基本没有逻辑联系或者逻辑错误	0

上述评分规则主要是对各任务之间的逻辑关系和一致性进行评分,评分所指向的是学生的综合思维水平,即能否对现实中复杂的地理事物进行系统性、地域性的解释。

3. 整体评分规则

通过以上对各子任务的评分规则的设计,经过整合之后形成了整体评分规则(见表6-17)。

表6-17 《探索无锡产业结构转型十年之路》评分规则

任务	水平4	水平3	水平2	水平1
子任务1:无锡市区域发展的背景(描述无锡市区域特征)	一级框架要素全面;二级框架要素全面、准确且突出重点	一级框架缺失1个要素;二级框架要素也有缺失或不准确	一级框架缺失2个要素;二级框架要素有缺失或不准确	一级框架要素缺失;二级框架要素有缺失或不准确

(续表)

任务	水平4	水平3	水平2	水平1
子任务2:分析无锡市2007年开始大力开展产业结构转型的原因	描述了太湖蓝藻暴发;无锡产业结构不合理对环境的影响	描述了最重要的影响因素太湖蓝藻暴发	描述了其他较为重要的相关因素	描述了其他较不重要的相关因素
子任务3:描述无锡地区大约在十年间的产业结构调整情况	从时间维度分别给出了无锡2007年前后和当前无锡产业结构的对比情况;总结了变化的特征	描述了产业结构变化的特征,包括主要产业类型,或者是主要的产业部门、企业类型等	描述了产业结构的变化特征,但是没有具体产业类型或企业类型	仅描述了当前产业结构的特征,或者2007年的产业结构特征
子任务4:探索无锡地区产业结构调整中遇到的问题以及采取的对策	问题准确,对策匹配	问题准确,对策也正确,但两者不匹配	问题准确,对策不正确,两者不匹配;问题不准确,对策准确,两者不匹配	仅仅回答了一个方面
子任务5:描述产业结构调整对无锡地区环境的影响并预测未来无锡地区的发展前景	回应太湖蓝藻暴发这一产业转型的关键原因;评价无锡区域发展是否体现区域可持续发展的方向,且有生态、经济、社会发展的实质内涵。对无锡未来的前景判断有论证基础	体现了可持续发展的理念,且有实质性内涵	仅从某一个较为重要的方面来表达	仅从某一个较不重要的方面来表达
子任务之间的逻辑联系	5个任务之间的逻辑整体贯通	有4个任务之间的逻辑贯通	有3个任务之间的逻辑贯通	有2个任务之间的逻辑贯通

注:任务1中的一级框架要素和二级层面要素分别为区域地理位置(经纬度位置、海陆位置、经济地理位置等);区域自然地理特征(气候、地形、水文等);区域人文地理特征(人口、农业、工业、商业、交通等或第一产业、第二产业、第三产业等)。

上述整体评分规则从各子任务的完成指标以及子任务之间的逻辑关系两个大的维度进行设计。设计主要参照综合思维、区域认知和人地协调观三个素养水平的主要特征,并结合具体的内容标准来进行。同时也依据学生完成的作品特征来呈现评分规则中各个水平的主要表现。评分规则主要是对学生的任务完成情况来设计,所指向的是学生所完成的表现任务体现出来的地理核心素养的表现水平。

(四)"合一式"表现性评价实施的关键条件:合理分工、有效沟通、深度探究

1. 认识到小组内部的合理、明确的分工以及成员之间相互的信赖对任务完成的重要性

在进行课堂汇报的时候,我们发现第五组在 PPT 的制作以及汇报上,相对其他几个小组,表现相对薄弱。我们对该小组内两位同学进行了访谈,发现主要问题在于分工不明确、缺乏信任。

小组的分工不明确,随便搜,有人搜不到,我一个人搜集了三个问题的资料,我们组的组长做 PPT,后来做了之后忘记保存了,后来匆忙中赶出来一张 PPT,所以我看到 PPT,就感觉不满意。(G5S1-F)

上述访谈发现,分工不明确影响了任务完成的进度,造成学生在完成任务中的学习负担和经历的差异。分工不明确成为小组学习条理性不强,导致最后没能管理好小组学习成果的潜在原因。

我们组一个同学回家了,后来就由其他人帮他查了一些资料,后来他回来了,我们就让他汇报,他对资料不熟悉,所以讲得不好。(G5S2-F)

上述访谈发现,分工没有根据实际的情况进行调整,也是分工不合理的重要体现,不合理的分工影响了最后学习成果的呈现。

我们查到资料就给做 PPT 的,没有经过一个初步的筛选,所以他会很忙,因此还是需要对文章信息进行筛选。讲 PPT 的人也不要在一开始就无所事事,还是要事先就开始准备。(G8S2-F)

上述访谈发现,没有明确的分工要求,会导致部分组员任务负担加重,造成分工的不合理。而且,分工的同时也需要一定的协作,缺乏协作的分工也同样会影响任务的完成。

因为我们都不太会做 PPT,所以我们做 PPT 很慢。后来,讲 PPT 的同学,准备的时间就比较少了,准备不太充分。如果再做一次的话,还是分工要更加细致一些。(G8S2-F)

上述访谈发现,分工的细致程度会影响任务的进度,因为分工不细致会导致更多的人在重复同样的工作,这样就导致了任务完成的进度变慢,继而影响了下一步的进展,并最终影响了任务完成的质量。

通过对上述各小组学生代表的访谈能够发现,影响任务完成质量的重要影响因素是小组内部合理、明确的分工。因为缺乏明确的分工要求,也就是每个人究竟应该做什么,以及根据实际情况对任务的完成进行调整,从而影响了任务完成的进度,导致在时间缺乏的情况下,任务的质量受到了影响。由此可见,合理明确的分工直接影响了学生任务完成的情况。

2. 有效的沟通与合作

案例所设计的表现任务是一个大任务,需要学生合作开展探索活动,在整个任务完成的过程中,学生感受非常深刻的是,如果小组能够有好的合作,则任务的完成就会很好,如果不能很好地合作,则直接影响任务的完成。

(任务完成)没有遇到太多困难。时间我也觉着是够的。我就是觉着,搜集资料的、制作PPT的、讲稿子的同学之间没有相互规划好。他们有一些时间是闲着的,其实可以利用这个时间去深入沟通一下,应该如何去讲,这样比较好!(G2S2-F)

上述访谈发现,在该学生对任务完成质量相对比较满意的情况下,认为能够进一步提高任务完成质量的主要影响因素是组员之间更加深度的沟通。

合作方面,懂得了要互相配合。我们组遇到的问题也出在了合作上,有些人传文件的时候,就只靠一个人传递,传递的信息比较少也比较慢。另外两个人是策划,而策划不需要用两个人。(G7S1-F)

上述访谈发现,该学生在任务完成之后,反思如何把任务完成得更好的时候,关注了分工的合理性,例如有些任务不需要太多的人,而有些任务的人手不足等。更为重要的信息是,学生认为解决分工问题的办法在于加强合作,可以通过发现分工的不足之处来更好地进行合作。

我是组长,我们的分工和计划都根据需要做了调整。一开始我们也是一个人做PPT,一个人负责表达,所以一开始的时候,他们两个人没有事情做,后来我们就调整了分工,所以每个人都去找资料。有些资料是非常难找的,所以,在搜集了一些资料之后,做PPT的开始做了,然后另外几个人就专注于寻找比较难找的资料。(G8S1-F)

上述访谈发现,通过调整分工可以促使组员之间更好地合作。这进一步说明,虽然合理的分工是完成任务的必要条件,但是以合作为前提,在任务完成过程中进行分工的调整是必要的。

我跟讲的人也没有事先更好地进行沟通,导致他讲的时候感到无所适从。

（G2S1-F）

上述访谈发现，合作以分工为前提，但是更需要同伴之间的沟通。缺乏沟通会影响合作的质量，也最终影响了任务完成的质量。

另外，同样表现不太理想的第六组，也在访谈学生的过程中出现同样的问题，即缺乏合作。

不足之处主要是合作，合作确实出了很大的问题，因为我们人比较少，所以比较赶，有人既要搜集资料，又要做PPT，然后先去搜集资料了再做PPT，因为我们组汇报的同学，没有看过PPT，我们只是把我们找出来的资料，划出了重点，让她上台去讲，她演讲的过程中，比方说有一些个人因素，比较紧张，也不熟练，应该是把各种各样的因素整合一下，会比较好！（G6S1-F）

从第六组学生代表的访谈中发现，因为缺乏合作，导致了最后在作品表达的时候出现了问题，直接影响了最终学习结果的呈现。

小组的分工不明确，随便搜，有人搜不到，我一个人搜集了三个问题的资料，我们组的组长做PPT，后来做了之后忘记保存了，后来匆忙中赶出来一张PPT，所以我看到PPT，就感觉不满意。（G5S1-F）

从第五组代表的访谈中发现，学生认为这次任务最终的结果是失败的。在分析失败原因的过程中，学生首先认为是分工不明确，一个人承担了太多的工作，也从侧面反映出，这位学生并没有针对自己的工作提出需要他人帮助的建议，说明小组沟通不畅。后来因时间紧张，加上对自己学习管理不善影响了整体任务的完成质量。

通过上述分析可知，任务完成的质量还取决于小组成员之间的合作程度。分工不合理也许来自一开始对任务本身的判断不够准确，但是可以通过成员之间的相互合作和沟通加以弥补，如果合作与沟通不够，显然也会影响任务完成的质量。

3. 深入的思考与探究

在完成任务的过程中，如果学生不能进行深入的思考和探究，对资料进行批判性选择，那么就会直接影响报告的结论和质量。旧有的学习习惯，比方说直接搬运知识、仅仅做知识的传递者或搬运工则显然不能解决实际问题。

我觉得我的收获比较小，我是负责做PPT的，我觉得我们只是把资料一味地往PPT上搬，而没有进行更深入的探索和提炼。（G2S1 F）

上述访谈发现，该学生在判断自己学习是否有收获的时候，把信息的提炼作为重要的指标。这说明该学生认为缺乏对信息的提炼直接影响了学习的效果。而且,该学生也把深入的探索作为学习进步的重要依据。

任务的完成需要灵活运用自己已经学得的知识去探索,然后再加上自己的一些想法。从网上找资料的时候,因为网上的资料都很纷杂,很多而且种类很多,你需要根据问题然后去挖掘,然后自己还需要去概括和提炼,这就是我的收获。(G2S2-F)

上述访谈发现,该学生在判断自己学习有收获的时候,同样把信息的提炼、概括作为重要的指标。而且,该学生也把深入的探索、应用自己的知识去解决问题作为自己学习取得进步的重要依据。

我的任务也是做PPT,但是大家在搜集资料的时候,我也没有闲着,我把PPT的模板做好,而且大家给我的信息非常庞大,虽然也经过了一些提炼,但是信息量还是很大,所以我还是要做更加精致的提炼,提炼出观点图表等。收获的话,我感觉还是提炼信息和结合问题来思考方面的能力得到了提高。(G1S1-F)

上述访谈发现,该学生在判断自己学习有收获的时候,同样把信息的提炼、概括作为重要的指标。而且,学生也把深入的探索、应用自己的知识去解决问题作为自己学习取得进步的重要依据。

通过上述访谈可知,学生在完成任务的过程中,是否能够在搜集信息的基础上,经过自己的有一定深度的思考对信息进行概括和提炼直接影响着学习的效果。

综上所述,"合一式"表现性评价在实施的过程中,任务完成的质量不仅仅受到学生地理学科核心素养的影响,也对学生的规划分工、沟通合作、思考探究等方面提出了要求,因此能否合理分工、有效沟通、合作信赖和深入思考等成为"合一式"表现性评价实施的关键条件。

二、"合一式"表现性评价在地理教学中应用产生的效果

(一)"合一式"表现性评价评出了区域认知、综合思维和人地协调观

1. 小组作品(含汇报)和学生个人作业的表现体现出了区域认知、综合思维和人地协调观的基本情况

在案例研究中,对集体作品采取了两次评分和协议评分来增强评分的可靠性。有关研究表明,教师在规范的条件下,能够对表现性评价进行可靠的评分,保证评分可靠的重要方法就是协议评分。即,同一个问题由两个人来打分,若两人评分出现不同,则交由第三人来进行仲裁和协商评分。

评分的具体过程如下:

首先，三位教师一起来理解评分规则，由研究者和任课教师一起向评分者介绍评分规则和具体的评分办法。评分者在一些细节方面提出了一些问题，经过交流得到了解决，三人对评分规则的可靠性表示认可。

第二，评分者就评分的方法和流程进行了统一。第一步进行试评，熟悉评分规则，并将公布自己的评分结果，若与其他人有差异则进行协商。第二步，采取协议评分的办法，若两人对评分结果不同，则交给第三人仲裁协商评分。第三步，评分分为两次进行，一次是通过阅读每个小组的 PPT 给出评分，第二次是通过观看视频回放来再次确认评分。

第三，三位评分者进行分工。为了确保同一人能够评同一子任务，因此，由每位评分者评两个子任务。加上子任务之间的逻辑关系，这样三位评分者覆盖了所有的子任务评分。也就是说，每个人都会评 9 个组在某一个任务上的表现。每个组的每一个子任务至少会有两位评分者评分，并取得一致结果。

第四，正式评分。正式评分的过程顺利进行。

通过指向地理核心素养的表现性评价的设计流程，所呈现出来的表现目标-表现任务-评分规则发挥出了评估学生区域认知、综合思维和人地协调观的功能，具体表现在学生小组合作和个人产出的作品上。小组合作完成作品和学生个人作品的评分如下（见表 6-18 和表 6-19）。

表 6-18 小组合作完成任务的评分结果

小组	任务1得分	任务2得分	任务3得分	任务4得分	任务5得分	任务关系得分	总任务得分	等级
G6	12	12	3	12	12	40	91	高级
G4	9	12	9	6	9	40	85	高级
G1	9	9	6	12	6	40	82	熟练
G7	6	6	3	12	9	30	66	发展中
G9	9	12	3	12	6	20	62	发展中
G8	12	9	3	6	6	20	56	发展中
G2	0	3	9	3	6	20	50	发展中
G3	3	3	3	3	6	10	28	初显
G5	0	6	0	0	0	0	6	初显

上表呈现了各小组完成各子任务的水平和据此得出的完成任务的整体水平。根据总任务的得分，三位评分老师和研究者共同确定了任务完成的等级：85 分以上为高级，70-84 分为熟练，50-69 分为发展中，50 分以下为初显。

对学生个人作品的评分也采取协议评分的方法。先对学生的作品进行了分类,分为不同的子任务,若有学生所完成的子任务超过两个,则根据其内容也投放于不同的子任务文件夹中。然后,由完成小组子任务分工的评分教师继续针对同一任务进行评分,这样就确保了每个学生的评分有两位教师评分,且结论相同才被取信,若不同,也同样交给第三位老师进行评分。因为有了小组评分的经验,3位评分教师顺利完成了评分。具体评分分布如表6-19所示。

表6-19 学生个人作业评分分布

子任务 \ 水平	水平4（人数）	水平3（人数）	水平2（人数）	水平1（人数）
子任务1:无锡市区域发展的背景(描述无锡市区域特征)	6			
子任务2:分析无锡市2007年开始大力开展产业结构转型的原因	9	1		
子任务3:描述无锡地区大约在十年间的产业结构调整情况	3	7	5	2
子任务4:探索无锡地区产业结构调整中遇到的问题以及采取的对策	10	2	1	
子任务5:描述产业结构调整对无锡地区环境的影响并预测未来无锡地区的发展前景	1	2		1

从以上学生个人作品评分分布来看,全班共计46人,全部提交了作业;其中有5份作业不符合要求,或者出现了大面积摘抄的情况,所以在评分中得分为0。其余39份作业中,有部分学生提交了多份作业,也就是完成超过1个子任务,在评分时,为能了解具体的任务完成情况,也分类归入到各子任务当中,因此形成了学生表现任务完成的分布表(见表6-19)。与小组作业有差异的地方在于,学生会把自己认为解决程度最好的问题作为作业上交上来。因此在评分上来看,处于较高水平的作业相对较多。

虽然学生在完成任务的过程中调动了多种地理核心素养,但是,鉴于在设计表现目标、表现任务时对学生所需要调动的不同的地理核心素养是有所侧重的,因此,通过分析小组合作和学生个体完成子任务和整体任务的情况,能够判断出学生的地理核心素养发展情况。

(1)重点体现区域认知的子任务整体完成较弱,个别学生完成任务质量较好,说明在区域认知方面该班各组之间存在较大差异,有些学生还没有建立区域认知的基本地理视角。

子任务1——无锡区域发展背景,主要体现区域认知水平1——"把地理事象置于特定区域中加以认知;认识和归纳区域特征",但是这一任务有2个小组没有完成,完全达到水平4的小组只有1个,其他小组在表达上也均有欠缺。这说明还是有部分学生没有达到区域认识的水平1,或者说还没有真正建立起从区域的视角来认知地理事象。

从学生个体完成体现区域认知的子任务情况看,选择完成这一任务的学生数量是最少的。但是,从完成的质量上看达到了水平4,这说明还是有一部分同学归纳区域特征的能力较强。

(2)重点体现综合思维的子任务完成不够理想,说明亟须提升综合思维。在整个任务中,子任务3——从时间维度描述无锡市产业结构变化的特征,主要体现着综合思维水平4——"结合时空变化,对现实中的地理要素的发生、发展进行分析,给出地域性解释",但是这一任务的完成质量不够理想,说明大部分学生还没有达到综合思维的水平4。同时,任务之间的逻辑关系得分也不够理想,这也说明学生综合思维水平需要进一步提高。

从学生个体完成的作业来看,子任务3是学生选择最多的一个问题,说明学生认为这是整个大问题的核心问题,但是从完成情况来看,与其他学生所提交的作业完成情况相比较,整体处于较弱的状态。这一方面说明,这是一个难题,也说明在体现这一问题的学生综合思维中,从时间维度来描述地理事物变化的这个方面相对来说是比较欠缺的。

(3)重点体现人地协调观的子任务完成情况一般,说明学生还需要对人地协调观的内涵有较为扎实的把握。

子任务5,乃至整个任务都需要学生运用人地协调观来完成,而且对应的是水平4——"分析现实中人地关系,理解区域中资源、环境、发展之间的关系,理解人地关系的对立统一;评析人地关系中存在的问题"。子任务5的完成情况也只能说是一般,这说明有些学生在解决具体区域发展问题时,不能扎实运用区域可持续发展中的社会、经济、生态的具体内涵来解决实际问题。

以上分析了从学生作品的子任务中反映出来的地理核心素养的问题。从整体情况来看,各小组之间的差距还是比较大的,整体来说,有两个组处于高级水平,一个组为熟练水平,四个组为发展中,两个组为初显水平。这说明该班在地理核心素养的整体发展水平上,还有很大的提升空间。

总之,通过小组作品的分析,对该班学生的地理核心素养水平有了如下判断:①该班学生的综合思维、区域认知和人地协调观的素养水平存在较大的差异;②学生的区域认知水平普遍较低,部分学生没有达到水平1,主要是在认识和归纳区域特征方面比较欠缺;③学生的综合思维也亟须提升,部分学生没有达到水平2,主要体现在从时间维度分析地理事物的变化趋势上不够熟练,水平普遍较低。但是在分析区域发展问题和对策等因果关系方面还比较熟练;④学生的人地协调观的运用能力一般,较少达到水平4,主要表现在不能从生态、经济、社会三方面的可持续发展的具体内涵上分析无锡未来的发展,并对无锡市的产业发展政策进行评析。

2. 教师观察和学生访谈证明"合一式"表现性评价在完成任务的过程中引发了学生地理核心素养水平的发挥

(1)学生在完成任务的过程中表现出了区域认知水平的不足

从参与课堂观察教师在第一节重点观察学生子任务1完成的情况来看,学生在完成任务的过程中明显表现出了区域认知水平的不足。研究者也在课后进行了及时访谈,课堂观察教师也提出了这一问题。为了印证这一点,研究者也在第一节课后对个别学生进行了访谈,了解完成任务的困难,确认了区域认知水平不足是主要原因。

表6-20 四位教师的课堂观察(区域特征)关键词

教师	观察点	课堂观察(关键词)
T-M13	归纳无锡区域特征	不能使用准确的关键词搜集信息、不会使用区域分析框架筛选信息、咨询教师什么是区域特征、围绕区域特征讨论没有形成统一意见
T-F15		
T-F13		
T-M05		

从上表四位教师围绕学生搜集信息归纳无锡区域特征的任务完成过程中得出的关键信息发现,学生因为没有形成归纳区域特征的基本思考框架,因此在搜集信息的过程中,表现出不能准确使用关键词搜索、在这一问题上存在疑惑以及无法开展讨论等。通过这些表现能够判断出学生在体现区域认知水平1(归纳区域特征)的素养方面比较欠缺,在学生的集体作品中也同样发现了这一问题。

学生对如何分析区域特征不太清楚,所以需要教师提供分析区域特征的框架,最好写在黑板上,供学生参考,要不然会影响教学进度。(T-M05-F)

在第一节课后,对课堂观察的教师进行了访谈,一位教师提出了要给学生提供区域特征分析框架的建议。这也说明学生在完成任务的开始阶段就暴露出了区域认知水平较低这个问题。

老师最好能把分析无锡区域背景的框架告诉我们,这样我们在搜集信息的时候就更有针对性了。(G1S2-F)

在第一节课后,对学生进行了随机访谈,了解学生在完成任务中的难点。学生表示,需要教师提供支架,主要是分析区域背景的思考框架,以提高搜集信息的效率。这也同时说明了学生区域认知能力的薄弱。

通过对上述证据的分析,学生在区域认知水平1上,存在比较大的欠缺。这说明,"合一式"表现性评价引发了学生内在素养的表现。

(2)学生完成任务的过程展现出了综合思维发展状态。从课堂观察教师在学生完成任务过程中对其进行观察来看,很多方面都能反映出学生的综合思维情况。

表6-21 四位教师的课堂观察(产业结构调整)关键词

教师	观察点	课堂观察(关键词)
T-M13	无锡十年间产业结构的调整情况	没有时间观念、只搜集当前信息、缺乏对比信息、这是一个难题
T-F15		
T-F13		
T-M05		

从教师的课堂观察记录中发现,学生在搜集无锡产业结构调整这一问题的信息时,只搜集当前的信息,而没有从时间尺度上去搜集信息。这说明学生在综合思维中,从时空视角来分析和解释地理事象能力较为薄弱。这一点也印证了学生小组集体作品和个人作品中暴露出来的问题,即不能从时间视角来描述无锡市产业结构的调整变化。

我是负责做PPT的,需要整理同学发给我的信息,但是我感觉建立PPT的整体写作框架是比较困难的,我很难把这些信息联系起来。(G2S2-F)

从对该学生访谈的过程中,也发现该学生认为运用综合思维完成任务是困难的。综合思维需要建立起事物之间的复杂联系。在完成这个任务的过程中,学生需要建立起5个子任务之间的逻辑联系,由此可知,学生在任务完成的过程中发现了自身综合思维能力的不足。

通过上述分析,能够看到在任务完成的过程中,学生就已经在区域认知和综合思维方面表现出了存在的问题。这说明"合一式"任务具有足够的复杂性,能够引发学生综合调动各种地理核心素养的真实表现。

(二)"合一式"表现性评价对学习方式的影响

1."合一式"表现性评价促进学生开展合作学习

证据一:课堂观察

从四位教师的课堂观察记录和关键词的处理来看,学生在学习过程中遇到困难和问题,能够在小组内集体讨论、交流。

表 6-22　四位教师课堂观察(合作学习)关键词

教师	观察点	课堂观察(关键词)
T-M13	合作学习	互相帮助、小组协商、寻找小组成员帮助
T-F15		
T-F13		
T-M05		

从教师课堂观察中发现,学生之间开展了合作学习,比方说,在相互帮助和相互协商方面。而且,四位教师均观察到了学生合作学习的表现,这说明这项任务的完成需要学生合作,或者说调动了学生之间的相互合作的积极性。

学生的合作还是比较积极的,遇到问题寻找同组成员及教师的帮助,小组同学一起协商解决问题。(T-M13-F)。

从对课堂观察教师的访谈中发现,学生对待合作的态度是积极的,激发学生开展合作的主要动因是在完成任务的过程中遇到了困难。在合作对象的选择上,也是比较多样的,有同学,也有老师。

组内互相帮助,通过发邮箱来传递文件。(T-F13-F)

从对课堂观察教师的访谈中发现,学生在组内能够相互帮助,在合作方式上主要采用了互联网来加强交流。

证据二:学生的访谈

小组分工比较好。我们是每个人负责一个问题,然后把问题做成PPT最后再整合起来,所以效率比较高。以后遇到类似任务的话,我们就不会那么手足无措,我们就会事先把计划和分工安排好,做得更加有效率一些。(G4S1-F)

通过对该学生的访谈发现,该学生会主动评价小组的合作情况,并且会对如何改进小组的合作提出想法。

证据三:课堂视频的分析

学生在汇报的时候,会表达自己小组的合作情况,得分较高的组,对于本组的合作情况会进行更为详细的评价。如 G4 认为,小组的分工明确、讨论热烈、参与感强,小组合作非常好,因此该小组在汇报方面的得分较高;G6 有详细的分工合作安排和计划安排,因此作品整体质量也很好。

通过课堂视频分析发现,小组合作情况与作品完成情况有着密切的相关性。合作好的小组也认为创造了更好的学习条件和氛围。

通过以上对各类证据的分析,可以得出这样的结论:"合一式"表现任务的完成引发了学生开展合作学习。合作学习的质量与完成任务的质量具有直接且密切的相关性。因此,"合一式"表现任务以其任务的复杂性和作品的综合性,促进了学生主动开展合作学习。

2."合一式"表现性评价任务促进学生通过搜集信息开展探究学习

本案例中的任务完成需要学生通过互联网搜集信息并展开深入思考。教师没有也无法给学生提供一个现成的答案,因为任务具有很强的生成性。教师在学生实施任务的最初阶段,并不能判断学生将给出什么样的作品或者是答案。任务的完成引发并推动着学生的探究。通过以下证据分析得出上述结论。

证据一:学生的访谈分析

表6-23 学生访谈的问题指向1和回答关键词

学生	问题指向1	回答的关键词
G1S1-F	任务对信息搜集、整理和根据问题去挖掘能力的影响	概括和提炼能力提高、要根据问题然后去挖掘
G7S2-F		选取资料提升、会根据问题选关键词
G7S7-F		概括能力有很大的提升、懂得了要互相配合
G7S9-F		锻炼还是很大
G7S1-F		从一篇很长的论文中选择信息,来试图回答我的问题

从学生的访谈中发现,学生们肯定了表现任务促进了自身能力的提高,在具体能力方面,聚焦在对信息的概括和提炼能力上。搜集信息并进行提炼和概括是地理探究活动的重要特性之一。

> 首先我也是收集资料的,我觉得在收集信息的过程中,很多资料是需要删减和提炼的,这个能力得到了锻炼。还有,因为我是做报告的,所以我的逻辑表达能力得到了训练。(G3S1-F)

从个别学生的访谈中发现,学生在搜集资料的过程中,经历了对信息的提炼过程,并且认可了这一经历对自己能力提高的促进作用。

证据二:教师的观察

学生能够分析任务,确定出关键词,继续搜索,检索内容,下载学生认为重要的、符合任务点的内容。不过资料太多,提炼很困难。(T-M05-O)

有学生在资料上用彩笔涂出了关键词,有用的资料就留下来,在资料卡上记录了提炼的关键信息。记录了很多提炼出来的信息。(T-F13-O)

从海量文献中,材料筛选的方法有的学生采用的是贴题选优。(T-M13-O)

从三位教师的课堂观察记录中发现,学生在搜集资料的过程中,面对了海量的信息,这说明任务向学生提出了一个面对大量信息如何筛选的问题,这是真实情境中的复杂问题。另外,学生采取了各种方法来试图提炼和概括信息,这说明学生通过解决这一复杂问题展现出了关键能力。

证据三:学生的作品分析

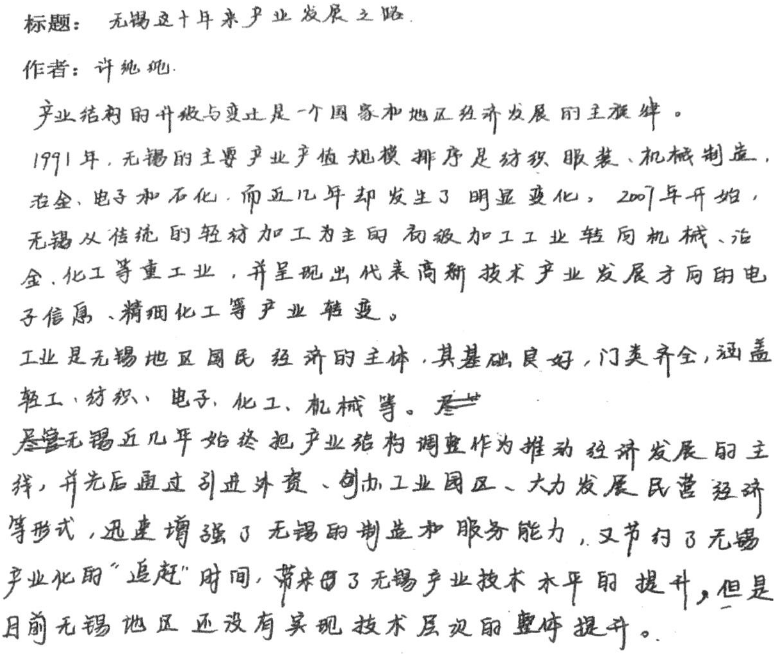

标题:无锡近十年来产业发展之路

作者:许驰弛

产业结构的升级与变迁是一个国家和地区经济发展的主旋律。1991年,无锡的主要产业产值规模排序是纺织服装、机械制造、冶金、电子和石化。而近几年却发生了明显变化,2007年开始,无锡从传统的轻纺加工为主的初级加工业转向机械、冶金、化工等重工业,并呈现出代表高新技术产业发展方向的电子信息、精细化工等产业转变。

工业是无锡地区国民经济的主体,其基础良好,门类齐全,涵盖轻工、纺织、电子、化工、机械等。尽管无锡近几年始终把产业结构调整作为推动经济发展的主线,并先后通过引进外资、创办工业园区、大力发展民营经济等形式,迅速增强了无锡的制造和服务能力,又节约了无锡产业化的"追赶"时间,带来了无锡产业技术水平的提升,但是目前无锡地区还没有实现技术层次的整体提升。

图6-4 G7S1-W作品(纸质作业)

表6-24 G6S2-W作品(电子版作业)

无锡地处长江下游,是长三角5个区域性中心城市之一。在我国进入各方面的深入发展、经济社会加快转型的关键时期,进入工业化后期发展阶段的无锡,综合实力极大提升,并取得了三次转型。 无锡面临资源环境人才等方面的瓶颈日渐加重,靠投资拉动的增长方式已经很难维持下去;无锡人均GDP已达到中等以上发达国家的水平,提高生活质量已成为人们的共同追求。因此,无锡需向创新驱动,转型发展。

> 而完成转型发展的同时,更多问题涌入。如今无锡新的经济增长动力形成不足,污染重、耗能高的低端传统专业逐渐向外地转移,而新的经济增长点形成有待逐步完善,导致在产业升级中,出现了经济增长速度减缓;经济转型、产业升级等对人力资源的要求逐步提高,各种高新技术需高端人才和高技术人才完成,而无锡劳动人民素质水平还远远达不到这种程度。因此,无锡需要紧紧依靠创新驱动来加以突破。

对上述两个学生的个人作品进行对比分析发现,G7S1-W作品体现出了学生搜集了有关无锡产业结构变化的具体信息,列举了不同时段无锡的主要产业门类,而且作者还给出了自己推断的观点,那就是无锡的产业结构在技术层次上还需要进一步升级。G6S2-W作品论证了无锡为什么需要创新驱动来实现未来的美好发展,从中也能够看出学生能搜集、提炼信息,并提出了自己的观点。上述学生作业体现出了学生通过搜集信息来促进对所探究问题的回答的特征。

事实上,从小组和个人作业中均能发现,学生对信息的搜集、提炼、概括以及基于证据来回答自己假设的情况,说明"合一式"表现任务在促进学生通过搜集信息开展探究活动方面发挥了作用。

从前文有关"合一式"表现性评价的实施过程中能够得知,学生需要经历一个建构性学习的过程,而探究学习正是建构性学习的重要方式。

综合以上各方面证据,在完成"无锡市产业结构转型十年之路"主题下这一地理报告撰写的过程中,学生进行了搜集资料、提炼信息,尝试回答无锡区域可持续发展这一探究问题,展现出了地理主题性探究学习的一些特征,如明确问题—确定探究方向—组织探究—收集资料—整理资料—得出结论[①]。这说明,该任务促进了学生开展探究性学习。

3. "合一式"表现性评价推动了自主学习

证据一:学生的访谈

参与此次小组访谈的十位学生,就"能够主动把知识迁移应用到这次任务中来",有七位学生举手,说明大部分同学还是调动了自己的知识背景和框架来解决这个问题的。就"是否根据任务清单作为参考帮助自己完成任务",有六位学生举手。

> 在整个小组完成任务的过程中,我会一直把"学评案"中的任务清单和计划安排放在手边,这样我可以随时了解小组同学在做什么,我也能够更好地知道我自己应该去做什么。(G6S1-F)

从访谈中发现,该学生在任务完成的过程中,学习的自主性增强,主要表现为两个方面,一是主动把以前学习的知识应用在新情境和新问题的解决中;二是学生

---

① 王民. 地理新课程教学论[M]. 北京:高等教育出版社,2003:139.

依据任务清单来规划和指导自己的学习,乃至同伴的学习。

证据二:教师的观察和访谈

表 6-25　四位教师的课堂观察(目标聚焦)关键词

教师	观察点	课堂观察(关键词)
T-M13	目标聚焦	清楚任务、注意分工、知道目标、围绕目标
T-F15		
T-F13		
T-M05		

从上述四位教师的课堂观察的记录情况来看,学生能够主动开展学习,自主学习的主要标志是明确自己的目标、任务以及在小组中的分工。这说明,在任务完成的过程中,并不是教师不断督促学生完成任务,而是学生主动、自觉完成任务。

小组能够提前分好工,开始查资料,有比较规范的讨论、查询、记录和提炼。(T-F13-F)

从上述教师的访谈情况来看,学生能够主动开展学习,根据自己的分工查阅资料或者是进行讨论等。这些学习活动都是学生自发进行的,不是来自教师的直接管理。

小组成员都清楚自己所要完成任务过程中的分工和目标。没有成员游离在任务完成之外。每个学生都能围绕着任务完成工作。(T-M13-F)

从上述教师的访谈情况来看,学生没有游离于任务之外,学生自发进行学习,目标成为学生自主学习的重要"导航"。

证据三:学生的作品

学生的作品是学生自主选择的,而且有些学生还主动选择了多个任务来回答。从前述学生的作品评分和作品展示可以得到印证。

综合上述证据,学生"合一式"表现任务的完成过程表现出了自主学习的特征,学生的学习不再取决于教师的直接管理,或者是通过知识传递来吸引学生的学习。引发学生开展自主学习的因素主要有目标、分工、可选择的学习机会、小组成员之间的协作、任务完成的计划等。由此可见,通过复杂的任务,以及任务完成中需要调动多种因素协同完成的裹挟作用,以及任务本身需要调动以前知识来完成的吸引力,激发了学生开展自主学习。

(三)"合一式"表现性评价对教师教学活动的影响

在"合一式"表现性评价在地理教学中应用的过程中,教师的教学活动也发生了变化。

1. 教师改变以"传递知识型讲授"为主的教学方式

研究表明,教师在课堂上的讲解,不再是以"传递知识"为主要目的的讲解,而是要针对学生的具体表现来决定究竟讲什么、怎么讲。

证据1:教师访谈

这几节课,我没有系统地讲授地理知识,主要是为学生答疑,为学生提供各种学习环境,让学生能够顺利查找资料等等。(T-F16-F)

从任课教师的自陈来看,教师认为她改变了以"讲授知识"为主的教学方式,而是转向为学生的学习提供各种帮助和支持。

证据2:学生访谈

从学生的访谈来看,学生也认为教师的教学方式发生了变化,不再是传统的讲授和把"知识"直接教给学生。

在课堂上,以前学习的时候基本上都是老师把框架和内容呈现给我们,但是,现在是自己查资料,我发现原来我以为自己清楚的事情,其实并不是很清楚。(G3S1-F)

从这个学生的访谈来看,学生认为这次教师的教学策略是为学生提供了自己去学习的机会,与以往教师直接传递知识不同,这样的教学策略起到的效果是学生认识到了自己在学习上的不足。

证据3:课堂观察

在这样的课堂上,其实老师能讲的学科知识内容是很少的,因为并没有什么定论需要教给学生,只有靠学生自己去体验搜集信息、整理信息和写出报告,才能获得学习上的收获。(T-M13-F)

从课堂观察教师的访谈来看,教师认为这样以学生自主合作完成任务为主的课堂教学,教师已经没有了讲授的"机会",因为讲授已经不能带给学生学习上的真正收获。

2. 教师的教学主要围绕着对学生的学习支持展开

当教师不能实施以讲授知识为主的课堂教学时,教师的教学又是怎样的呢?从各种证据发现,教师的教学活动主要是围绕着学生的学习展开,主要是满足学生在学习过程中的各种需要。

证据1:教师访谈

其实,这几节课我还是非常忙碌的,我主要忙着观察学生,看学生的学习进展,然后决定给学生什么帮助,比方说,当学生在归纳区域特征时遇到困难时,我就决定在黑板上用思维导图画出区域分析框架,效果还不错。(T-F16-F)

证据2:课堂观察

表6-26 "合一式"表现性评价课堂教学活动特征

课时	课堂实录中教学活动的主要特征
第1课时	分享目标、布置任务、指导小组分工和任务实施规划
第2课时	介绍任务、指导学生上网搜集信息、提供区域特征分析框架
第3课时	指导学生搜集信息、组织小组内交流进展并形成观点
第4课时	指导学生搜集信息、指导学生写作
第5课时	指导学生提炼信息、指导学生写作
第6课时	指导学生完成个人和集体作品
第7课时	组织学生汇报交流

从课堂实录中教师教学策略的关键词中(见表6-26),能够看出教师的教学行为主要依据学生完成任务时所遇到的困难展开的。而且对于地理知识的讲解相对很少,而指导学生搜集信息、提炼信息、读写转换等技能比较多,而且教学组织行为比较多,例如,组织小组分工、小组汇报等。

证据3:学生访谈

表6-27 学生访谈关键词问题指向7处理表

学生	问题指向2	回答的关键词(正向)	回答的关键词(负向)
G2S2-F		喜欢这种教学方法	
G1S1-F		这种教学方法对我参加自主招生有好处	
G3S1-F	对教师教学方法的看法		教师的教学方法跟考试关系不太大,比起讲授来说,花的时间比较长,效率低了一些
G7S1-F		喜欢这种教学方式,希望老师能够带着学生到实地去进行考察	
G8S1-F		教学方法很锻炼人	

从上述学生的访谈中发现,学生们认为教师的教学方法与以往的教学方法不同。认可教师教学方法的主要是认为这样的教学为学生提高能力提供了机会。但是,也有学生认为这样的教学方法对于考试没有太大的帮助,而且花的时间多,效率比较低。这说明,在纸笔测试等考试的影响下,学生也会有"应试教学"的需求,因此,要转变教师的教学方式,还需要学生对于什么是真正的学习有一定的认识和体验。

综上所述,教师的教学活动在"合一式"表现性评价的实施过程中,确实发生了变化。教师已经没有了以"讲授知识"为主的教学机会,而是围绕学生完成任务中的困难开展支持学习的各项教学活动。这样的教学方式得到了一些学生的认可,认为有助于提高学生的能力,但是也受到了个别学生的质疑,认为与考试的相关性不大。

(四)"合一式"表现性评价的反思

1."合一式"表现性评价促进了学生对自己学习的反思

证据一:学生的访谈

在进行焦点小组访谈的时候,出乎研究者意料的是,无论各小组实际任务的完成情况如何,每个小组在谈自己的感受时,首先表达的都是,自己小组可以做得更好,然后就开始反思本组在哪些方面存在不足。

表 6-28 学生访谈的问题指向 2 和回答关键词

学生	问题指向 3	回答的关键词
G6S1-F	在本次学习中的体验和感受	信息搜集和处理比较好;合作存在问题 汇报并不是很好
G4S1-F		分工很好,合作也很好 但是 PPT 上的一些问题存在脱节
G7S1-F		也删错了 PPT;合作也出现问题
G8S1-F		调整了分工和计划 一开始对信息的筛选和处理不够
G2S1-F		不适应这种学习方式;不善于探索和解决问题;困难是时间不够用;分工清楚,但是合作不够
G3S1-F		收集资料和作报告;搜集的资料分工清楚,但是最后整合不够
G5S1-F		分工不够合理;责任感不强

从上述学生的访谈情况来看,学生们在一开始陈述自己的学习体会时,不约而同谈到了自己对完成任务的反思,例如从合作、信息搜集、学习成果管理、学习方式

等多个角度进行反思,继而表达如何才能把任务完成得更好,这说明表现任务促进了学生对自己学习结果和学习过程的反思。

证据二:教师的观察

小组的同学不断反思自己任务的进展,然后调整任务分工,也不断尝试信息搜集的新方法,改进了任务完成的策略。(T-F13-F)

从课堂观察教师的访谈来看,小组在完成任务的过程中就开始不断反思自己小组的学习进展,并且取得了效果。

证据三:学生的作品

在后期提交小组作品的过程中,学生也在不断修改自己的作品,反复提交自己的作品。

综合所述,学生在任务完成的过程中和任务完成之后,均产生了反思自己学习的行为,并且用语言或者是行为表达了出来。这说明"合一式"表现任务促进了学生开展反思。

2. "合一式"表现性评价让学生对自己学习的管理提出了更高要求

证据一:学生作品

从小组作品来看,G5组的任务完成情况出人意料,可以说任务处于基本没有完成的状态。后来经过进一步了解,才知道原来是小组成员删错了PPT,导致最后的作业没有办法提交,只能简单拼凑出一份作业上交,作业质量并不能体现出小组的实际情况,但是,这也进一步说明,小组需要提高自己对学习,对知识的管理水平。还有一个组也是删错了PPT,影响了最后的作业质量。在学生个体作业中,有两份不符合要求的作业,也同样说明学生管理自己知识时出现了问题。

证据二:学生访谈

小组没有保存好PPT,导致后来赶出来一张PPT,看到汇报时的PPT很不满意。(G5S1-F)

上述访谈发现,该学生在判断任务质量时,认为本组的任务是失败了,而这一失败的原因在于小组没有管理好自己的学习成果。

我们小组也没有保存好PPT,直接影响到后来汇报的质量。(G7S1-F)

上述访谈发现,该学生认为小组汇报的质量不够高,也把原因归结为对学习成果的管理不善上。

综合上述访谈的结论,"合一式"表现性评价因为学生在学习的过程中有更大自主性,因此也对学生管理自身学习成果的能力提出了更高的要求。

三、研究结论与讨论

（一）本案例的研究结论

1. "合一式"表现性评价适于大单元、大主题教学

研究发现,"合一式"表现性评价适于在单元教学层面上应用,有助于判断出多个地理核心素养的发展状态,如可以清楚地判断学生在综合思维、区域认知、人地协调观等方面的存在的欠缺,以及较为熟练的方面,而且学生在完成任务的过程中,也展现出了部分核心素养的发展情况。

2. 透过"合一式"表现性评价,评出了学生区域认知、综合思维和人地协调观的发展水平

案例研究表明,总体而言,学生在综合思维、区域认知和人地协调观方面的地理核心素养水平差异较大。其中区域认知水平最弱,主要在认识和归纳区域特征方面不够熟练;在综合思维方面,从时间维度上判断地理事物发展变化的能力较弱,而在地理事物因果关系的判断上较为熟练;在人地协调观方面,学生普遍具备了以人地协调观来分析区域问题的基本视角,但是从具体生态、经济、社会三方面内涵上去分析区域发展问题还不够熟练。

3. "合一式"表现性评价在促进学生开展合作学习、探究学习,以及促进学生反思和自我学习管理方面发挥了作用

研究还发现,"合一式"表现性评价对于促进教与学方式的转变发挥了作用,促进了学生开展合作学习、探究学习,同时促进了学生对自己学习的反思,也对学生管理好自己的学习提出了更高的要求。

（二）讨论

该案例的实施达到了预先设计的目标,但是,针对这一过程中遇到的困难,还需要进行如下一些讨论。

首先,关于"合一式"表现性评价实施的时间问题,本次案例设计原本计划6课时,后来增加了1课时。而且,由于小组组别数多、不同学生学习进度的差异,使得任务完成的时间还是不够充裕,导致在最后完成任务的时候,部分学生还是感觉时间非常紧张。因此,探索学校课程如何为此类任务提供更多的学习时间和空间,则是推广表现性评价在教学中应用的重要条件。为此,一方面要继续在单元教学层面上开展"合一式"表现性评价,另一方面,如果条件许可,可以开发一些以"合一式"表现性任务为主要教学评价方式的地理校本课程,这也是一个重要的发展方向。

其次,对于任务实施过程中的指导,教师所提供的支持策略显然已经与"嵌入式"表现性评价明显不同。比方说,指导学生运用网络搜集信息的技能、阅读信息和提取信息的技能、写作表达的技能,以及小组的合作分工和学习结果管理等。这说明,在"合一式"表现性评价中,教师仅仅会教"地理"是不够的,教师需要成为一个"技能"宝库,随时为学生提供支持,也更要成为运用地理核心素养来解决复杂地理问题的"专家"。

结　　语

作为一线地理教师,笔者感受到此番以发展地理核心素养为指向的课程教学改革的热潮再次扑面而来,这是我国基础教育课程改革向着育人方向行进的重要一步。但是,与此同时,我也切身感受到,有些地理教师对地理教学评价改革持观望态度,以及不知如何去做的困惑与焦虑。为了落实普通高中地理课程标准中对表现性评价实施的要求,解决教师在实施表现性评价过程中遇到的难题,我们需要更可靠的知识、更有效的技术与更扎实的实证。本书旨在探索出指向地理核心素养的表现性评价如何有效应用于地理实践,以发挥其被众多专家和实践者所认可的育人价值。本书关注如何设计和实施指向地理核心素养的表现性评价,并探索其应用于地理课堂教学究竟会对教与学产生什么样的影响。回顾整个的研究历程,本书所获得的结论如下:

1. 进一步澄清了普通高中地理学习评价所面临的挑战

虽然作为地理教学与评价的实践者,研究者本人对于表现性评价在地理教学中应用存在的问题有切身的感受,但是基于文献梳理和问卷调查能够对问题有更加深入和全面的认识。指向地理核心素养的表现目标难以落实、课堂教学中缺乏真实任务,以及总是追求标准答案而很少使用评分规则等现状表明表现性评价在地理教学中的应用还没有普遍开展,教师大多对表现性评价持观望态度也在于缺乏相应的知识与技术。

2. 梳理出适合于地理核心素养评估的表现性评价设计模型

本书从学术史的视角梳理了表现性评价的来源,及其进入课程与教学的发展路向。在明晰其基本要素结构和功能局限后,着重分析了影响表现性评价有效性的核心技术——设计模型,从而发现在以建构为中心的设计模型中,基于学习进阶的设计模型对于设计指向地理核心素养的表现性评价可以发挥基础作用。

3. 形成了"嵌入式"和"合一式"两种将表现性评价应用于地理教学的路径类型

为将表现性评价切实应用于地理教学,系统研究具有实践影响力的表现性评价应用于教学的模式或框架,归理出表现性评价进入教学的两种基本路径或类型,即嵌入教学和评价即教学,本书分别将其界定为"嵌入式"表现性评价和"合一式"表现性评价。通过广泛搜集和系统分析上述两种类型的实践应用案例,分别提炼和形成了"嵌入式"和"合一式"表现性评价的应用条件、基本内涵、结构特征和设计方法。

4. 尝试建构了指向地理核心素养的表现性评价设计与实施框架

本书依据地理核心素养的评估和发展需求,结合指向地理核心素养的表现目标设计、真实情境中的表现任务设计,以及与目标任务相匹配的评分规则设计的技术要求,以基于学习进阶的表现性评价设计模型为基础,最终建构了指向地理核心素养的表现性评价设计与实施框架。即,基于地理核心素养和内容标准,设计具有学习进阶特征的表现目标,并据此设计不同表现水平的表现任务和评分规则,将之用于教学以引发学生的表现,教师收集和分析表现证据,形成不同表现水平的系统评估证据,做出解释和反馈,以此促进表现目标的达成。

5. 开发了"嵌入式"和"合一式"应用的教学案例,分别探索了应用条件、应用流程和应用效果

为了能够进一步探索设计与实施框架在地理教学中实际应用的问题,本书采用质性案例研究的方法,分别探索了"嵌入式"表现性评价和"合一式"表现性评价在地理教学中的实际应用情况。

研究发现,两种应用方式有着不同的应用条件、应用流程和应用效果。"嵌入式"表现性评价更适合于在评估单个地理核心素养、展现和解释单个核心素养的发展过程,以及教师需要通过即时反馈来推动地理核心素养发展等条件下使用,其对于探究学习、自主学习具有推进作用,所需要的时间较短,能够灵活运用于单课时层面上,师生互动反馈更加深入。"合一式"表现性评价则能运用更加复杂和真实的表现任务,同时评估多个地理核心素养,更适合评价学生综合运用多种地理核心素养来解决真实地理问题的水平,对于合作学习、探究学习、自主学习具有推动作用,学生不能再依赖教师知识点的传递,教师也需要更多技能来支持学生的学习。"合一式"表现性评价所需要的时间更长,更满足大单元、大观念的教学设计要求,是转变传统以课时、以知识点来组织教学的重要应用方式。

总体而言,通过基于学习进阶的表现性评价设计与实施框架,无论是把表现性评价嵌入教学,还是完全把教学活动转化为评价活动,均能够评估出地理核心素养的发展水平,促进地理教与学方式的转变,并让学生反思自己的学习,为自己的学习负责,从而彰显出评价育人的价值。

但是,本书还存在一些局限性。在研究方法上,采用了质性案例研究,没有采用量化研究的方法,提供量化数据。

此外,由于时间的限制,没有在一个更长时间尺度下,对表现性评价应用于地理教学后,对地理核心素养发展所起作用进行长效比对。

实际上,表现性评价在地理教学中的应用,还有很多研究的空间和研究的问题:

例如,运用指向地理核心素养的设计和实施框架,如何设计在野外考察环境下的表现性评价以评估学生的地理实践力?为解决表现性评价能够长期在地理教学中使用,起到评估和提高多维地理核心素养的作用,如何开发以表现性评价为主要教学方式的地理校本课程等。

  总之,通过本书,希望能够引起更多人来关注表现性评价在地理教学中的应用,让更多的教师能够在教学实践中切实采用表现性评价。

参考文献

一、期刊类
(一) 中文期刊
[1] 陈玉琨,李如海. 我国教育评价发展的世纪回顾与未来展望[J]. 华东师范大学学报(教育科学版),2000(1):1-12.

[2] 崔允漷,雷浩. 教—学—评一致性三因素理论模型的建构[J]. 华东师范大学学报(教育科学版),2015(4):15-21.

[3] 崔允漷."教—学—评一致性":意义与含义[J]. 中小学管理,2013(1):4.

[4] 崔允漷. 指向学习改进的教学和评价[J]. 教育测量与评价,2015(1):3.

[5] 崔允漷. 追问核心素养[J]. 全球教育展望,2016(5):3-10.

[6] 崔允漷. 追问学生学会了什么——兼论"三维目标"[J]. 教育研究,2013(7):98-104.

[7] 崔允漷."教—学—评一致性":意义与含义[J]. 中小学管理,2013(1):4.

[8] 董子铭. 高中地理课堂活动开展存在问题及对策探讨[J]. 全球教育展望,2007(4):76-79.

[9] 段红丽."三维目标":内涵、争论焦点及教学转化[J]. 当代教育科学,2017(8):38-42.

[10] 葛洁爽. 地理新型评价方式的尝试[J]. 现代教学,2010(1-2):130.

[11] 核心素养研究课题组. 中国学生发展核心素养[J]. 中国教育学刊,2016(10):1-3.

[12] 胡红杏,王子君. 核心素养理念下的课程目标嬗变研究[J]. 当地教育与文化,2018(5):57-63.

[13] 金子兴. 表现性评价在地理中应注意的问题[J]. 地理教学,2016(18):41-43.

[14] 陆芷茗. 高中生地理实践力培养路径与评价[J]. 中学地理教学参考,2016(12):4-6.

[15] 罗荣琴. 表现性评价在地理教学中的应用[J]. 贵州教育学院学报,2016,(1):3-25.

[16] 牛瑞雪. 教学评价研究40年回顾、反思与展望[J]. 课程·教材·教法,2018(11):60-66.

[17] 邱荣槐. 以核心素养为导向建构"生活中的地理"课程——初中《历史与社会》

拓展性课程建设的实践与思考[J].中学地理教学参考,2017(10):17-20.
- [18] 邵朝友,周文叶,郑东辉.在研究性学习的学生评价中应用表现性评价[J].当代教育科学,2009(8):15-17+64.
- [19] 舒兰兰,裴新宁.为深度学习而教——基于美国研究学会"深度学习"研究项目的分析[J].江苏教育研究,2016(16):3-7.
- [20] 苏志红.表现性评价开发与实施的研究[J].天津教育,2013(2):123-124.
- [21] 唐玉霞,马兰.教学评估量规的编制及应用[J].远程教育杂志,2011,29(06):89.
- [22] 佟柠.表现性评分准则的设计[J].当代教育科学,2015(12):19.
- [23] 佟柠.如何开展指向核心素养的表现性评价[J].中学地理教学参考,2017(8):42.
- [24] 佟柠.以表现性评价促进学生地理空间思维能力的发展[J].中学地理教学参考,2015(15):39-42.
- [25] 佟柠.运用评价量规培育学生自然观察智能[J].基础教育课程,2015(10):55-57.
- [26] 佟柠.指向核心素养的高中地理表现性评价设计[J].中学地理教学参考,2017(9):47.
- [27] 佟柠.指向问题解决的学习环境设计——以地理为例[J].基础教育课程,2015(12):4.
- [28] 王小明.表现性评价:一种高级学习的评价方法[J].全球教育展望,2003(11):47-51.
- [29] 王兴华.正视高中地理教学危机——工作13年一线教师新课改中对教学的反思[J].考试周刊,2015(102):16-17.
- [30] 徐言,吴成军.中学生物学科中的表现性评价及其实例[J].课程·教材·教法,2011(8):75-80.
- [31] 扬子舟.从浅层学习走向深度学习[J].教育探索,2016(7):32-35.
- [32] 杨波.由"海滩天使"蒂莉引起的思考[J].地理教学,2007(1):39-40.
- [33] 杨九俊.新课程三维目标:理解与落实[J].教育研究,2008(9):40-46.
- [34] 杨启亮.为教学的评价与为评价的教学[J].教育研究,2012(7):98-103.
- [35] 杨向东."真实性评价"之辨[J].全球教育展望,2015,(5):46.
- [36] 杨向东.把评价贯穿于整个教学过程[J].人民教育,2015(20):46-49.
- [37] 杨向东.核心素养与我国基础教育课程改革的关系[J].人民教育,2016(19):19-22.
- [38] 袁振国.教育评价的十大问题[J].上海教育科研,1986(3):66-68.
- [39] 钟启泉."三维目标"论[J].教育研究,2011(9):62-67.
- [40] 钟启泉.教育评价:为了学生的学习和成长——日本教育学者梶田叡一教授访谈[J].全球教育展望,2007(6):3-7,86.

[41] 周文叶,陈铭洲.指向深度学习的表现性评价——访斯坦福大学评价、学习与公平中心主任 Ray Pecheone 主任[J].全球教育展望,2017,(7):3-9.

[42] 周文叶.表现性评价的理解与实施[J].江苏教育研究,2019(2):7-11.

[43] 周文叶.超越纸笔测试:表现性评价的应用[J].当代教育科学,2011(20):12-16.

[44] 曾家延,董泽华.学生深度学习的内涵与培养路径研究[J].基础教育,2017(8):59-67.

[45] 曾仕文.活用质性评价策略和方法提升初中地理教学有效性[J].文理导航（上旬）,2014(7):66-67.

（二）外文期刊

[1] ALONZO A C. An argument for formative assessment with science learning progressions[J]. Applied Measurement in Education，2018，31(2):104-112.

[2] BLACK P，WILIAM D. Assessment and classroom learning[J]. Assessment in Education:principles, policy & practice，1998,5(1):7-74.

[3] BLACK P，HARRISON C，LEE C，MARSHALL B，WILLIAM D. Working inside the black box:Assessment for learning in the classroom.[J]. Phi Delta Kappan，2004，86(1):9-22.

[4] BOND L. Unintended consequences of performance assessment:Issues of bias and fairness[J]. Educational Measurement:Issues and Practice，1995.14,21-24

[5] BRADEN J P. Performance assessment and diversity[J]. School Psychology Quarterly，1999，14(3):304-326.

[6] MCNAUGHT C，LAM P，ONG D，LAU L. Challenges in Assessments in a Case-Based Science Course[R]. Published by Springer，2007:256-264. http://www.polyu.edu.hk/assessment/arc.

[7] CHUN M C. Taking Teaching to Performance Task:Linking Pedagogical and Assessment Practices[J]. The Magazine of Higher Learning，2010，42(2):22-29.

[8] CLARK D C，CLARK S N. Appropriate assessment strategies for young adolescents in an era of standards-based reform[J]. The Clearing House，2000，73(4):201-204.

[9] COHEN S A，HYMAN J S. Can Fantasies Become Facts? [J]. Educational Measurement:Issues and Practice，1991，10(1):20-23.

[10] CRONBACH L J，MEEHL P E. Construct validity in psychological tests[J]. Psychological bulletin，1955，52(4):281-302.

[11] DIXSON D D, WORRELL F C. Formative and Summative Assessment in the Classroom[J]. Theory into Practice, 2016, 55(2):153-159.

[12] EISNER E W. The uses and limits of performance assessment[J]. Phi Delta Kappan, 1999, 80(9):658.

[13] ELLIOT S N. Authentic assessment: An introduction to a neobehavioral approach to classroom assessment[J]. School Psychology Quarterly, 1991, 6(4):273-278.

[14] ERNST J V, GLENNIE E. Redesigned high schools for transformed STEM learning: Performance assessment pilot outcome[J]. Journal of STEM Education:Innovations and Research, 2015, 16(4):27-35.

[15] FEUER M J, FULTON K. The many faces of performance assessment[J]. Phi Delta Kappan, 1993, 74(6):478.

[16] FRENCH D. The Future Is Performance Assessment[J]. Voices in Urban Education, 2017, 46:6-13.

[17] FREY B B, SCHMITT VICKI L. Coming to Terms With Classroom Assessment[J]. Journal of Advanced Academics, 2007, 18(3):402-423.

[18] FULTON M A. The relationship between teacher participation in the Show-Me classroom performance assessment project and student learning as based on a review of five years of program evaluation data and as measured by third grade student performance on the Missouri assessment program communication arts test[D]. St.Louis University, 2002:81-88.

[19] HAUBRICH H. Reflections on geography standards in Germany[J]. International Research in Geographical and Environmental Education, 2005, 14(1):72-6.

[20] HERRINGTON J, HERRINGTON A. Authentic assessment and multimedia: How university students respond to a model of authentic assessment[J]. Higher Educational Research & Development, 1998, 17(3):305-322.

[21] HOWARTH D A, MOUNTAIN K R. Geography for Life and Standards-Based Education in the Commonwealth of Kentucky[J]. Social Studies, 2004, 95(6):261-265.

[22] JöNSSON A, SVINGBY G. The use of scoring rubrics:Reliability, validity and educational consequences[J]. Educational Research Review, 2007, 2(2):130-144.

[23] KAN A. An Alternative Method in the New Educational Program from the Point of Performance-based Assessment: Rubric Scoring Scales[J]. Educational Sciences:Theory and Practice, 2007, 7(1):144-152.

[24] LALOR, ANGELA DI MICHELE. Keeping the Destination in Mind[J]. Educational Leadership, 2012, 70(1):75-78.

[25] LANE S, STONE C A, ANKENMANN R D, LIU M. Examination of the assumptions and properties of the graded item response model:An example using a mathematics performance assessment[J]. Applied Measurement in EDUCATION, 1995(8):313-340.

[26] MACMATH S WALLACE, J, CHI X. Curriculum Integration: Opportunities to Maximize Assessment as, of, and for Learning[J]. McGill Journal of Education, 2009, 44(3):451-465.

[27] MADAUS G F, O'DWYER L M. A Short History of Performance Assessment:Lessons Learned[J]. The Phi Delta Kappan, 1999, 80(9):688-695.

[28] MCLAREN SUSAN V. Assessment is for learning:supporting feedback[J]. International Journal of Technology and Design Education, 2012, 22(2):227-245.

[29] MESSICK S. Validity of psychological measurement: Validation of inferences from person's responses and performances as scientific inquiry into score meaning[J]. American Psychologist, 1995, (50):741-749.

[30] MISLEVY R J. Test theory reconceived[J]. Journal of Educational Measurement, 1996, 33(4):379-416.

[31] MOSKAL B M. Recommendations for Developing Classroom Performance Assessments and Scoring Rubrics[J]. ERIC Clearinghouse on Assessment and Evaluation, 2003:1.

[32] NASSER R, ZAKI E, ALLEN N. Alignment of Teacher-Developed Curricula and National Standards in Qatar's National Education Reform [J]. International Education Studies, 2014, 7(10):14-24.

[33] OBERG C. Guiding Classroom Instruction Through Performance Assessment[J]. Journal of Case Studies in Accreditation and Assessment, 2010(1):4.

[34] PALM T. Performance assessment and authentic assessment:A conceptual analysis of the literature[J]. Practical assessment, research & evaluation, 2008, 13(4):1-11.

[35] ROACH A T, NIEBLING B C, KURZ A. Evaluating the Alignment Among Curriculum, Instruction, and Assessment[J]. Psychology in the Schools, 2008, 45(2):158-176.

[36] SEEVERS M T, ROWE W J, SKINNER S J. Praise in Public, Criticize in Private? An Assessment of Performance Feedback Transparency in a

[37] SRIVASTAVA S K, TAIT C. An Activity-Based Learning Approach for Key Geographical Information Systems (GIS) Concepts[J]. Journal of Geography in Higher Education, 2012, 36(4):527-545.

[38] STIGGINS R J. Design and development of performance assessments[J]. Educational measurement:Issues and practice, 1987, 6(3):33-42.

[39] TIKNAZ Y, SUTTON A. Exploring the Role of Assessment Tasks to Promote Formative Assessment in Key Stage 3 Geography:Evidence from Twelve Teachers[J]. Assessment in Education:Principles, Policy and Practice.2006, 13(3):327-343.

[40] WIGGINS G. Creating tests worth taking[J]. Educational Leadership, 1992, 49(8), 26-34.

[41] WIGGINS G. The case for authentic assessment[J]. Practical assessment, research & evaluation, 1990, 2(2):1-6.

[42] WIGGINS G. Creating tests worth taking[J]. Educational Leadership, 1992, 49(8), 26-34.

[43] WILSON M. Measuring progressions:Assessment structures underlying a learning progression[J]. Journal of Research in Science Teaching:The Official Journal of the National Association for Research in Science Teaching, 2009, 46(6):716-730.

[44] WINTER C. Geography and education II:Policy reform, humanities and the future of school geography in England[J]. Progress in Human Geography, 2012, 36(2):254-62.

[45] WOLF K, STEVENS E. The Role of Rubrics in Advancing and Assessing Student Learning[J]. Journal of Effective Teaching, 2007, 7(1):3.

[46] ZUZOVSKY R, HARMON M. TIMSS Performance Assessment[J]. Studies in Educational Evaluation, 1999, 25(3):269-276.

二、著作类

(一) 中文及译著类

[1] 科林·马什. 初任教师手册[M]. 吴刚平,何立群,译. 北京:教育科学出版社,2005.

[2] 艾伯特·奥斯特霍夫. 开发和运用课堂苹果[M]. 谭文明,罗兴娟,译. 北京:中国轻工业出版社,2006.

[3] 罗伯特·L.莱恩,诺曼·E.格兰隆德. 教学中的测验与评价[M]. "促进教师发展与学生成长的评价研究"项目组,译. 北京:中国轻工业出版社,2003.

[4] 波帕姆·W.詹姆斯. 促进教学的课堂评价[M]. 国家基础教育课程改革"促进

教师发展与学生成长的评价研究"项目组,译.北京:中国轻工业出版社,2003.

[5] 波帕姆·W.詹姆斯.促进教学的课堂评价[M].国家基础教育课程改革"促进教师发展与学生成长的评价研究"项目组,译.北京:中国轻工业出版社,2003.

[6] 贝兰卡·J.多元智能与多元评价——运用评价促进学生发展[M].夏惠贤等,译.北京:中国轻工业出版社,2004.

[7] 黛安·哈特.真实性评价——教师指导手册[M].国家基础教育课程改革"促进教师发展与学生成长的评价研究"项目组,译.北京:中国轻工业出版社,2004.

[8] 格兰特·威金斯.教育性评价[M].国家基础教育课程改革"促进教师发展与学生成长的评价研究"项目组,译.北京:中国轻工业出版社,2005.

[9] 朱迪丝·阿特.课堂教学评分规则—用表现性评价准则提高学生成绩[M].国家基础教育课程改革"促进教师发展与学生成长的评价研究"项目组,译.北京:中国轻工业出版社,2005.

[10] 罗伯特·L.莱恩,诺曼·E.格兰隆德.教学中的测验与评价[M].国家基础教育课程改革"促进教师发展与学生成长的评价研究"项目组,译.北京:中国轻工业出版社,2003.

[11] 麦克泰格.课堂教学评分规则[M].国家基础教育课程改革"促进教师发展与学生成长的评价研究"项目组,译.北京:中国轻工业出版社,2005.

[12] R·M·加涅,W·W·韦杰,K·C·戈勒斯,J·M·凯勒.教学设计原理(第五版)[M].王小明,庞维国,陈保华,汪亚利,译.上海:华东师范大学出版社,2018.

[13] 理查德·J.斯蒂金斯.促进学习的学生参与式课堂评价[M].国家基础教育课程改革"促进教师发展与学生成长的评价研究"项目组,译.北京:中国轻工业出版社,2005.

[14] 吉尔伯特·萨克斯,詹姆斯·W.牛顿.教育和心理的测量与评价原理[M].王昌海,译.南京:江苏教育出版社,2002.

[15] 艾伦·韦伯.有效的学生评价[M].国家基础教育课程改革"促进教师发展与学生成长的评价研究"项目组,译.北京:中国轻工业出版社,2003.

[16] 格兰特·威金斯.教育性评价[M].国家基础教育课程改革"促进教师发展与学生成长的评价研究"项目组,译.北京:中国轻工业出版社,2005.

[17] 阿瑟·格蒂斯,朱迪丝·格蒂斯,杰尔姆·D.费尔曼.地理学与生活[M].黄润华,韩慕康,孙颖,译.北京:后浪出版社,2005.

[18] 比尔·约翰逊.学生表现评定手册[M].李雁冰,主译.上海:华东师范大学出版社,2001.

[19] 查尔斯·M.赖格卢斯.教学设计的理论与模型——教学理论的新范式[M].裴新宁,郑太年,赵健,译.北京:教育科学出版社,2011.

[20] 丹奈尔·D.史蒂文斯,安东尼娅·J.利维.评价量表—快捷有效的教学评价

工具(第2版)[M].陈定刚,译.广州:华南理工大学出版社,2014.
[21] 格兰特·威金斯.教育性评价[M].国家基础教育课程改革"促进教师发展与学生成长的评价研究"项目组,译.北京:中国轻工业出版社,2003.
[22] 格兰特·威金斯,等.理解力培养与课程设计:一种教学和评价的新实践[M].么加利,译.北京:中国轻工业出版社,2003.
[23] 格兰特·威金斯,等.追求理解的教学设计[M].闫寒冰,宋雪莲,赖平,译.上海:华东师范大学出版社,2013.
[24] 哈维·席尔瓦,理查德·斯特朗,马修·佩里尼.多元智能与学习风格[M].张玲,译.北京:教育科学出版社,2003.
[25] 拉齐尔.多元智能与量规评价[M].白芸,杨东,魏奇,译.北京:教育科学出版社,2005.
[26] 理查德·普林.教育研究的哲学[M].李伟,译.北京:北京师范大学出版社,2008.
[27] 罗伯特·K.殷.案例研究:设计与方法[M].周海涛,李永贤,张蘅,译.重庆:重庆大学出版社,2004.
[28] 洛林·W.安德森,等.布卢姆教育目标分类学(修订版):分类学视野下的学与教及其测评[M].蒋小平,张美琴,罗晶晶,译.北京:外语教学与研究出版社,2009.
[29] 田中耕治,松下佳代,西岗加名惠,三滕亚沙美.学习评价的挑战—表现性评价在学校的应用(第2版)[M].郑谷心,译.上海:华东师大出版社,2015.
[30] 北京师范大学教育科学研究所.中小学教育政策法令选编:1949～1966(上)[M].北京:北京师范大学教育科学研究所,1979.
[31] 陈澄.新编地理教学论[M].上海:华东师范大学出版社,2007.
[32] 崔允漷.学校课程实施过程的质量评估[M].上海:华东师范大学出版社,2017.
[33] 崔允漷.学习素养通过项目化学习培养[M]//夏雪梅.项目化学习:学习素养视角下的国际与本土实践.北京:教育科学出版社,2018.
[34] 傅道春.新课程中课堂行为的变化[M].北京:首都师范大学出版社,2002:267-273.
[35] 胡中锋.教育评价学[M].北京:中国人民大学出版社,2013.
[36] 黄光扬.教育测量与评价[M].上海:华东师范大学出版社,2012.
[37] 课程教材研究所.20世纪中国中小学课程标准·教学大纲汇编[M].北京:人民教育出版社,2001.
[38] 李坤崇.多元化教学评量[M].台北:心理出版社,1999.
[39] 李坤崇.教学评估:多种评价工具的设计及应用[M].上海:华东师范大学出版社,2010.
[40] 卢雪梅.表现性评价的应许、难题和挑战[M].教育论坛——表现性评价与案

卷评价,1995.
[41] 陆谷孙.英汉大词典(第 2 版)[M].上海:上海译文出版社,2007.
[42] 王少非,等.促进学习的课堂评价[M].上海:华东师范大学出版社,2018.
[43] 杨向东.理论驱动的心理与教育测量学[M].上海:华东师范大学出版社,2014.
[44] 张超,段玉山.地理教育展望[M].上海:华东师范大学出版社,2001.
[45] 中国大百科全书总编辑委员会.中国大百科全书(教育卷)[M].北京:中国大百科全书出版社,1985.

(二) 外文类

[1] AIRASIAN P W. Classroom assessment[M]. New York, NY: Mc Graw-Hill, 1991.
[2] CRONBACH L J. Construct validation after thirty years[M]//Linn, R. L. Intelligence: Measurement, theory, and public policy. Chicago: University of Illinois Press, 1989.
[3] DARLING-HAMMOND L, WENTWORTH L. Benchmarking learning systems: Student performance assessment in international context[M]. Stanford, CA: Stanford University, Stanford Center for Opportunity Policy in Education, 2010.
[4] DARLING-HAMMOND L, ABSCESS J, FALK B. Authentic assessment in action: Studies of Schools and Students at Work[M]. New York: Teachers College Press, 1995.
[5] FITZPATRICK R, MORRISON E J. Performance and product evaluation[C]//R L THORNDICK (ed.), Educational measurement. Washington, DC: American Council on Education, 1971.
[6] GELMAN R, GREENO J G. On the nature of competence. Principles for understanding in a domain[M]//L B Resnick. Knowing, learning and instruction. Hilldale, NJ: Erlbaum, 1989.
[7] GRIFFIN P, MCGAW B, CARE E. Assessment and teaching of 21st century skills[M]. Dordrecht: Springer, 2012.
[8] GRONLUND N E. Assessment of student achievement[M]. Boston: Allyh and Bacon, 1998.
[9] KHATTRI N, SWEET D. Assessment reform: promises and challenges[M]// M B KANE, R MITCHELL. Implementing performance assessment. Mahwah, NJ: Lawrence Erlbaum Associates, 1995.
[10] LANE S. Performance Assessment: The State of the Art[M]. Stanford Center for Opportunity Policy in Education, 2010.

[11] Lawrence Erlbaum Associates, Publishers Mahwah, 2005. JONES R W. Performance and Alternative Assessment Techniques: Meeting the Challenge of Alternative Evaluation Strategies[C]. Paper presented at the Second International Conference on Educational Evaluation and Assessment, Pretoria, Republic of South Africa, 1994.

[12] MARZANO R J, PICKERING D, MCTIGHE J. Assessing Student Outcomes: Performance Assessment Using the Dimensions of Learning Model[M]. Association for Supervision and Curriculum Development, Alexandria, VA, 1993.

[13] MCMANUS S. Attributes of effective formative assessment [M]. Washington, DC:Council of Chief State School, 2008.

[14] PERLMAN C. An introduction to performance assessment scoring rubrics [M]//BOSTON C. Understanding Scoring Rubrics. University of Maryland, MD, 2002.

[15] RESNICK L B, RESNICK D P. Assessing the thinking curriculum: New tools for educational reform [M]//Changing assessments. Dordrecht: Springer, 1992.

[16] ROGERS G, SANDO J. Stepping Ahead: An Assessment Plan Development Guide[M]. Terra Haute, Indiana:Rose Hulman Institute of Technology, 1996.

[17] STAKE R. The art of case study research[M]. Thousand Oaks, CA:Sage Publications, 1995.

[18] STERNBERG R J, KOLLIGIAN JR J. Competence considered[M]. New Haven:Yale University Press, 1990.

[19] WIGGINS G. Assessing student performance[M]. San Francisco:Jossey-Bass Publishers, 1993.

[20] WIGGINS G, MCTIGHE J. The Understanding by Design Guide to Creating High Quality Units [M]. Alexandria, VA: Association for Supervision and Curriculum Development, 2011.

[21] WILSON M. Constructing measures:An item response modeling approach [M]. New Jersey: Lawrence Erlbaum Associates, Publishers Mahwah, 2005.

三、学位论文

(一) 中文类

[1] 陈亚栋. 基于太湖蓝藻事件的无锡产业结构优化研究[D]. 南京:南京大学, 2009.

[2] 常珊珊.高中生地理学习过程优化设计研究:基于活动教育思想[D].武汉:华中师范大学,2016.

[3] 邵朝友.评分规则开发与应用研究[D].上海:华东师范大学,2007.

[4] 汪贤泽.基于课程标准的学业成就评价的程序研究[D].上海:华东师范大学,2008.

[5] 徐瑰瑰.论教—学—评一致性:以小学语文习作课为例[D].上海:华东师范大学,2015.

[6] 周文叶.学生表现性评价研究[D].上海:华东师范大学,2009.

[7] 张一旦.表现性评价应用于数学问题解决的行动研究[D].上海:华东师范大学,2018.

(二) 外文类

[1] OTTATI D F. Geographical Literacy, Attitudes, and Experiences of Freshman Students: A Qualitative Study at Florida International University [D]. Miami: Florida International University, 2015.

[2] FULTON M A. The relationship between teacher participation in the Show-Me classroom performance assessment project and student learning as based on a review of five years of program evaluation data and as measured by third grade student performance on the Missouri assessment program communication arts test[D]. Missouri St. Louis University, 2002.

[3] JENNIFER C. Collymore. Enhancing Student Performance: Linking the Geography Curriculum, Instruction, and Assessment in the English-Speaking Caribbean [D]. Pennsylvania: The Pennsylvania State University, 2013.

[4] THERESA A B. Exploring Best Practices for Designing Outcomes-Based Performance Assessment: A Delphi Study [D]. Minneapolis: Capella University, 2012.

四、报告类

[1] CONLEY D T, DARLING-HAMMOND L. Creating Systems of Assessment for Deeper Learning [R]. Stanford Center for Opportunity Policy in Education, 2010.

[2] DARLING-HAMMOND L, WENTWORTH L. Benchmarking learning systems: Student performance assessment in international context [R]. Stanford, CA: Stanford University, Stanford Center for Opportunity Policy in Education, 2010.

[3] SONGER G. Cognitive predictions: BioKIDS Implementation of the PADI

assessment system (PADI technical report 10)[R]. Menlo Park, CA: SRI International, 2006.

[4] LIEBLING C R. Achieving Standards-Based Curriculum Alignment through Mindful Teaching[R]. New York: The New York Technical Assistance Center, 1997.

[5] MARZANO R, PICKERING J, HEFLEBOWER T. The Highly Engaged Learner[R]. Denver, CO: Marzano.

[6] MESSICK S. Alternative modes of assessment, uniform standards of validity [R]. Presented in Conference on Evaluating Alternatives to Traditional Testing for Selection, 1994.

[7] MISLEVY R J, ALMOND R G, LUKAS, J F. A brief introduction to evidence-centered design[R]. Educational Testing Service, 2003.

[8] FRANKLAND S. Enhancing Teaching and Learning through Assessment [R]. Published by Springer, 2007: 1 - 5. http://www.polyu.edu.hk/assessment/arc.

[9] Wisconsin Department of Public Instruction. Wisconsin Student Assessment System: Performance assessment sampler[R]. Madison, WI: Wisconsin Department of Public Instruction, 1995.

[10] The Office of Technology Assessment of U.S. Congress. Testing and Assessment in Vocational Education [R]. Washington, DC: U.S. Government Printing Office, 1994.

[11] WEBB N L. Alignment of Science and Mathematics Standards and Assessments in Four States[R]. Madison, WI: National Institute for Science Education, 1999.

[12] STEINBERG L S, GITOMER D H. Intelligent tutoring and assessment built on an understanding of a technical problem-solving task [R]. Educational Testing Service, 1996.

五、电子文献

[1] 国际地理联合会地理教育委员会. 地理教育国际宪章2016[EB/OL]. (2016 - 12 - 10) [2017 - 12 - 22]. http://blog.sina.com.cn/s/blog_574d9bf80102wkkt.html.

[2] 国家中长期教育改革和发展规划纲要工作小组. 国家中长期教育改革和发展规划纲要(2010 - 2020年)[EB/OL]. (2010 - 07 - 29) [2017 - 12 - 19]. http://www.moe.edu.cn/srcsite/A01/s7048/201007/t20100729_171904.html

[3] 中华人民共和国教育部. 基础教育课程改革纲要(试行)[EB/OL]. (2001 - 06 - 08) [2017 - 12 - 05]. http://www.moe.edu.cn/publicfiles/business/

htmlfiles/moe/moe_309/200412/4672.html

[4] 中华人民共和国教育部.教育部关于全面深化课程改革落实立德树人根本任务的意见[EB/OL].(2014-03-30)[2017-12-19]. http://old.moe.gov.cn/publicfiles/business/htmlfiles/moe/s7054/201404/167226.html

[5] 中华人民共和国教育部.教育部关于印发《普通高中课程方案和语文等学科课程标准(2017年版)》的通知[EB/OL].(2018-01-05)[2018-03-20]. http://www.moe.gov.cn/srcsite/A26/s8001/201801/t20180115_324647.html

[6] 中华人民共和国教育部.面向二十一世纪教育振兴行动计划[EB/OL].(1998-12-24)[2017-12-19]. http://old.moe.gov.cn//publicfiles/business/htmlfiles/moe/moe_177/200407/2487.html

[7] 中华人民共和国教育部.《普通高中地理课程标准(2017年版)》[Z].北京:人民教育出版社,2018:9.[EB/OL].(2018-01-05)[2018-03-20]. http://www.moe.gov.cn/srcsite/A26/s8001/201801/t20180115_324647.html

[8] ANDELIN J. CARSON N. FEUER J M,et al. Performance Standards for Secondary School Vocational Education[EB/OL].(1989)[2019-03-12]. https://ota.fas.org/reports/8925.pdf

[9] Project Appleseed. The National Campaign for Public School Improvement. Testing,testing[EB/OL].(2018)[2019-03-12]. http://www.projectappleseed.org/#!assessment/cwvf.

索　引

案例研究　21
标准化测试　3
表现　2
表现目标　6
表现任务　5
表现性评价　3
传统纸笔测试　2
地理教学　1
地理课程标准　1
地理实践力　13
地理学科核心素养　1
典型学习方式　171
高阶思维能力　3
构造图　104
"合一式"表现性评价　23
合作学习　65
基于"学习进阶"的表现性评价　100
即时反馈　93
建构　5
建构理论　5
建构驱动　10
建构主义　4
教学方式　2
教学决策　19
教育测量　5
教育评价　4
结果空间　107
课堂观察　21
赖特地图　108

立德树人　1
量规　4
评分规则　6
评价标准　10
评价范式　4
评价方式　2
评价目标　25
评价任务　5
"嵌入式"表现性评价　23
区域认知　25
人地协调观　25
三维目标　26
深度学习　11
双基目标　26
素质教育　27
探究学习　48
外部评价　17
为了学习的评价　4
形成性评价　3
学科育人　1
学习方式　3
学习风格　4
学习进阶　100
学习评价　1
真实情境　1
指向地理核心素养的表现性评价　20
终结性评价　3
自主学习　51
综合思维　13